Geheimnisvolle Pfade
Bayerischer Wald

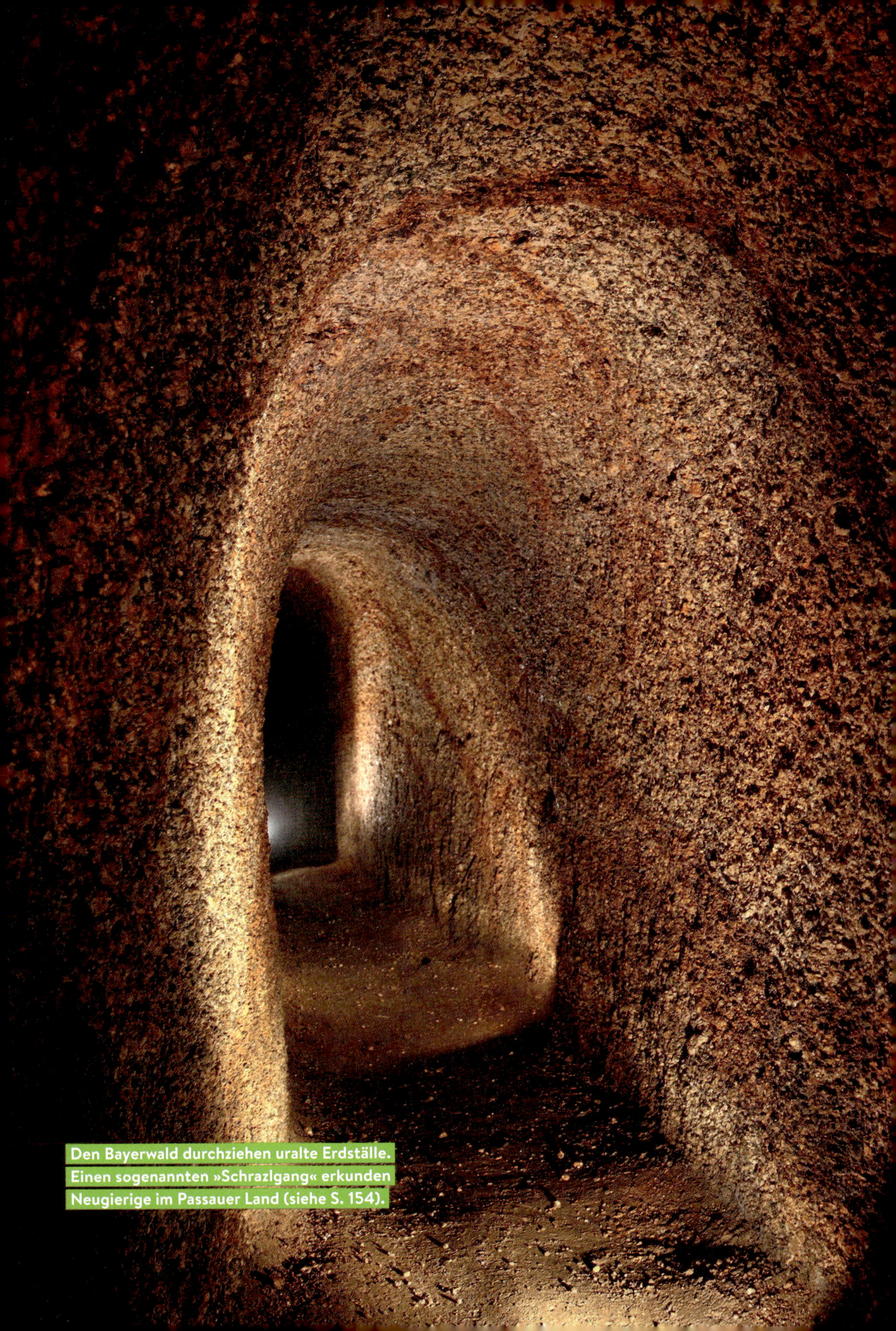

Den Bayerwald durchziehen uralte Erdställe. Einen sogenannten »Schrazlgang« erkunden Neugierige im Passauer Land (siehe S. 154).

Herwig Slezak

Geheimnisvolle Pfade BAYERISCHER WALD

33 Wanderungen auf den Spuren von Mythen und Sagen

BRUCKMANN

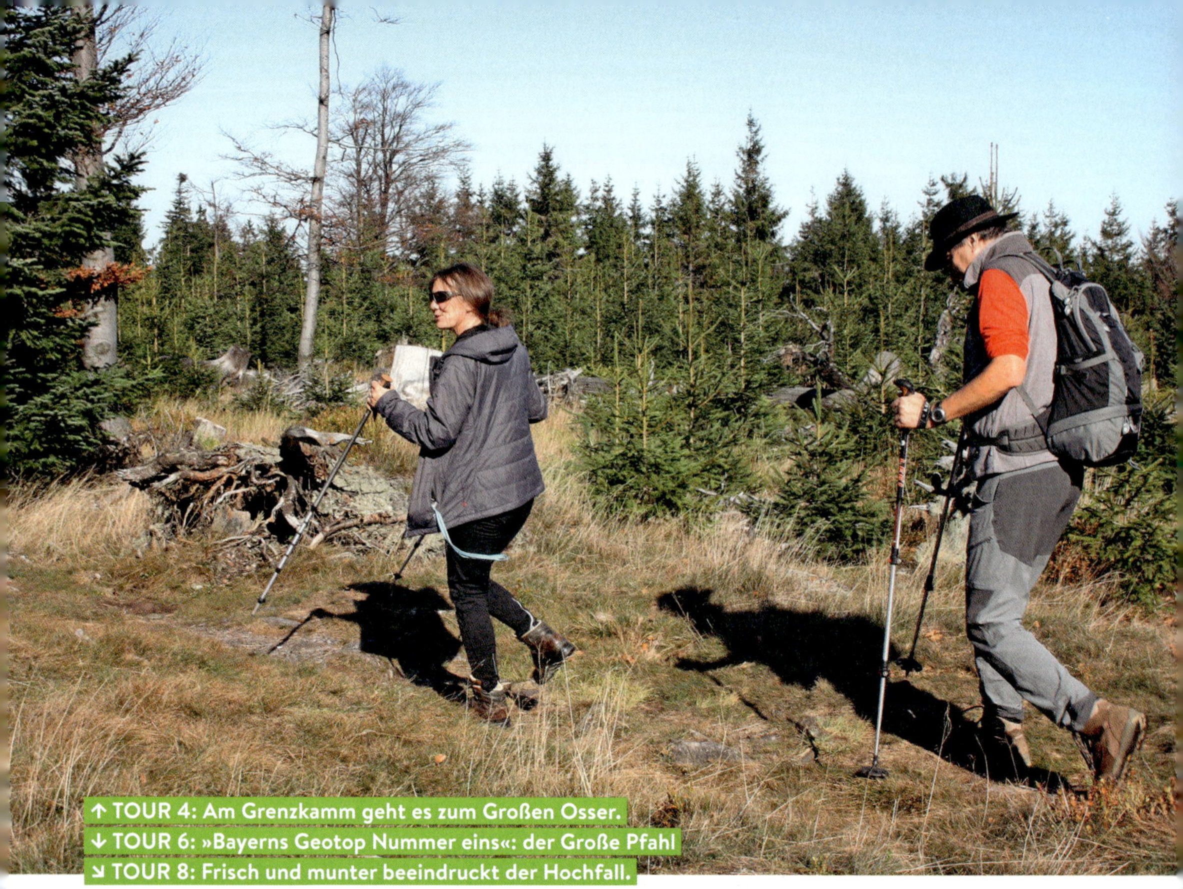

↑ TOUR 4: Am Grenzkamm geht es zum Großen Osser.
↓ TOUR 6: »Bayerns Geotop Nummer eins«: der Große Pfahl
↘ TOUR 8: Frisch und munter beeindruckt der Hochfall.

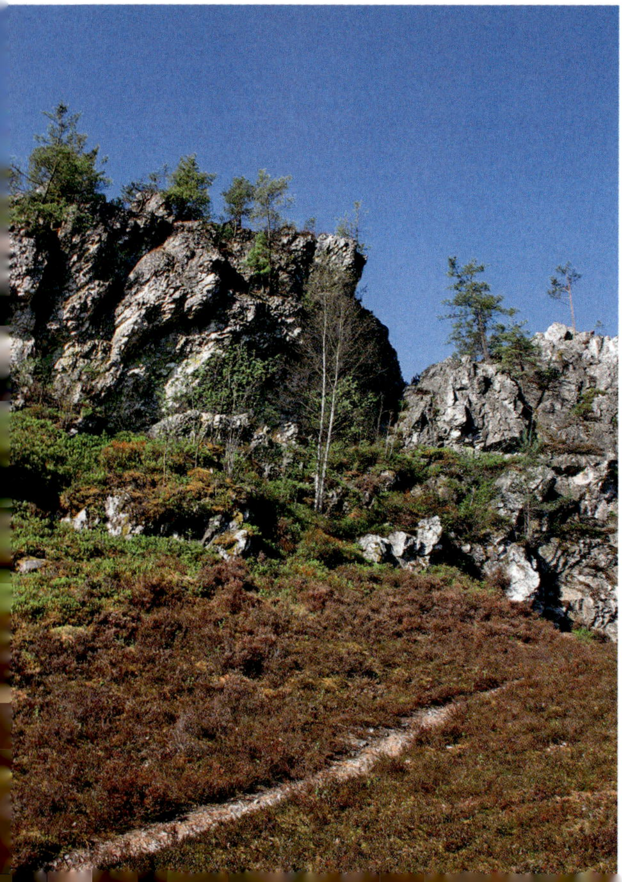

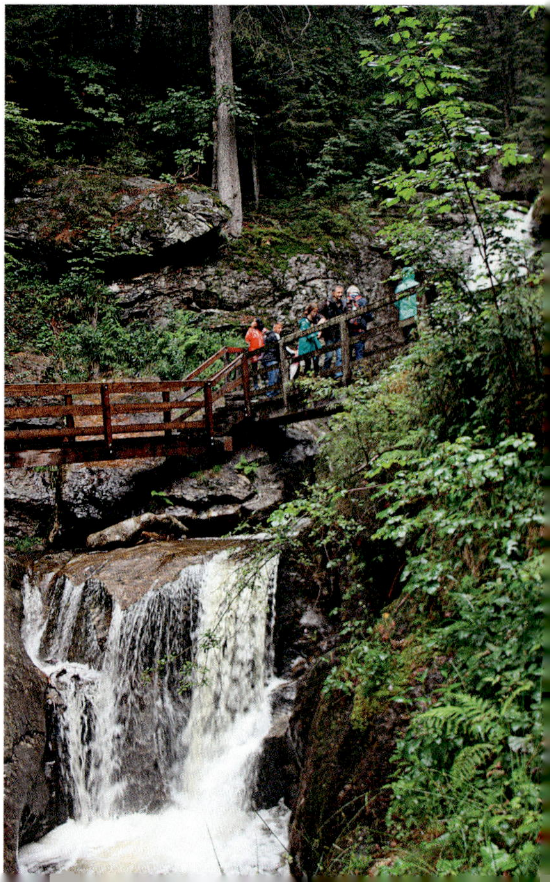

INHALT

Vorwort 9
Willkommen im Bayerischen Wald 10
Bruckmann-Tourenfinder 12
Piktogramme und Schwierigkeitsgrade 15
Einleitung 16

DIE TOUREN

Naturpark Oberer Bayerischer Wald

1 **Grenzerfahrungen sammeln** 24
Höhepunkte am Rundwanderweg Gibacht

2 **Ein Stück am Kamm in Richtung Arber** 28
Ab Eck zum Ödriegel und Skywalk

3 **Uriger »Woidbauernsteig«** 32
Im Lamer Winkel zu Lichtungen mit drei Einödhöfen

4 **Grüß Gott, Osserriese** 36
Ab Altlohberghütte zum schmucken Hausberg von Lam

5 **Spektakuläres Naturkino** 40
Ab Altlohberghütte zum Zwercheck

Arberland

6 **Am Drachenkamm** 46
Über die großen Pfahlzacken hinaus

7 **Zu Gast bei Freibauern** 50
Von der Frath zum Wolfgangsriegel

8 **Muntere Kaskaden am Rande von Bodenmais** 54
Der Hochfall am Moosbach

9 **Zum König im Bayerwald** 56
Vom Bretterschachten auf den Großen Arber

10 **Auf den Spuren des Sehers** 60
Von Rabenstein auf den Hennenkobel

Nationalpark Bayerischer Wald

11 **Im Urwald am Schwellhäusl** 66
Die am schönsten gelegene und die älteste Einkehr

12 **Zum neuen Schutzhaus** 70
Von Zwieslerwaldhaus auf den Großen Falkenstein

13 **Drei alte Schachten auf einen Streich** 74
Ab Scheuereck übern Höllbach hinaus

14 **Direttissima zum Nationalpark-König** 78
Auf dem Klingenbrunner Rachelsteig

15 **Eiszeitlicher Rachelsee** 82
Von der Diensthütte über die Felsenkanzel hinweg

16 **Im ruhigen Waldhäuserwald** 86
Feuchtfröhliche Pfade zwischen Lusen und Rachel

17 **Die stille Südflanke** 90
Vom schattigen Sagwasser zum Blockmeer am Lusen

18 **Altschönau und Kleine Au** 94
Bärig ans Moor und das Tier-Freigelände rantasten

19 **Im Reich der Biber** 98
Vom Steinbach zur Großen Kanzel

Dreiländereck & Passauer Land

20 **Rund ums Dreiländereck** 104
Von Lackenhäuser zum Hochstein

21 **Gipfelglück am Bärnloch** 108
Von der Grenze am Osterbach zum Eidenberger Lusen

22 **Die vielen Gesichter des Saußbachs** 110
Von der Klamm zum Erlauzwieseler See

23 **Kleiner Felsendom, große Laune der Natur** 114
Steinernes Kirchlein und Wackelstein

24 **»Steinzeit« im Sonnenwald** 116
Von Langfurth übern Brotjacklriegel

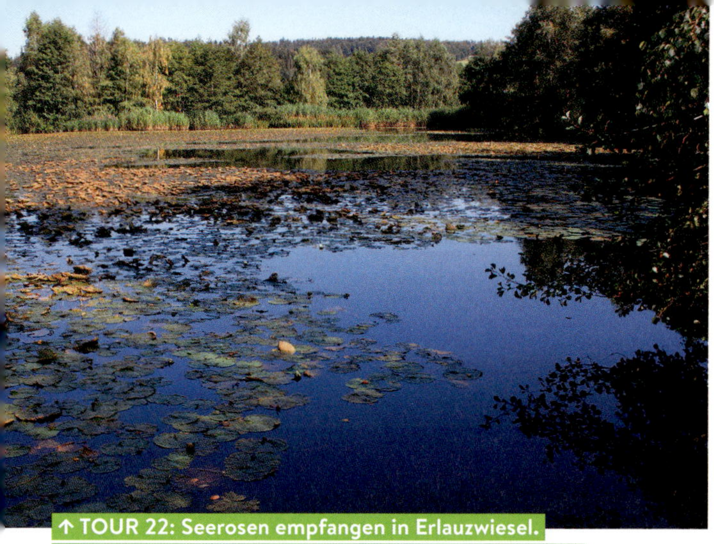

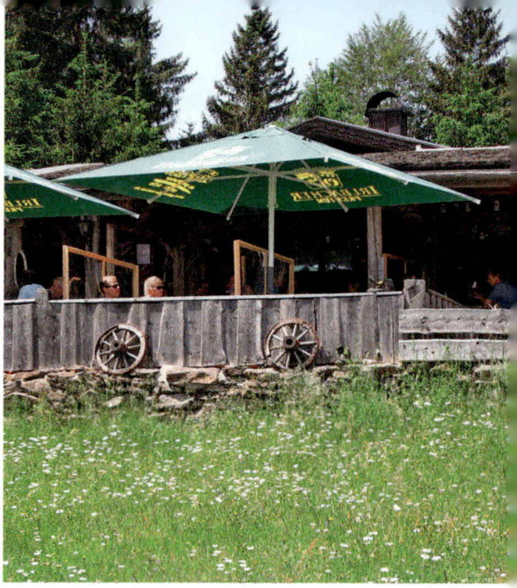

↑ TOUR 22: Seerosen empfangen in Erlauzwiesel.
↗ TOUR 31: Draußen wie drinnen urig: die Hanslhütte

Vorderer Bayerischer Wald

25 **Wo der Pichelsteiner erstmals köchelte** 120
Mit Erfolgsrezept übern Büchelstein

26 **Einkehr in der Wüstung** 124
Über den Breitenauriegel zum Landshuter Haus

27 **Hochheiliger Gipfelsturm** 128
Von St. Hermann via Degenhardkapelle zum Geißkopf

28 **Aussicht vom Buchenhain am Hirschenstein** 132
Über den Rauhen Kulm zum Steinturm

29 **Meditativer Mühlgraben** 136
Von Kloster Kostenz rund um den Hirschenstein

30 **Prächtiger Pröller** 140
Kreuz und quer über den Hausberg von St. Englmar

31 **Im steinreichen Bergwald** 144
Vom Kreuzhaus via Hanslhütte zum Hadriwa Höhenweg

32 **Kreuzweg zum Kleinod** 148
Wallfahrt auf den aussichtsreichen Pilgramsberg

33 **Himmlische Hölle** 150
Zum Naturschutzgebiet im Falkensteiner Vorwald

PS: 154
Register 157
Impressum 160

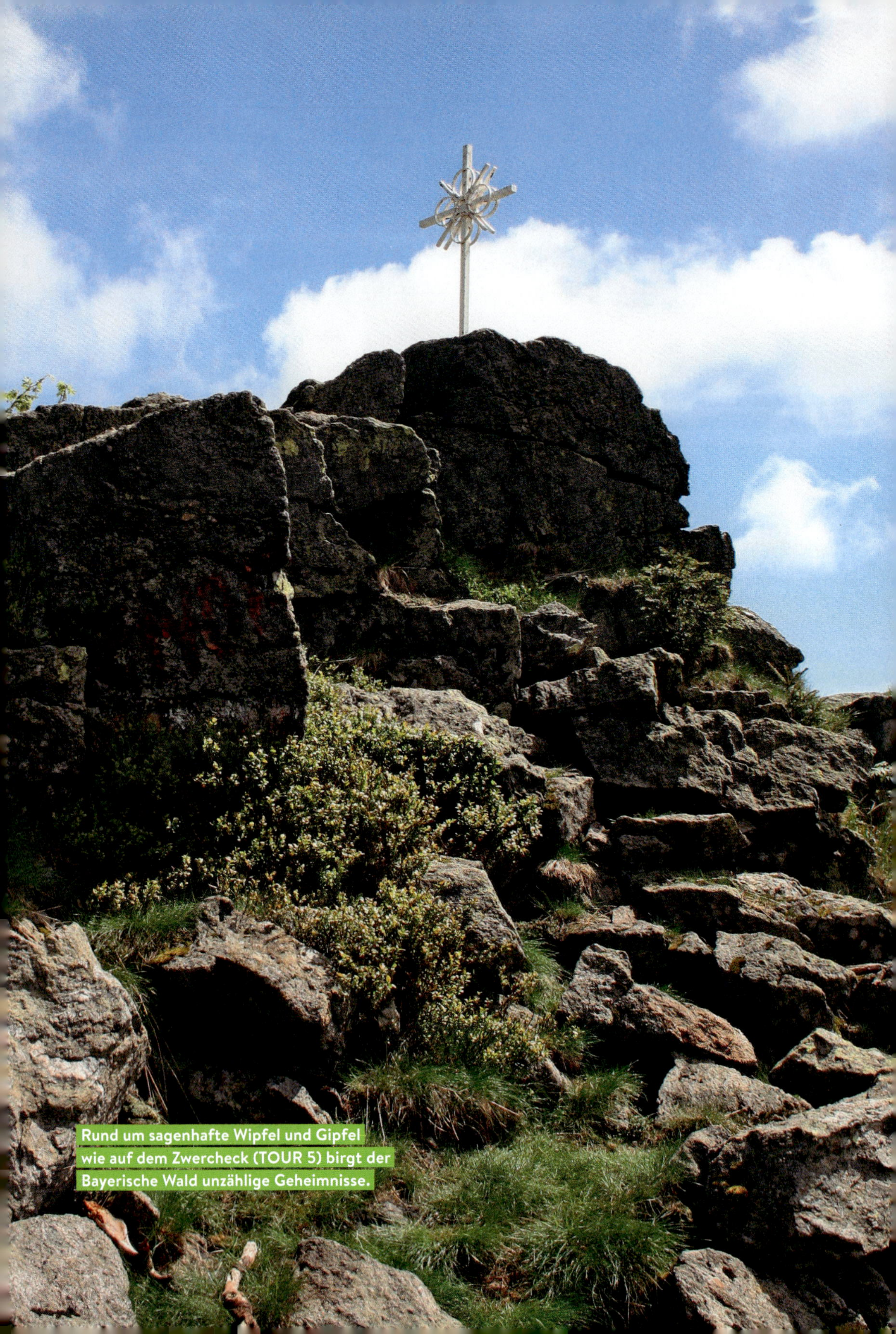

Rund um sagenhafte Wipfel und Gipfel wie auf dem Zwercheck (TOUR 5) birgt der Bayerische Wald unzählige Geheimnisse.

Vorwort

HEREINSPAZIERT IN DEN »WOID« Bäume verzaubern. Und Wälder wirken Wunder. Wer geschützt vom Blätter- und Nadeldach über knisterndes Laub, samtweiches Moos und märchenhafte Wurzeln schreitet, fühlt sich im Einklang mit der Natur. Traditionell sehen sich die Menschen im Herzen Europas mit urwüchsigen Hainen besonders eng verbunden. Im Nationalpark Bayerischer Wald, dem ältesten seiner Art in Deutschland, bleibt diese Sehnsucht in archetypischer Art und Weise lebendig, kaum minder im angrenzenden Naturpark. Als Höhepunkte erwarten uns auf dem grünen Dach Europas 130 steinreiche Gipfel, die mehr als 1000 Meter messen. Zugleich erfreuen märchenhafte Klammen, geschaffen von der beharrlichen Kraft quellfrischer Wildwasser.

Dieses Buch entführt Natur- und Wanderfans in die einzigartige Landschaft des bezaubernden Mittelgebirges und spürt auf behutsam komponierten Runden vielerlei Geheimnissen nach. So streifen wir durch das Reich von Riesen, Drachen und Sehern, kehren bei Waldbauern ein oder tasten uns an die tschechische und österreichische Grenze heran. Wir nehmen im spektakulären Naturkino Platz und beobachten wilde Tiere. In alten Kulturlandschaften entdecken wir den ermutigenden Leuchtturm der Menschlichkeit, stoßen auf Ruinen, Felsendome sowie Zeichen lebendigen Glaubens.

Hand aufs Herz: Wer den urbanen Tunnelblick abstreift und sich Zeit nimmt, erlebt in der Region Natur pur. Als wissenschaftlich erwiesen gilt, dass das Verweilen an der frischen Luft die Gesundheit fördert. Bei einem Spaziergang im Wald normalisiert sich unser Herzschlag, der Puls beruhigt sich, wir atmen durch. So wirkt das Gehen im richtigen Rhythmus als reine Medizin für Geist und Seele. Und was das Wanderrevier betrifft, bemerkte bereits der Dichter Adalbert Stifter (1805–1868) treffend: »Sag niemals, dass etwas schön ist, wenn du nicht den Bayerischen Wald gesehen hast.«

Im Osten, hinter dem Großen Rachel, erscheint ein zarter Lichtstreif. Die Wolken am Himmel beginnen rosa zu leuchten, erst weit weg, dann direkt über dem Plateau. Dem hellen Strich am Horizont entsteigt die Sonne. Ihr Leuchten verjagt die Nacht, auch wenn der Wind am Gipfelriegel noch kühl um die Ohren weht. Schließlich bricht ein neuer Tag an am König im Bayerwald, dem Großen Arber. Wo Dunkelheit über der Landschaft lag, wird es licht, und geheimnisvolle Pfade warten darauf, entdeckt zu werden.

In diesem Sinne heißt es, liebe Wanderfans, die vielerorts unberührte Wildnis sowie die geerdete weiß-blaue Lebensart drumherum zu genießen – von der Hölle im Falkensteiner Vorwald nahe Regensburg über das Gipfelkreuz am Großen Arber bis zum urwüchsigen Nationalpark und dem Bärnloch im Passauer Sauwald.

Viel Vergnügen beim Wandern und Entdecken wünscht *Ihr Herwig Slezak*

Willkommen im Bayerischen Wald

Grenzsteige, Schwammerl-Wälder und der älteste Nationalpark in Deutschland gehören zur urwüchsigen Landschaft, in der bis heute originelle Glasbläser und Herrgottschnitzer leben.

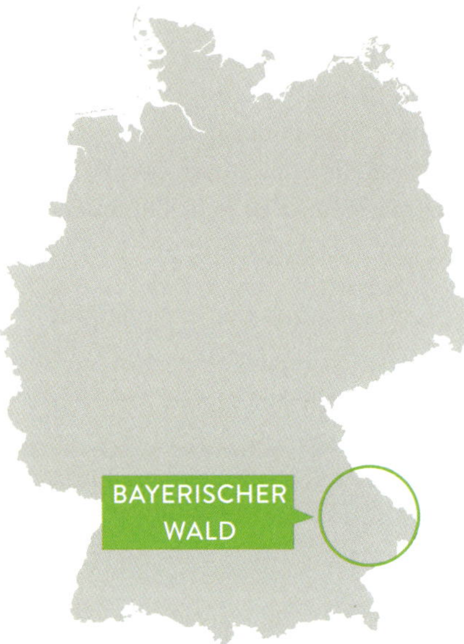

Intaktes Wanderrevier

Der Bayerische Wald erstreckt sich von Südwest nach Nordost von der dunkelblauen Donau bis zur tschechischen Grenze sowie im Südosten bis zum benachbarten Österreich. Im Nordwesten bildet die Senke zwischen den Städten Cham und Furth den Übergang zum Oberpfälzer Wald. Früher markierte diese Niederung auch die Grenze zwischen Niederbayern und der Oberpfalz. Mit der Gebietsreform vor 50 Jahren wechselte der damalige Landkreis Bad Kötzting samt Lamer Winkel und Kleinem Arber aber den Regierungsbezirk.

Alles im Fluss

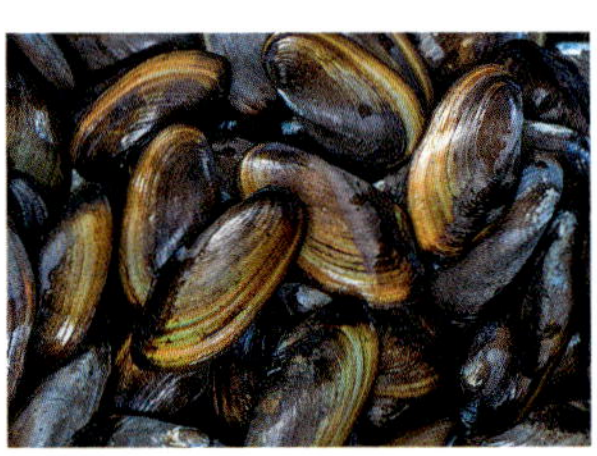

Anderswo ausgestorben, verbirgt sich in regionalen Flüssen wie der Ilz bis heute die Perlmuschel.

75%

Gesundes Wachstum

Bis zum Jahr 2027 soll im Nationalpark Bayerischer Wald der Anteil der Naturzone, also der Flächen ohne menschliche Eingriffe, auf 75 Prozent steigen. Schon vorher könnte der Nationalpark bei Finsterau erweitert werden.

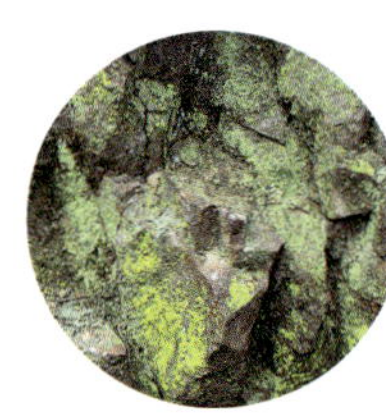

Herausragend

Als Bayerns Geotop Nummer eins zählt das 150 Kilometer lange Quarzriff zwischen Vorderem und Hinterem Wald: der Pfahl (Kostprobe: Tour 6).

Legendär

Die Vorlage für leuchtend grünes Glas lieferte einer Sage nach die Kristallfee einem Zwieseler Handwerker am Ufer des versteckten Höhlensees.

Wasserreich

33 regionalen Quellen wird eine heilende Wirkung nachgesagt. Dazu zählen die Gnadenbrunnen in St. Hermann bei Bischofsmais am Geißkopf (Tour 27) oder in Neukirchen beim Heiligen Blut am Hohenbogen.

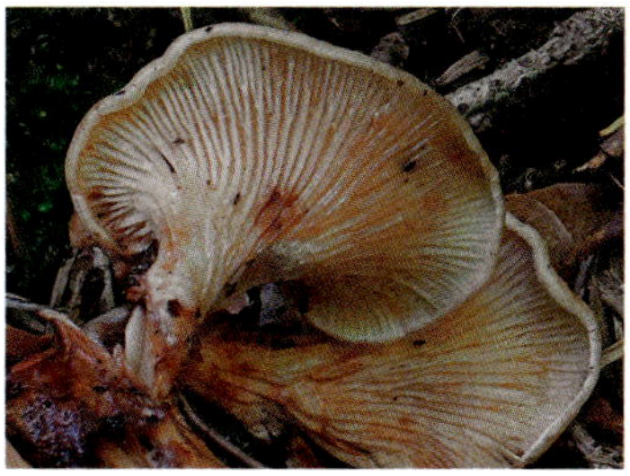

Wiederentdeckt

Freude herrscht im Jahr 2020, als Forscher bei Grafenau den Duftenden Venus-Ellerling (Aphroditeola olida) finden. Der Pilz zählte nämlich 44 Jahre lang als verschollen. Angenehm: Die »Schwammerl« aus der Familie der Wachsblättler riechen nach reifen Waldbeeren.

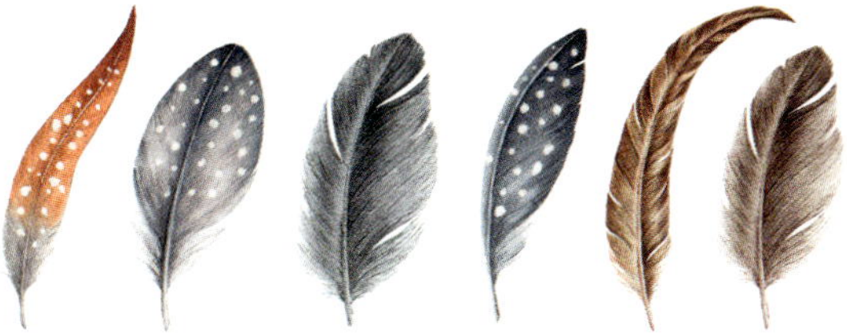

Gottgefällig

Die Herrgottschnitzer von Bodenmais schwören für ihr Kunsthandwerk auf die Hölzer heimischer Linden, Weymouth-Kiefern, Eichen sowie Kirsch- und Birnbäume. Geschlagen werden geeignete Stämme im Winter, wenn sie keinen Saft führen, anschließend jahrelang getrocknet.

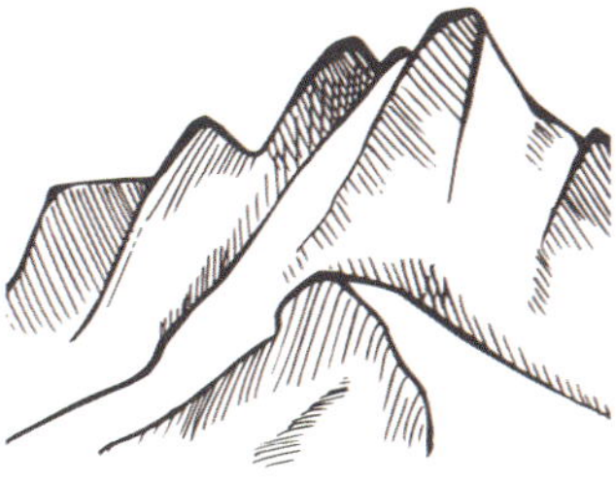

Pioniertaten

In Deutschland gibt es 16 Nationalparks. Der älteste ist der 1970 gegründete Nationalpark Bayerischer Wald. Zwischen den Gipfeln von Falkenstein, Rachel und Lusen leben über 10 000 Arten, also rund jede siebte, die wir in Deutschland kennen. Zusammen mit dem jüngeren Nationalpark Böhmerwald (Národní park Šumava) auf tschechischer Seite bildet der weiß-blaue Nationalpark die größte zusammenhängende Waldschutzfläche in Mitteleuropa.

Bruckmann-Tourenfinder

Für jeden Tag die richtige Tour

1	Höhepunkte am Rundwanderweg Gibacht	🔵	2.00 Std.	5,25 km	150 Hm		✓	✓		✓		
2	Ab Eck zum Ödriegel und Skywalk	🔴	3.00 Std.	7,25 km	375 Hm	✓	✓	✓		✓	✓	✓
3	Im Lamer Winkel zu Lichtungen mit drei Einödhöfen	🔴	3.00 Std.	8,5 km	350 Hm	✓	✓	✓		✓	✓	
4	Ab Altlohberghütte zum schmucken Hausberg von Lam	⚫	4.30 Std.	10,75 km	550 Hm	✓		✓	✓			✓
5	Ab Altlohberghütte zum Zwercheck	⚫	4.45 Std.	10,75 km	600 Hm			✓	✓			✓
6	Über die großen Pfahlzacken hinaus	🔵	1.30 Std.	4,5 km	125 Hm		✓	✓	✓	✓	✓	✓
7	Von der Frath zum Wolfgangsriegel	🔴	2.30 Std.	6,5 km	250 Hm	✓	✓	✓		✓		
8	Der Hochfall am Moosbach	🔴	1.15 Std.	3,25 km	50 Hm		✓	✓		✓		
9	Vom Bretterschachten auf den Großen Arber	⚫	4.45 Std.	12,75 km	675 Hm	✓		✓	✓			✓
10	Von Rabenstein auf den Hennenkobel	🔴	3.00 Std.	7,75 km	300 Hm		✓	✓		✓		✓
11	Die am schönsten gelegene und die älteste Einkehr	🔵	2.15 Std.	8 km	140 Hm	✓	✓	✓		✓		✓
12	Von Zwieslerwaldhaus auf den Großen Falkenstein	⚫	4.15 Std.	10 km	630 Hm	✓		✓		✓		✓
13	Ab Scheuereck übern Höllbach hinaus	⚫	5.45 Std.	15,25 km	650 Hm			✓	✓	✓		✓
14	Auf dem Klingenbrunner Rachelsteig	⚫	5.15 Std.	14,25 km	725 Hm	✓		✓	✓	✓		✓
15	Von der Diensthütte über die Felsenkanzel hinweg	🔴	2.45 Std.	7,5 km	300 Hm	✓	✓	✓		✓		✓

16	Feuchtfröhliche Pfade zwischen Lusen und Rachel	🔴	4.30 Std.	13 km	425 Hm	✓	✓	✓		✓		✓
17	Vom schattigen Sagwasser zum Blockmeer am Lusen	⚫	5.45 Std.	14,5 km	675 Hm	✓		✓		✓		✓
18	Bärig ans Moor und das Tier-Freigelände rantasten	🔵	2.15 Std.	6,75 km	125 Hm	✓	✓	✓		✓		✓
19	Vom Steinbach zur Großen Kanzel	🔴	3.00 Std.	8,5 km	250 Hm		✓	✓		✓	✓	✓
20	Von Lackenhäuser zum Hochstein	⚫	5.30 Std.	12 km	625 Hm	✓		✓	✓			
21	Von der Grenze am Osterbach zum Eidenberger Lusen	🔴	2.30 Std.	6 km	250 Hm		✓	✓		✓	✓	
22	Von der Klamm zum Erlauzwieseler See	🔵	3.15 Std.	9,5 km	135 Hm	✓	✓	✓	✓	✓	✓	
23	Steinernes Kirchlein und Wackelstein	🔵	1.45 Std.	4,5 km	200 Hm		✓	✓		✓		
24	Von Langfurth übern Brotjacklriegel	🔵	2.00 Std.	5 km	225 Hm	✓	✓	✓	✓	✓		
25	Mit Erfolgsrezept übern Büchelstein	🔴	2.15 Std.	5,5 km	250 Hm		✓	✓		✓		
26	Über den Breitenauriegel zum Landshuter Haus	🔴	4.15 Std.	12,75 km	400 Hm	✓	✓	✓		✓		✓
27	Von St. Hermann via Degenhardkapelle zum Geißkopf	🔴	3.45 Std.	8,25 km	440 Hm	✓	✓	✓		✓		✓
28	Über den Rauhen Kulm zum Steinturm	🔴	4.00 Std.	10,5 km	450 Hm		✓	✓		✓		
29	Von Kloster Kostenz rund um den Hirschenstein	🔴	4.15 Std.	12,5 km	425 Hm	✓	✓	✓		✓		✓
30	Kreuz und quer über den Hausberg von St. Englmar	🔴	3.00 Std.	8,5 km	250 Hm	✓	✓	✓		✓		✓
31	Vom Kreuzhaus via Hanslhütte zum Hadriwa Höhenweg	⚫	2.45 Std.	6 km	160 Hm	✓		✓	✓	✓		✓
32	Wallfahrt auf den aussichtsreichen Pilgramsberg	🔵	1.45 Std.	4,75 km	210 Hm	✓	✓	✓	✓	✓		
33	Zum Naturschutzgebiet im Falkensteiner Vorwald	🔵	1.30/ 2.30 Std.	4/6,5 km	100/200 Hm	✓	✓	✓		✓		

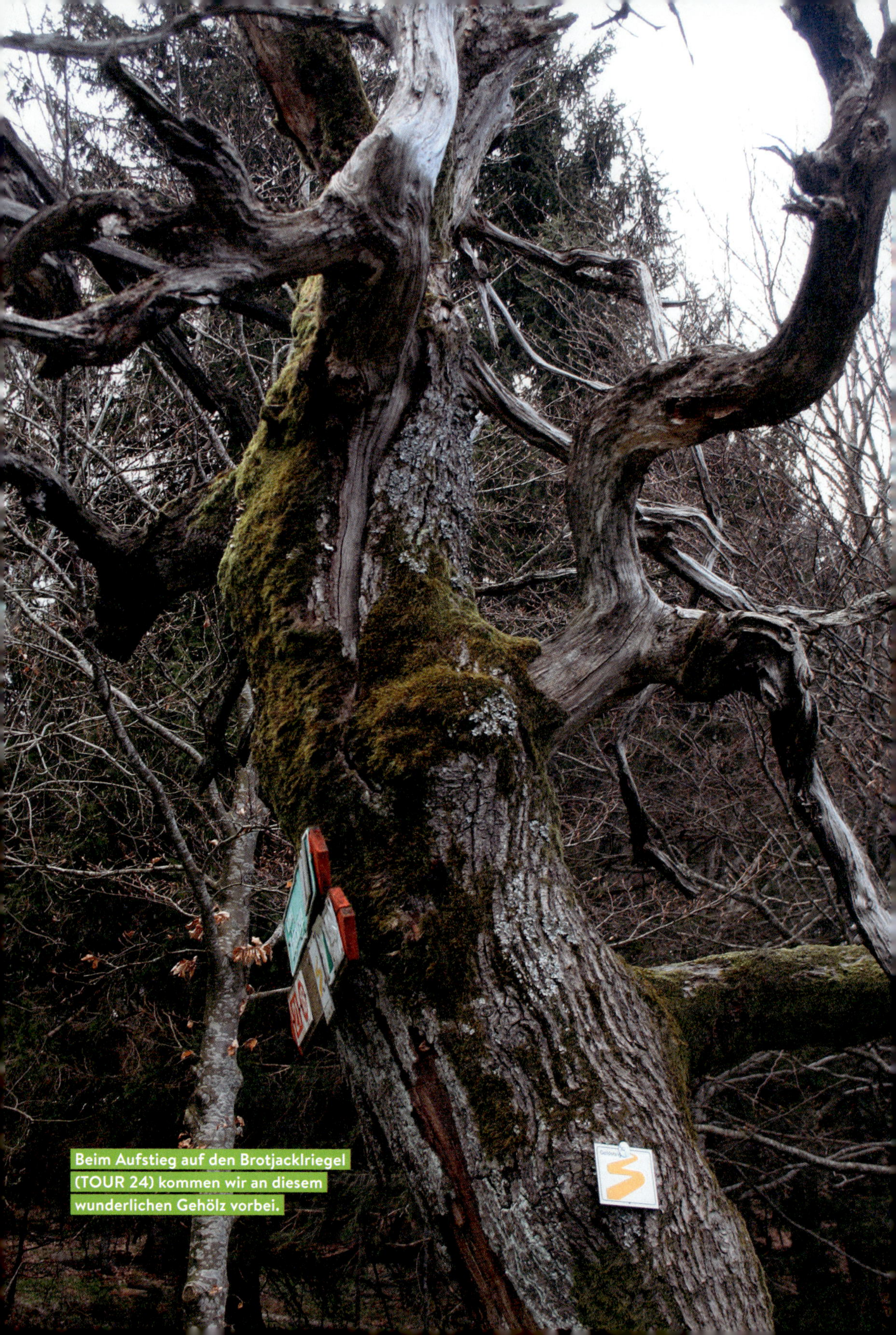

Beim Aufstieg auf den Brotjacklriegel (TOUR 24) kommen wir an diesem wunderlichen Gehölz vorbei.

INFO

PIKTOGRAMME ERLEICHTERN DEN ÜBERBLICK

Gehzeit

Länge

Höhenunterschied

Einkehr

kindergeeignet

Sehenswürdigkeit

viel Sonne

schattiger Weg

Baden

ÖPNV

ANFORDERUNGEN

Die schwierigste Passage ist maßgebend für die Einstufung der jeweiligen Tour, auch wenn nur einzelne Komponenten aus den Angaben der Einstufungen zutreffen.

● LEICHT

Technisch einfache Wanderung auf guten Wegen und Pfaden ohne starke Steigungen. Ausgesetzte oder schwierige Stellen sind hier kaum vorzufinden.

● MITTEL

Mittelschwere Wanderung auf Pfaden und Wegen, die aufgrund von Länge und Höhenunterschieden eine gewisse Kondition und Ausdauer erfordern.

● SCHWER

Wanderung auf teilweise steilen Wegen mit spürbaren Anforderungen an die Kondition. Orientierungsvermögen ist geboten.

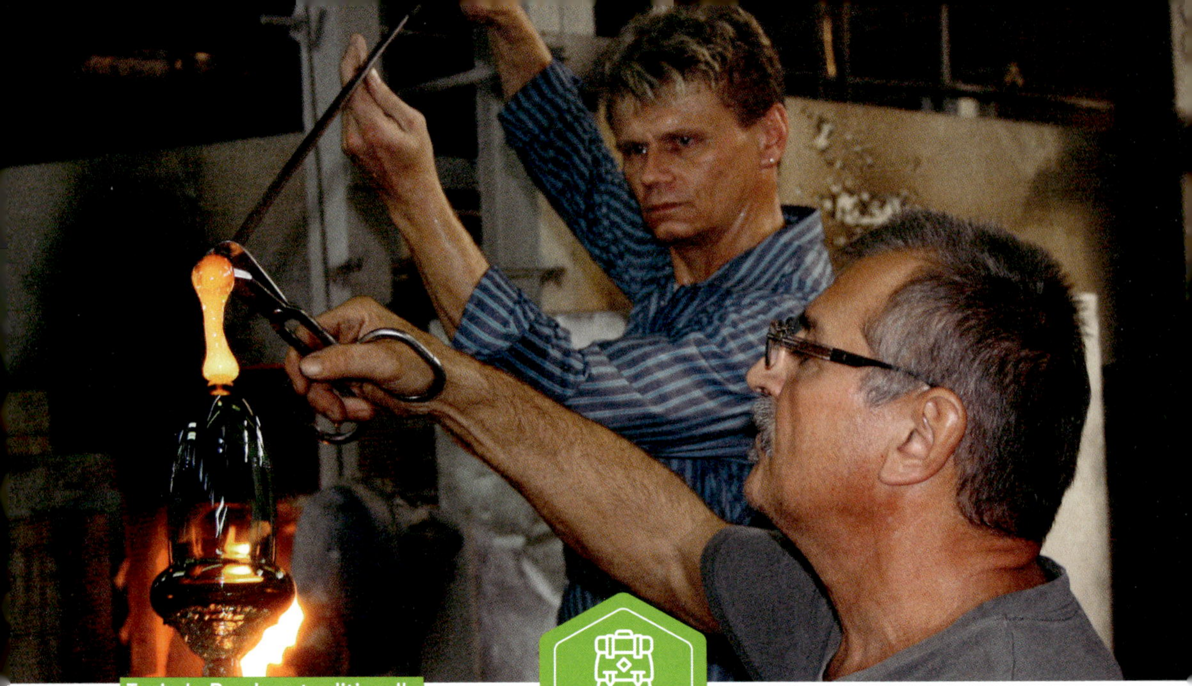

Typisch: Rund um traditionelle Glaskunst treffen sich Kultur und Natur.

Von Abenteuer bis Zeitreise

Der Bayerische Wald birgt viele Geheimnisse. Wer sich seiner urwüchsigen Natur gut informiert nähert, spürt auf den Fährten von Fuchs und Luchs sagenhafte Schluchten und Gipfel auf.

PRAXISTIPPS

ANFAHRT MIT DEM AUTO Den Bayerischen Wald erreichen Autofahrer vom Norden und Süden via A 3, die neben der Donau verläuft. Von München führt die A 92 am Flughafen vorbei aus westlicher Richtung durch das Isartal nach Deggendorf. Durch das Mittelgebirge zieht sich ein Netz gut ausgebauter Bundesstraßen. Die Nebenstraßen kennzeichnen weniger Verkehr, aber mehr Kurven. Alle Startpunkte der vorgestellten Touren erreichen Autofahrer bequem. Da im Nationalpark Bayerischer Wald im Sommer einige Stichstraßen für Privat-Kfz gesperrt bleiben, steigen wir bei Tour 15 in den Rachel-Bus um.

BAHN UND BUS Wer bereits bei der Anreise auf die Schiene setzt: In den Bayerwald gelangen ÖPNV-Fans am besten über die ICE-Haltestellen Plattling mit Anschluss zur Waldbahn nach Bayerisch Eisenstein (via Zwiesel auch Bodenmais und Nationalpark) oder über Passau (Anschluss Schnellbus 100 in den Unteren Bayerwald in Richtung Waldkirchen und Freyung). Aus München fahren Regionalzüge nach Plattling. Besonderheit: Nach Furth und in den Lamer Winkel im Oberen Bayerwald verkehren die Züge via Schwandorf, einem Knotenpunkt nördlich von Regensburg, und Cham. Für Mehrfahrten in der Region empfiehlt sich das Bayerwald-Ticket. Es verbindet das regionale Zug- und Bus-Angebot samt hellgrünen Nationalparkbussen für einen Tag – Montag bis Freitag erst ab 8 Uhr – zum Festpreis (9 €/Person, Kinder bis 14 Jahre und Hunde fahren bei (Groß-)Eltern mit; www.bayerwald-ticket.com). Die gute Nachricht für alle, die vor Ort übernachten: Gästekarten mit GUTi-Logo gelten in rund 25 Gemeinden als kostenfreies Bayerwald-Ticket. Was die vorgestellten Touren anbelangt, wird die umweltschonende Anreise mit den öffentlichen Verkehrsmitteln gerne angeführt, wenn vernünftige Verbindungen bestehen.

DIE STIMMIGE ZEIT Die Angaben zu den einzelnen Touren entsprechen der Nettogehzeit. Längere Pausen kommen obendrauf, An- und Abfahrt ebenso. Je nachdem, wie streng der vorangegangene Winter ausfällt, lassen sich bereits im April erste Touren meistern. An heißen Sommertagen empfehlen sich Strecken durch schattigen Wald oder eine Klamm. Typische Herbstwetterlagen sorgen am häufigsten für eine zauberhafte Fernsicht. Wer vom Bayerwald aus die Silhouette der Alpen erblickt, wird sich daran lange erinnern.

DER WILLKOMMENE ANFANG Natürlich wandern wir zu einer Reihe von klassischen Zielen. Wo es geht, vermeiden wir jedoch ausgetretene Pfade. Zugleich beginnen wir die Runden möglichst an Wanderparkplätzen in freier Natur. Gerne berücksichtigen wir das Wegegebot im Nationalpark, nicht zuletzt, um Auerhuhn und -hahn zu schützen. Für die eigene Sicherheit empfehlen sich Wanderschuhe, da gerade müde Glieder schneller als gedacht über Stock und Stein stolpern. Tipp: Bei der Anprobe bitte unbedingt dicke Socken tragen!

DER PASSENDE WEG Die Markierungen im Nationalpark greifen heimische Pflanzen und Tiere auf. Die dafür verwendeten Pfeile bestehen aus Holz, einem nachwachsenden Rohstoff. Das Arberland vereinheitlichte in den letzten Jahren die Wegweiser über die Gemeindegrenzen hinweg. Seitdem steht »Bo« für Bodenmais, »Ld« für Langdorf, »Dr« für Drachselsried sowie »Ab« für Arnbruck. Diese vier Kommunen einigten sich darauf, Rundwege als Kreise auszuweisen sowie Zielwanderwege als Quadrate. Darüber hinaus steht im Hinteren Oberen Bayerwald »Lo« für Lohberg, »La« für Lam, »Ar« für Arrach, »Ho« für Hohenwarth, »Bk« für Bad Kötzting sowie »Ri« für Rimbach. Auch im Unteren und Vorderen Bayerwald obliegt das Beschildern in der Regel den Gemeinden. Mancherorts stehen Wegweiserwälder.

REGIONEN & KONTAKTE

Die Einheimischen unterscheiden gerne zwischen dem donaunahen Vorderen und dem Hinteren Bayerischen Wald an der Grenze zur Tschechischen Republik. Zugleich

Ranger kümmern sich um den Nationalpark und seine aktiven Gäste.

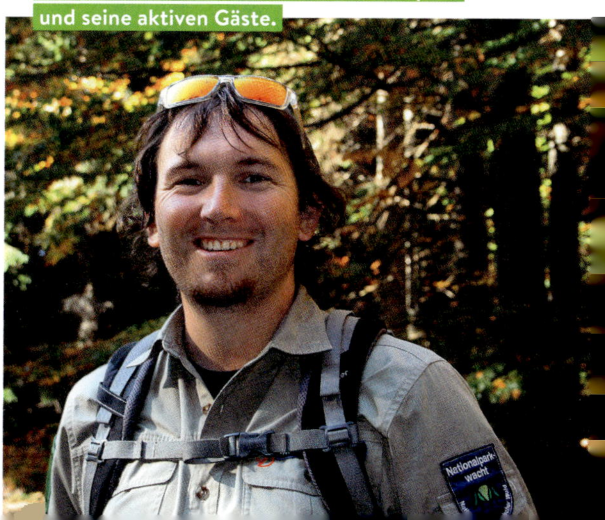

durchstreifen die vorgestellten Touren fünf Regionen, und zwar:

- Naturpark Oberer Bayerischer Wald, Landkreis Cham mit Bad Kötzting und Lam (Tel. 09971/784 31, www.bayerischer-wald.org)
- Arberland, Großteil Landkreis Regen mit Bodenmais und Frauenau (Hotline 0800/ 272 37 52 63, www.arberland-bayerischer-wald.de)
- Nationalpark Bayerischer Wald (Nationalparkzentrum Lusen/Hans-Eisenmann-Haus, Tel. 08558/961 50; Nationalparkzentrum Falkenstein/Haus zur Wildnis, Tel. 09922/500 20; www.nationalpark-bayerischer-wald.bayern.de)
- Dreiländereck samt Passauer Land mit je einem Teil Landkreis Freyung-Grafenau (Tel. 08551/571 14, www.nationalparkferienland-bayerischer-wald.de) und Passau (Tel. 0851/39 76 00, www.passauer-land.de)

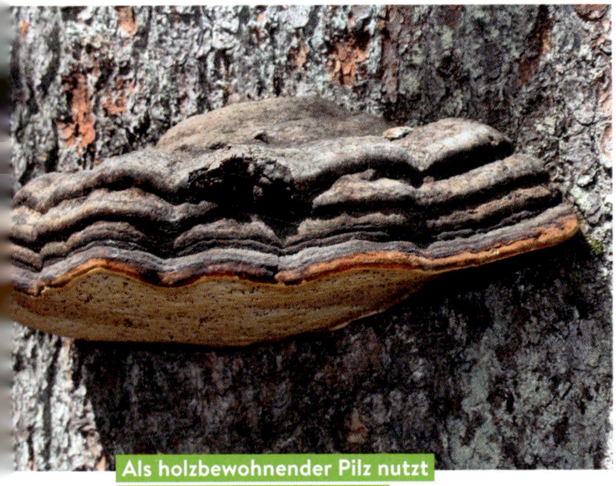

Als holzbewohnender Pilz nutzt der Schwamm den Stamm.

- Vorderer Bayerischer Wald mit weiten Teilen Landkreis Freyung-Grafenau und Regen, zudem Landkreis Deggendorf (Tel. 0991/ 310 02 31, www.landkreis-deggendorf.de) und Straubing-Bogen mit St. Englmar (Tel. 09421/97 31 27, www.bayerischer-wald.me/de) jeweils nördlich der Donau, zusätzlich Südwesten Landkreis Cham.

HINTERGRÜNDE

VERDAMMT LANG HER Bayer- wie Böhmerwald stellen den Rest eines 600 Millionen Jahre alten Riesengebirges dar. Dessen Gipfel waren ursprünglich 5000 Meter hoch. Heute ragt der widerstandsfähigste Teil der urzeitlichen Böhmischen Masse heraus. Er besteht aus Gneis, dem erdgeschichtlich jüngeren Granit sowie Glimmerschiefer. Während Granit und Glimmerschiefer körnige, geschichtete Bänder kennzeichnen, charakterisiert Gneis eine Lagenstruktur.

FRÜHE SIEDLER Es war einmal ein sonniger Frühlingstag vor gut eintausend Jahren. Gottesfürchtig brach Mönch Gunther in den damals unerforschten Bayerischen Wald auf. Als wahrer Pionier arbeitete der Benediktiner daran, den »eremus Nortwald«, den menschenleeren Nordwald, zu besiedeln. Von Kloster Niederaltaich an der Donau über den Lallinger Winkel drang der Mönch bis zur rinnenden Ach vor. Zum barocken Nachfolgebau der dort von ihm errichteten Klosterkirche pilgern Gläubige bis heute. Aus gutem Grund nennen die Bewohner von Rinchnach ihren Ort immer noch Kloster, »Klousta« ausgesprochen. Dem heute Heiligen Gunther folgten weitere Mönche sowie Händler. Der Gunthersteig entwickelte sich zu einer der frühen Salzstraßen nach Böhmen. Dem Geistlichen folgten Glasbläser. Mit den Händlern kamen Schmuggler, im Oberen Wald Schwirzer und im Unteren Wald Pascher genannt. Wo einst Trecks, sogenannte Saumzüge, auf den Goldsteigen entlangzogen, marschieren heute Wanderfans. Im Vergleich zu den Salzhändlern visieren diese Aktiven weniger den direkten Weg nach Böhmen an, sondern landschaftliche Höhepunkte.

GLASKLARE SACHE Seit dem Mittelalter beherrschen Handwerker die Kunst, aus natürlichen Ressourcen formschönes Glas herzustellen und zu veredeln. Neben dem Grundstoff Quarzsand lieferten die dichten Wälder das Holz für die Pottasche sowie für das Befeuern der Glasöfen. Anstelle der Pottasche, die den Schmelzpunkt herabsetzt, kommt heute Soda zum Einsatz. Dazu braucht es als Härtungsmittel Kalk bzw. bei Bleikristallen das Bleioxid Mennige. Während die mittelalterlichen Wanderhütten einfach weiterzogen, wenn das Holz ringsherum geschlagen war, blieben die ausgereifteren Werkstätten fest an einem Ort. Namen wie Spiegelhütte oder Riedlhütte zeugen davon.

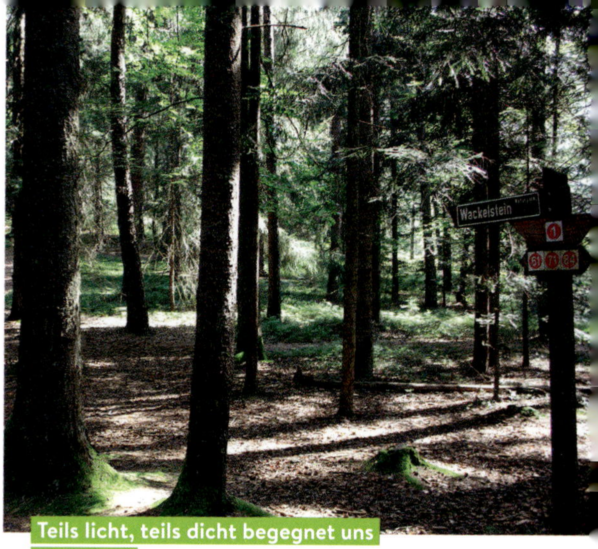

Teils licht, teils dicht begegnet uns der Forst.

NATIONALPARK UND NATURPARK

Der Nationalpark Bayerischer Wald umfasst 24 250 Hektar, was rund 35 000 Fußballplätzen entspricht. Auf nahezu drei Viertel seiner Fläche wird auf Eingriffe von Menschenhand verzichtet gemäß der Devise »Natur Natur sein lassen«. Nach dem 50. Geburtstag im Jahr 2020 herrscht nahezu Einigkeit: Das Experiment ist geglückt. So darf im Nationalpark auch künftig die Natur ihre ureigene Kraft entfalten. Wer geschädigte Flächen im Auge behält, sieht aus dem vermeintlichen Totholz gesunden Mischwald sprießen. Skeptiker beruhigt, dass außerhalb der Naturzone die Fichten, die der Borkenkäfer befällt, weiterhin aufgearbeitet oder handentrindet werden. Nicht zu verwechseln ist der Nationalpark mit dem angrenzenden Naturpark Bayerischer Wald. Dieses großräumige Schutzgebiet ist mehr als zehnmal so groß und wird nicht nur touristisch, sondern auch land- wie forstwirtschaftlich genutzt.

TIERISCHE BEGEGNUNGEN Im Bayerwald leben Wolf, Luchs, Auerhuhn, Fischotter und Habichtskauz, die anderswo schon lange aus der freien Wildbahn verschwunden sind. Im Oberen Bayerwald in der Chamer Ecke sichteten Naturfans erst kürzlich ein äußerst seltenes weißes Reh mit einem weißen Kitz – wo genau, wird nicht verraten, um keine Störenfriede anzulocken. Vor übermotivierten Jägern sollten die beiden Vierbeiner sicher sein, denn der Volksmund sagt: Wer ein weißes Reh schießt, stirbt innerhalb eines Tages. Und Vorsicht ist die Mutter der Porzellankiste. In Acht nehmen müssen sich Rehe hingegen vor Wölfen. Spuren im Schnee verraten im Winter, wo sie sich im Nationalpark herumtreiben. Zu Gesicht bekommen wir die scheuen heimischen Tiere in freier Wildbahn ohnehin nur mit Glück. In den beiden großräumigen und naturnahen Tier-Freigeländen im Nationalparkzentrum Falkenstein in Ludwigsthal und im Nationalparkzentrum Lusen bei Neuschönau sieht das wesentlich besser aus.

FRÜCHTE DES WALDES Die Muttergottes selbst soll auf dem Rachelgipfel die Menschen vor Hunger bewahrt haben. Einer Legende nach brach die Jungfrau Maria nämlich aus ihrer Krone rote Korallen, funkelnde Granaten, purpurne Rubine sowie schwarze Perlen und ebensolche Diamanten heraus.

Aus diesen Edelsteinen entstanden die Erdbeeren, Himbeeren, Preiselbeeren, Heidelbeeren und Brombeeren. Die Splitter zweier Topase, die Marias Gürtel zusammenhielten, ließen dieser Geschichte nach »Schwammerl« wachsen, also Pilze. Rund 5000 Arten werden im Mittelgebirge vermutet. Darüber hinaus sprießen in den tiefen Wäldern bodendeckende Moose und Flechten, in Felshöhlen wie am Lusen sogar phosphoreszierendes Leuchtmoos.

AUF DEM HOLZWEG Für schattige Pfade sorgen Bergfichten-, Bergmisch- oder Aufichtenwälder. Da die vergleichsweise schnell wachsenden Fichten als beliebte Holzlieferanten gelten, geht es vielerorts auf Menschenhand zurück, dass diese Nadelbaumart dominiert. Dem Borkenkäfer macht es das Leben leicht, denn die Fichte ist seine Wirtspflanze. Artenreichtum zeigt dem gefräßigen Krabbeltier hingegen seine Grenzen auf.

DER WALD UND DER TOD »Durch eines Ochsen Hornesstoß, kam er in des Himmels Schoß.« Sinnsprüche auf Totenbrettern am Wegesrand veranschaulichen, warum ein Erdenbürger das Zeitliche segnete. Früher lagen die Verstorbenen bis zur Einsargung drei Tage lang zuhause auf einem Totenbrett aufgebahrt. Es bürgerte sich ein, das Totenbrett nach der Beerdigung zu verzieren, zu beschriften sowie in der Nähe von Gotteshäusern oder an Stellen aufzustellen, zu denen Verstorbene eine besondere Beziehung pflegten. Auch wenn Särge und Urnen die Totenbretter abgelöst haben, bemühen sich traditionell Gesinnte noch vielerorts, den Brauch zu erhalten oder wiederzubeleben. Neben Zeichen tiefen katholischen Glaubens gibt es im Bayerwald auch Relikte aus vorchristlicher Zeit zu entdecken. Auf dem Riederinfelsen im Süden von Bodenmais in der Nähe der Kuhalm sollen etwa die Kelten, also die regionalen Verwandten von Asterix und Obelix, blutige Opfer dargebracht haben. Von der größten Schale aus führt eine erkennbare Rinne über den Felsenrand hinweg in den Abgrund.

TRIFTIGE GRÜNDE Steter Tropfen treibt das Holz. Bis ein gefällter Baum aus dem Bayerwald anno dazumal als Heizmaterial in den Donaustädten ankam, dauerte es fast ein Jahr. Zunächst schlugen die Waldarbeiter im Sommer das Holz. Im folgenden Winter zogen es die »Waidler« mittels Schlitten zu begradigten Bächen. Im Oberlauf dieser Triftgewässer staute man das Nass in Klausen, Schwellen genannt. Eigens angelegte Kanäle führten zusätzlich Wasser heran. Zur Schneeschmelze wurden die Sperren gezielt geöffnet. Das talwärts schießende Nass riss die vorbereiteten Stammteile mit sich. Stromabwärts verkeilten sich diese etwa 3 Meter langen »Sägeblochen« idealerweise nicht ineinander. Die Ursprünge dieser ausgeklügelten Transportmethode reichen ins späte Mittelalter zurück. Vor 150 Jahren erreichte die Trift im Bayerwald ihren Höhepunkt. Moderne Transportmittel bereiteten dem aufwendigen Treiben ein Ende. Erhaltene Schwellen bekommen wir heute immer noch zu Gesicht, und zwar vor dem Schwellhäusl (Tour 11), am Höllbach (Tour 13), neben der Racheldiensthütte (Tour 15, 16), am Lusen (Tour 17), bei Altschönau (Tour 18) oder am Steinbach (Tour 19).

LICHTE HOCHWEIDEN Von dem Zeitpunkt an, als Menschen den Bayerischen Wald besiedelten, entstanden Kulturlandschaften. Dazu zählen Hochweiden, in den Höhen von Niederbayern als Schachten bezeichnet (auf Tour 13 passieren wir drei Schachten). Hintergrund: Über 300 Jahre lang trieben Hirten vorwiegend Jungstiere und Ochsen im Hochsommer auf die almartigen Freiflächen. Vor

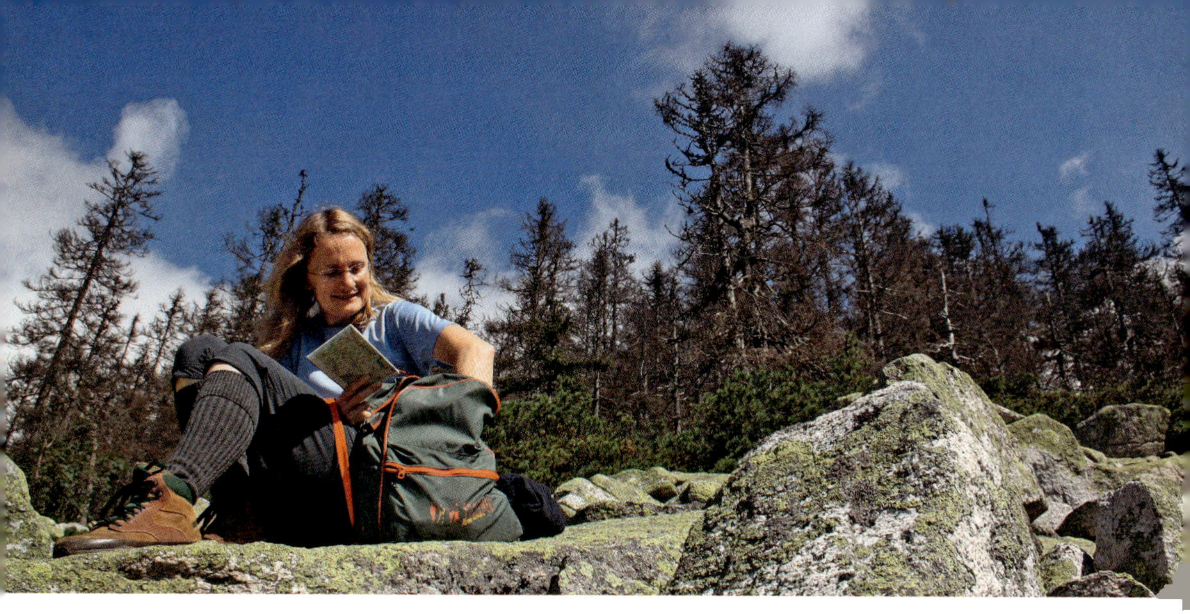

Wanderrevier, wie es im Buche steht: der Bayerische Wald

rund 60 Jahren gab man die mühselige Arbeit auf. Damit die Inseln im Waldmeer nicht zuwachsen, wurden allein im Arbergebiet in letzter Zeit sieben Hochweiden reaktiviert, und zwar Arberschachten, Bodenmaiser Mulde, Buchhüttenschachten, Bürstling, Diensthüttenschachten, Hochzell und Mittagsplatzl. Das Experiment könnte Schule machen, wobei heutzutage Weidezäune die Hirten großenteils ersetzen. Auch im Lamer Winkel stoßen wir auf Hochweiden, wobei dort nicht von Schachten, sondern etwa von der Osserwiese gesprochen wird.

INTAKTE NATUR, ECHTES LEBENSGEFÜHL, GÜNSTIGE PREISE Im Anschluss an eine Untersuchung im Jahr 2021 meldete die Passauer Neue Presse: Die Menschen in Niederbayern empfinden ihre Region als das ursprüngliche Bayern und betrachten den Bayerischen Wald als unverfälschte Lebenswelt. Autor Teja Fiedler spricht zugespitzt von »kitschresistentem Bayern ohne Make-up«. Interessant und angenehm: In keiner anderen weiß-blauen Region schätzen die Einheimischen das Preisniveau niedriger ein als in Niederbayern. Natürlich gehören der Lamer Winkel und der Falkensteiner Vorwald bereits zur Oberpfalz. Aber der einst niederbayerische Altlandkreis Bad Kötzting kam erst durch die Gebietsreform von 1972 zum Landkreis Cham im nördlich angrenzenden Regierungsbezirk. Ein Stück verlorene Identität stellen heute lokalpatriotisch Gesinnte zur Schau, die – wie seit ein paar Jahren gestattet – ihr Auto mit dem Altlandkreis-Nummernschild »KÖZ« versehen. Der Falkensteiner Vorwald wiederum gehört schon immer zur Oberpfalz. Da sich die Lebensart und die Landschaft ähneln, kümmert sich der Tourismusverband Ostbayern (TVO) zusammen ohnehin um beide Regionen. Sein Sitz: die UNESCO-Welterbestadt Regensburg. Kontaktiert werden kann die übergeordnete Anlaufstelle unter der Telefonnummer 0941/58 53 90 oder im Internet unter www.ostbayern-tourismus.de. Zu guter Letzt zählt: Wer auf sagenhaften Pfaden über das grüne Dach Europas wandert, wird kleine wie große Geheimnisse lüften. Und jetzt schreiten wir zur Tat.

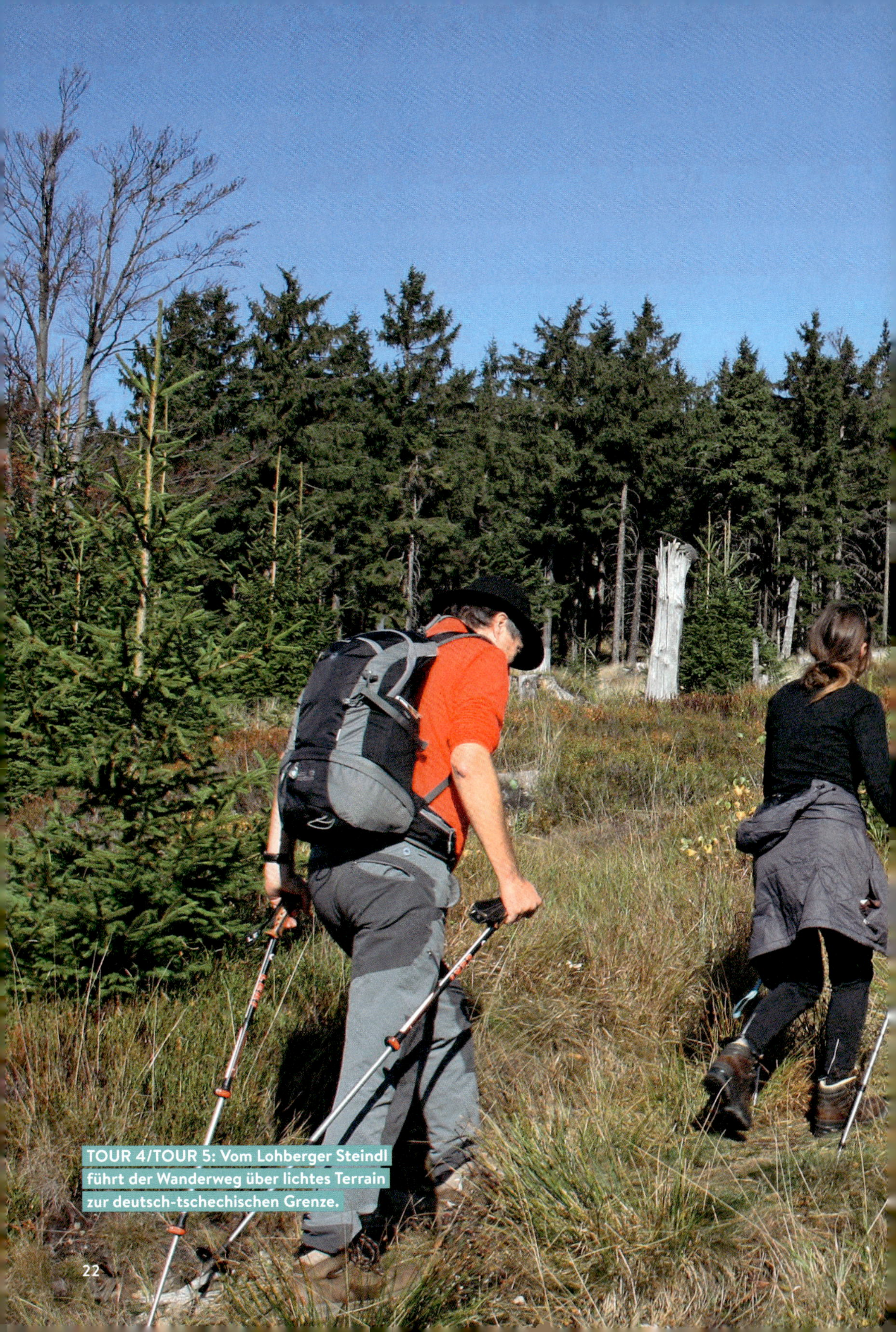

TOUR 4/TOUR 5: Vom Lohberger Steindl führt der Wanderweg über lichtes Terrain zur deutsch-tschechischen Grenze.

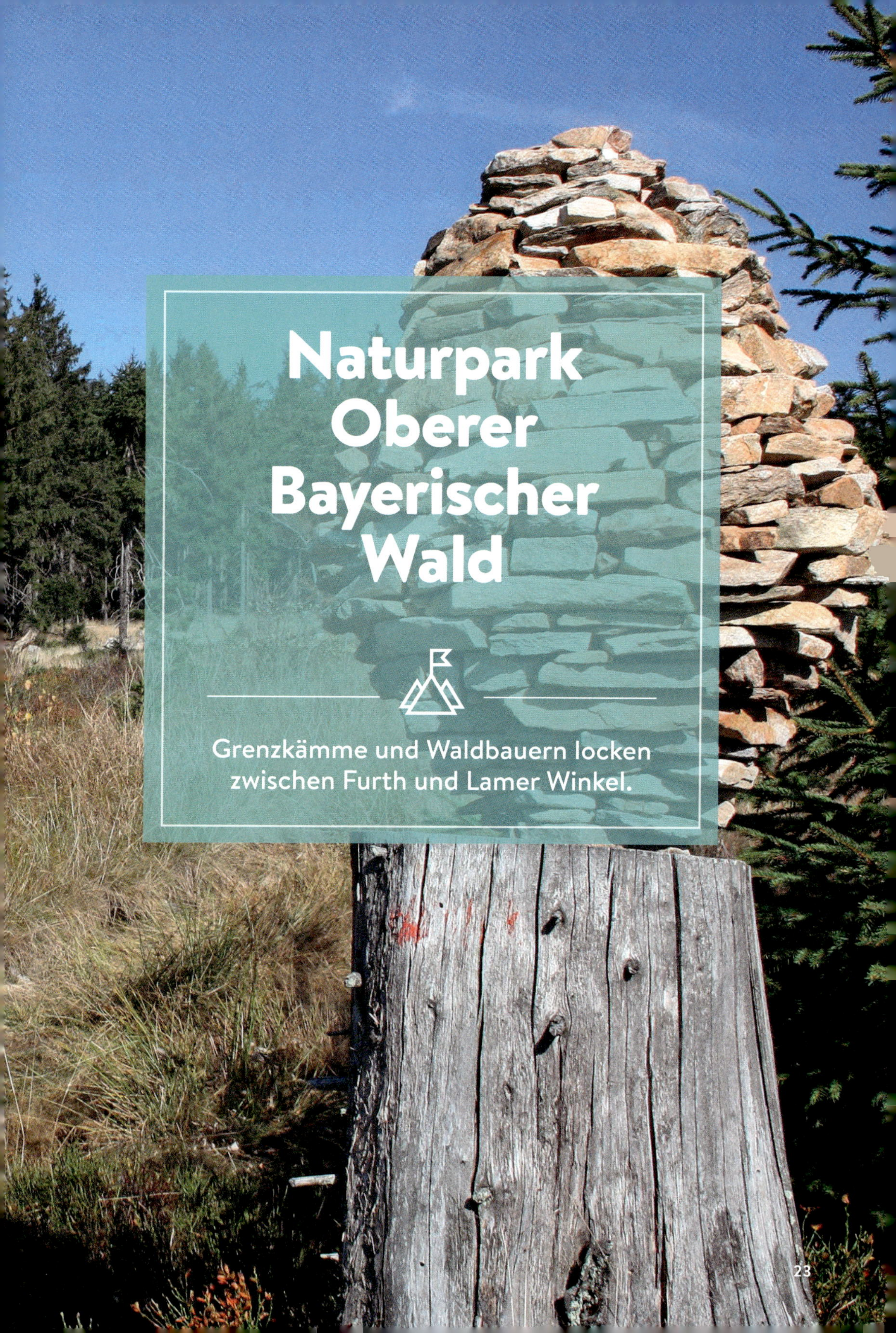

Naturpark Oberer Bayerischer Wald

Grenzkämme und Waldbauern locken zwischen Furth und Lamer Winkel.

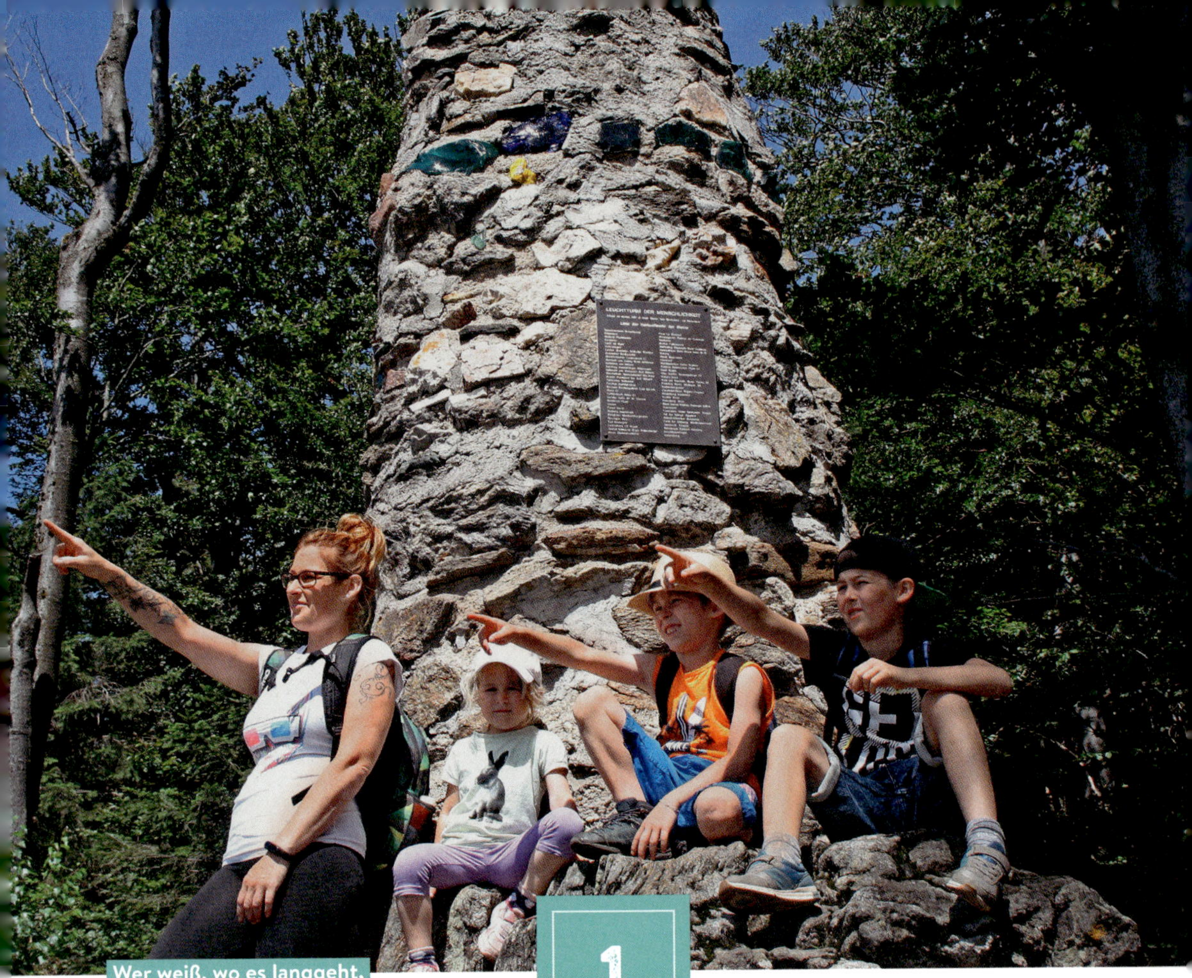

Wer weiß, wo es langgeht, landet gewiss beim Leuchtturm der Menschlichkeit.

1

Grenzerfahrungen sammeln

Höhepunkte am Rundwanderweg Gibacht

Jenseits der Cham-Further Senke führt eine vielseitige Runde vom Berghaus Gibacht am Pfennigfelsen vorbei zur deutsch-tschechischen Grenze. Der Kreuzfelsen, das Reiseck und der Tannenriegel eröffnen auf dem weiteren Weg in alle Himmelsrichtungen schöne Aussichten.

AN DER GRENZE Landen Wanderer oberhalb von Furth im Wald, sprechen Werbeleute von »Bayerischer Wald – ganz oben«. Genau genommen befinden wir uns bereits im Oberpfälzer Wald, der sich nördlich von Furth und Cham dem Bayerischen Wald anschließt. Seit der Gebietsreform 1972 gehört die Gegend zum Landkreis Cham und repräsentiert heute einen Teil des Naturparks Oberer Bayerischer Wald.

ZUM PFENNIGFELSEN Vom Parkplatz folgen wir dem »Rundwanderweg Gibacht« im Uhrzeigersinn, lassen das Berghaus also rechts liegen. Vereint mit dem Goldsteig halten wir uns bei der ersten Gabelung halb rechts, beim folgenden **1 Parkplatz Loipen-Häuschen** halb links. Unmerklich bergwärts kommen wir am Rastpavillon sowie am Block mit den zwei Wappen vorbei. Auf dem folgenden schmalen Pfad erreichen wir den Pfennigfelsen, den ein Holzschild markiert. Wer an der richtigen Stelle eine Münze postiert, kehrt dem Volksglauben nach gesund an diesen Ort zurück. Auf alle Fälle erheischen wir einen Blick nach Nordwesten ins Waldmünchner Land, wenn wir den Felsen mit Bedacht besteigen.

LÄNDERKUNDE Auf einem alten Schmugglersteig schleichen wir rasch zur Landesgrenze sowie einen Steinwurf nach rechts zum dortigen **2 Unterstand**. Gegenüber, unter dem Metallkreuz, erinnert der Drei-Wappen-Felsen an die hier angrenzenden Länder aus dem 18. Jahrhundert, also Bayern, Böhmen und die (Ober-)Pfalz. Darüber hinaus entdecken Aufmerksame ein Detail, das auf die jüngere Geschichte verweist. Die Deutschland abgewandte Seite des Grenzsteins zieren nämlich die eingemeißelten Buchstaben »CS«. Hintergrund: Bis zur friedlichen Teilung des Nachbarlands stand das Kürzel für die Tschechoslowakei. Seit 1992 streicht die tschechische Seite nur noch das »C« schwarz, sodass der Grenzstein nunmehr ausschließlich für die Tschechische Republik steht.

ZUM KREUZFELSEN Links neben dem Drei-Wappen-Felsen entlang geht es auf der Steintreppe himmelwärts. Weitgehend geradlinig sowie kurz vereint mit der Loipentrasse erreichen wir den markanten, jedoch teils eingewachsenen Kreuzfelsen, den höchsten Punkt der Tour. Eigentlich handelt es sich um den Riegelbaumfelsen. Nachdem Gläubige dort 1951 das erste Kruzifix errichtet hatten, bürgerte sich jedoch der heutige Name ein. Ein Handlauf entschärft die letzten Meter zum 2016 erneuerten Kreuz. Von oben schweift der Blick in Richtung Nordosten ins tschechische Hinterland.

DER SCHÖNSTE AUSBLICK Ein Stück weiter macht unser »Rundwanderweg Gibacht« zusammen mit dem roten Schneeschuh-Schild einen **3 Linksknick**, wobei wir uns vom Goldsteig verabschieden. Sodann kreu-

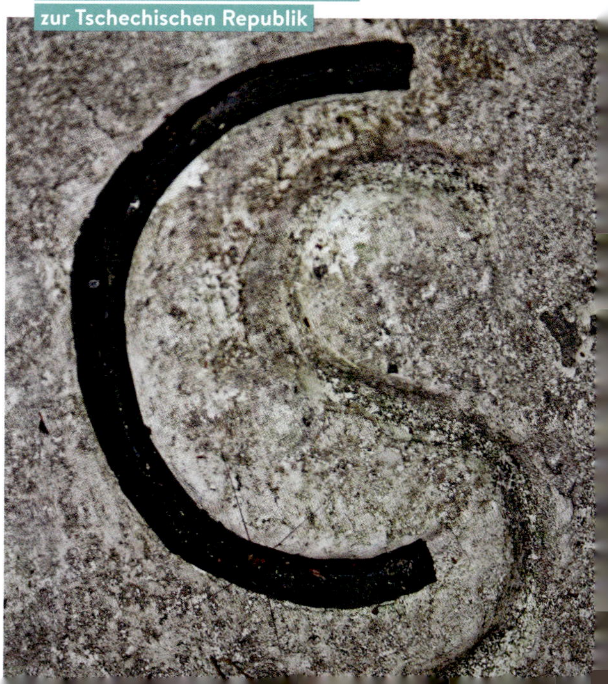

Neuer, alter Stein an der Grenze zur Tschechischen Republik

zen wir die Loipentrasse. Ein kleines Stück sanft hinab folgt eine scharfe Rechtskurve. Danach queren Wanderer erneut eine Loipentrasse und marschieren geradlinig weiter durch den Bergwald. Nicht Fichten, sondern Laubbäume dominieren, allen voran Buchen. Erst wo es deutlich hinaufgeht, weist ein **4 Pfeil** nach links zum Pfad aufs Reiseck. Den südlichen Ausläufer im Gibacht-Massiv ziert ein Glaskreuz. Sein Material erinnert an die lange Tradition diesseits und jenseits der Grenze, Glas aller Art herzustellen. Es rentiert sich wirklich, die letzten Meter hochzusteigen. Bei guter Sicht liegt uns nämlich der halbe Bayerwald zu Füßen. So sehen wir in Richtung Südosten bis zum Osser im Künischen Gebirge. Hinterm massiveren der beiden Türme auf dem nahen Hohen Bogen spitzt der 1456 Meter hohe Große Arber hervor.

ZEICHEN DER MENSCHLICHKEIT Zurück auf dem Rundwanderweg Gibacht marschieren wir neben dem Unterstand halb links weiter. Ein kleines Stück gehen wir am Kamm entlang und tauchen dann halb rechts hinab. In der Senke queren wir erneut die Loipentrasse und folgen dem Waldweg so lange, bis der Pfeil halb rechts zum Mini-Gipfelsturm auf den Tannenriegel weist. Oben angekommen, erwarten uns der **5 Leuchtturm der Menschlichkeit** sowie eine herrliche Aussicht in südwestliche Richtung. In das Kunstwerk eingebaut entdecken wir Steine aus aller Welt. Die eingesetzten Glaselemente erhellen die Nacht in der Hoffnung auf Frieden auf Erden. Vom Felsrücken ebenerdig nach hinten weg begeben wir uns auf einen schmalen, beschaulichen Pfad wenige Schritte bergan. Dann orientieren wir uns talwärts. Ein letztes Mal kreuzen wir die Loipentrasse, ehe wir auf der Forststraße landen und nach rechts zum bereits sichtbaren Berghaus Gibacht zurückkehren, welches

Blick vom Reiseck über Furth hinweg in den Hinteren Bayerwald

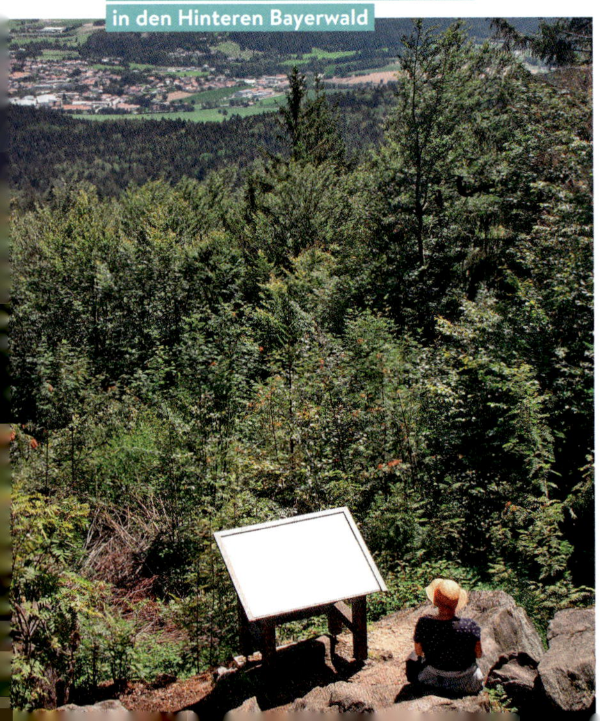

Tipp

WO DER DRACHE ERWACHT

In Furth im Wald steigt in der ersten Augusthälfte das älteste Volksschauspiel in Deutschland: der Drachenstich. Darüber hinaus können Neugierige den größten vierbeinigen Schreitroboter der Welt, den Drachen Tradinno, in seiner Drachenhöhle in der Eschlkamer Straße besuchen (Di–So 10.30–16 Uhr, Erw. 6,50 €, 6–15 Jahre 4,50 €, Familien 17 €; »Bewegter Drache« 15/10/45 €; Zufahrt ab Gibacht durch die Stadtmitte od. via B 20/ Furth im Wald Ost in Richtung Zentrum). Alternativ zu bestaunen gibt es das Kuriositäten-Kabinett Erlebniswelt Flederwisch Am Lagerplatz 5 nördlich des Bahnhofs (tgl. 10–17 Uhr, ab 6 Jahre 5 €) oder die Further Felsengänge in der Kramerstraße zwischen Bahnhof und Stadtplatz (tgl. 13–16 Uhr, Erw. 4,50 €, 6–17 Jahre 4 €).

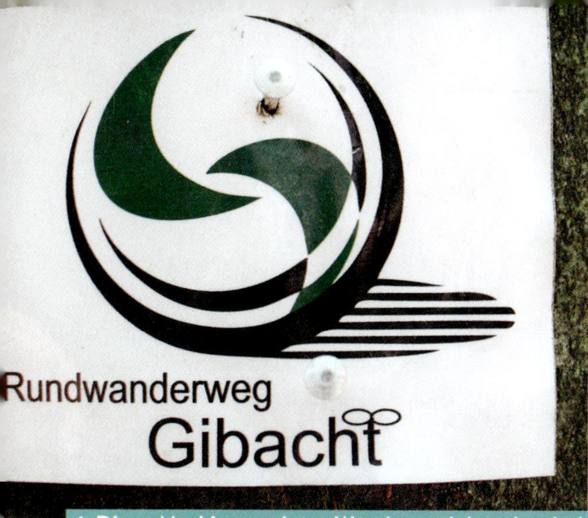

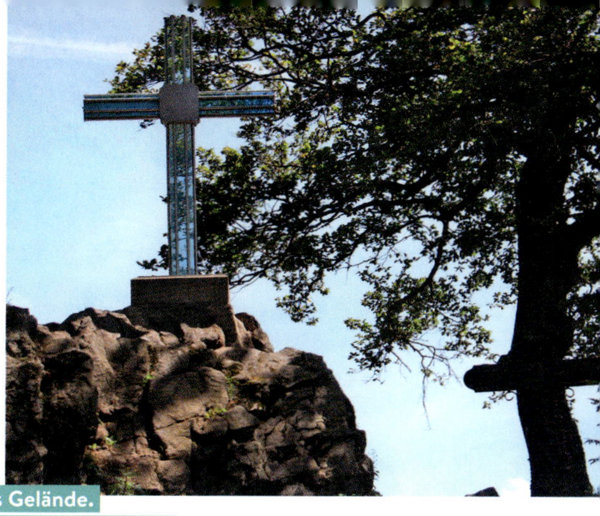

↑ Diese Markierung lotst Wanderer sicher durch das Gelände.
↗ Das Glaskreuz auf dem Reiseck stammt vom Künstler Ralph Wenzel.

zum Voithenberg´schen Gut gehört. Sowohl der Leuchtturm der Menschlichkeit als auch das Reiseck-Kreuz gehen auf den ehemaligen Wirt und Glaskünstler Ralph Wenzel zurück, der 2021 im Alter von nur 61 Jahren überraschend gestorben ist.

INFO

TOURENCHARAKTER

Vielseitige Runde durch meist schattigen Bergwald mit sich ergänzenden Aussichtsfelsen

AUSGANGS-/ENDPUNKT

Berghof Gibacht (GPS: 49.333447, 12.774014)

ANFAHRT

Von B 20/Furth im Wald Nord in Richtung Waldmünchen über den Dachsriegel hinweg bis Althütte, dort Pfeil nach rechts folgen

GEHZEITEN

Berghof (845 m) – Pfennigfelsen (904 m) – Unterstand Drei-Wappen-Felsen knapp 0.45 Std. (1,75 km); Drei-Wappen-Felsen (900 m) – Kreuzfelsen (938 m) – Glaskreuz/Reiseck gut 0.45 Std. (2,25 km); Glaskreuz (902 m) – Leuchtturm der Menschlichkeit/Tannenriegel (910 m) – Berghof 0.30 Std. (1,25 km)

EINKEHR

Berghof Gibacht (Fortbestand bei Druck des Buches nicht sicher)

KARTE

Kompass 186 Oberpfälzer Wald, 1:50 000

leicht | 5,25 km | 2 Std. | 150 Hm

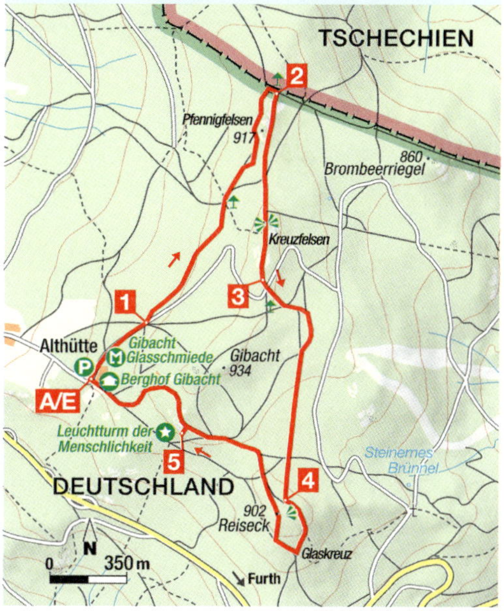

Ein Stück am Kamm in Richtung Arber

Ab Eck zum Ödriegel und Skywalk

Vom Ecker Sattel visieren die meisten Wanderer den Kaitersberg an. Unsere Tour führt auf den entgegengesetzten, ruhigeren Kamm, der zugleich die Grenze zwischen Niederbayern und der Oberpfalz markiert. Nach Mühlriegel und Ödriegel erfolgt der Rückmarsch samt himmlischem Skywalk.

Markanter Wendepunkt am höchsten Punkt der Tour: die turmartigen Felsen am Ödriegel

2

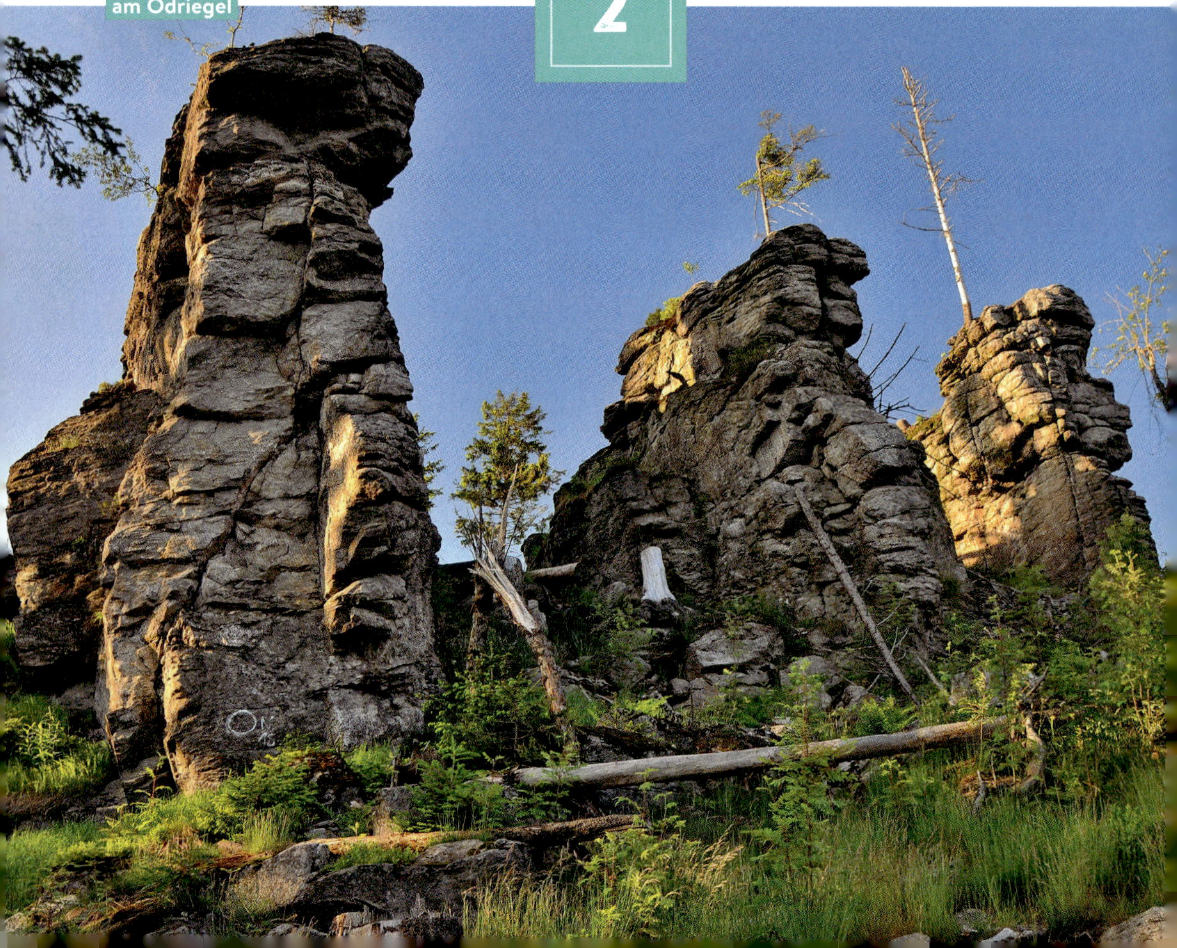

VOM SATTEL WEG Auf der Passhöhe wechseln wir beim Berggasthof Eck behutsam die Straßenseite und folgen dem Schilderwald (La6, Goldsteig, Fernwanderweg/grünes Dreieck) geradewegs in Richtung Mühlriegel. Eine Muttergottes sowie altehrwürdige Totenbretter lassen wir links liegen und marschieren auf dem Waldweg sanft bergauf. Zwischen Buchenblättern und Fichtennadeln kitzelt uns die Sonne anfangs an der Nase. Stück für Stück geht der Weg in einen zauberhaften Wanderpfad über. Der zunehmend dichte Baumbestand erinnert an einen märchenhaften Hexenwald.

GIPFEL NUMMER EINS Bergan erspähen wir links eine imposante Felsformation. Wo sich der Forst wieder lichtet, erscheint beim Blick zurück zwischen den Stämmen über dem Ecker Sattel der Große Riedelstein am Kaitersberg oder in Richtung Norden der Lamer Winkel am Fuße der Osser-Doppelspitze. Zu guter Letzt erreichen Gipfelstürmer den **1 Mühlriegel** mit seinem mächtigen Holzkreuz. Von der Schutzhütte unterm Gipfelfuß können wir rechts herum relativ geradlinig zum Kruzifix hochsteigen. Oder wir pirschen uns links an der Schutzhütte vorbei in einem Bogen zur Felsformation. In diesem Fall kommen wir an den versteckten Gedenktafeln der Bergwacht Arnbruck vorbei. So oder so erfreut der großartige Blick über das Zellertal hinweg in Richtung Vorderer Bayerwald. Wer über den Bergwachtwinkel nach Südosten späht, sieht das Arber-Plateau mit seinen Radarkugeln hervorspitzen. Der Kleine Arber rechts daneben wirkt aus dieser Perspektive sogar größer.

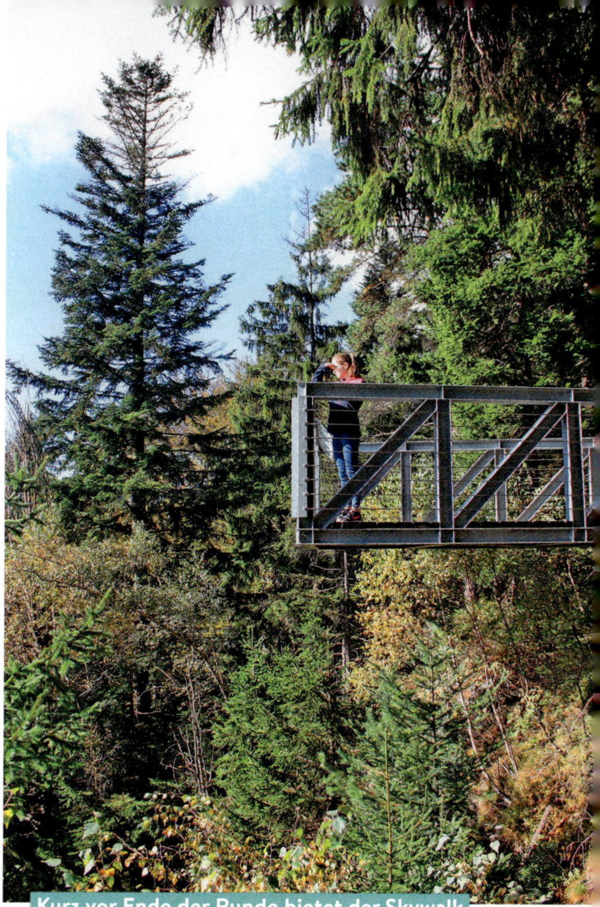

Kurz vor Ende der Runde bietet der Skywalk einen herrlichen Ausblick.

Tipp

ZWÖLF TAUSENDER MEISTERN

Unser Pfad am Kamm entspricht einem Abschnitt der Kaitersberg-Arber-Hochtour, die von Bad Kötzting bis zum Großen Arber verläuft. Dabei überschreitet der Fernwanderweg E6 zwölf über 1000 Meter hohe Gipfel. Kurz hinter unserem Satteleinstieg deutet ein installiertes Höhenprofil die gesamte Strecke an. Für die rund 28 Kilometer lange Tour bis zum Arber-Gipfel reicht ein Tag allerdings kaum aus. Wer es sich doch auf einen Streich zutraut, legt besser erst in Reitenberg über Bad Kötzting los uns spart knapp 5 Kilometer ein.

GIPFEL NUMMER ZWEI Gen Osten setzen wir unseren Marsch in Richtung Arber fort.

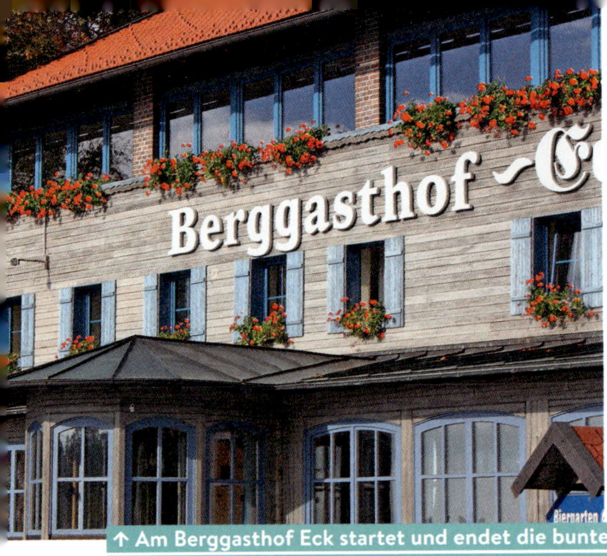

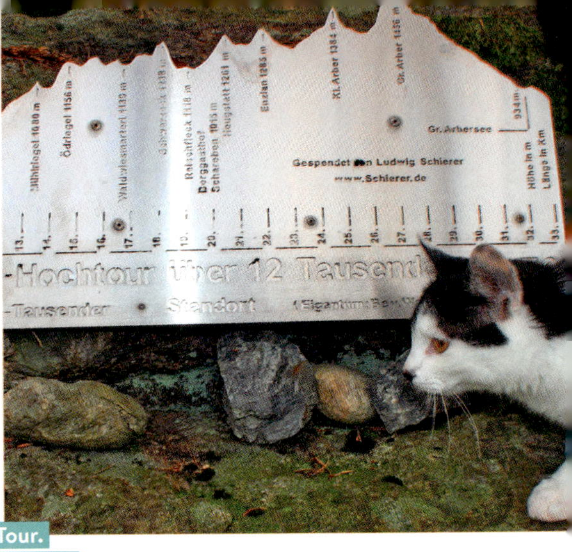

↑ Am Berggasthof Eck startet und endet die bunte Tour.
↗ Dieses Relief veranschaulicht den kompletten Kammweg.

An der **2 Abzweigung nach Arnbruck** vorbei erreichen wir hinter der folgenden Senke den höchsten Punkt der Tour, den markanten **3 Ödriegel**. Nach der Gipfelrast unter den drei turmartigen Felsen machen wir kehrt und steigen auf bekannter Strecke zurück. Hinter der Senke folgen wir dieses Mal der **2 Abzweigung nach Arnbruck**. Wir wenden uns also nach links, verlassen den Kammweg und orientieren uns beim sportlichen Abstieg an der Markierung Ab8. Wo die Strecke zum Hohlweg gerät, wird der Untergrund steinig. Weist die zwischenzeitliche Markierung nach halb rechts, haben wir das Gröbste geschafft. Ein Stück weiter treffen wir bei einer **4 Kreuzung** auf einen breiten Forstweg. Aufgepasst: Dort verlassen wir Ab8 und marschieren nach rechts auf der geschotterten, unmarkierten Strecke wesentlich entspannter weiter (MTB7 verläuft hier in umgekehrter Richtung).

Ein kleiner Schilderwald weist anfangs in Richtung Mühlriegel.

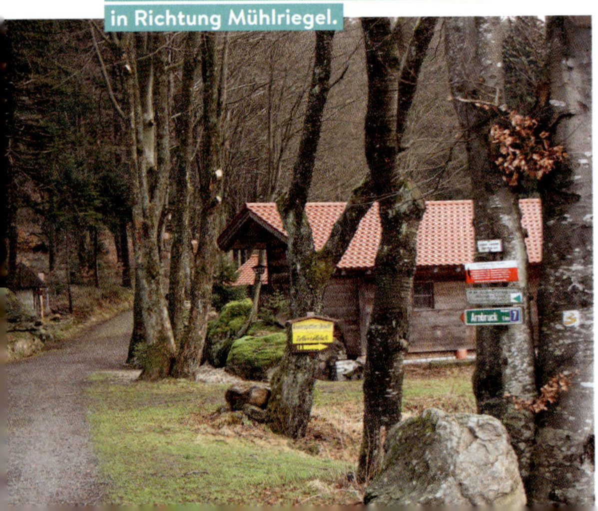

AUF LUCHSSPUREN Hinter der folgenden Minikuppe führt der Forstweg behaglich bergab. Schnellen Schrittes geht es voran. Aus diesem Grund nutzt auch der Luchs die sogenannte Hammerlochstraße, denn die Wildkatze streift in einer Nacht bis zu 20 Kilometer weit durch ihr Revier. Bei Tag dringt die Sonne mal mehr, mal weniger durch die Schneise. Auf alle Fälle überraschen rechter Hand schroffe Felskegel. Lässt sich links die asphaltierte Passstraße ausmachen, folgen wir halb rechts dem grünen Pfeil. Vom tiefsten Punkt unserer Tour verrät zusätzlich Ab7, wo es hochgeht.

DIE HIMMELSBRÜCKE Rasch wird am Rand des Weges der **5 erste Skywalk im Bayerischen Wald** erreicht. Natürlich gehört diese 10 Meter lange Brücke gen Himmel zu den vergleichsweise zahmen Konstruktionen ihrer Art. Wer bis zur Panoramakarte vorgeht, lässt den Blick auf Höhe der Baumwip-

INFO

mittel | 7,25 km | 3 Std. | 375 Hm

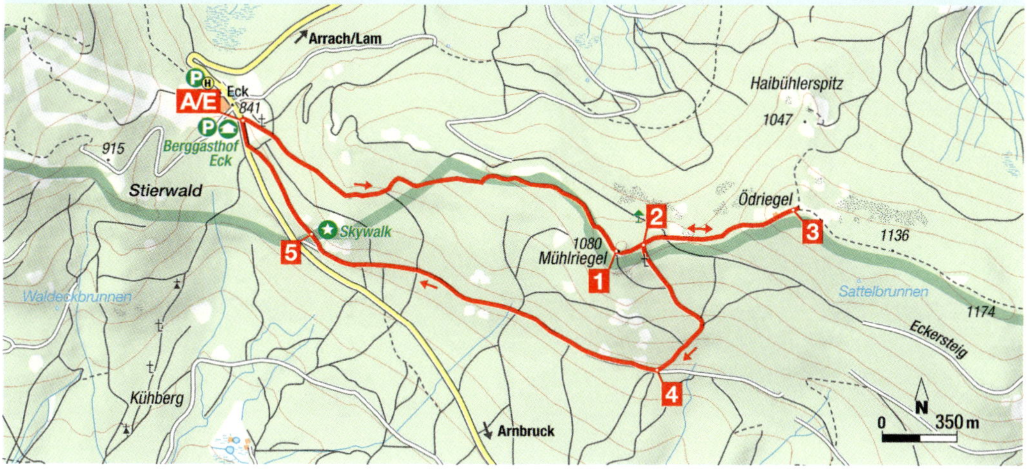

TOURENCHARAKTER

Einstieg Waldweg, der in teils aussichtsreichen Kammpfad zu zwei Gipfeln übergeht; Rückzug/Abstieg zunächst teils sportlich, dann einfacher Forstweg via Skywalk

AUSGANGS-/ENDPUNKT

Ecker Sattel, Parkplatz Süd (GPS: 49.162871, 12.990650); Tagesgebühr 2 €

ANFAHRT

Von Norden über Arrach, von Süden über Arnbruck jeweils rauf auf den Sattel; Bus: Wanderlinie VLC 618/RBO 6065

GEHZEITEN

Ecker Sattel (843 m) – Mühlriegel (1080 m) – Ödriegel 1.30 Std. (3,25 km); Ödriegel (1156 m) – Skywalk 1.15 Std. (3,25 km); Skywalk (825 m) – Ecker Sattel knapp 0.15 Std. (0,75 km)

EINKEHR

Berggasthof Eck (separater Parkplatz)

KARTE

Kompass 195 Nördlicher Bayerischer Wald, 1:50 000

fel vom höchsten Berg im Vorderen Bayerwald, dem Einödriegel, bis zum Pröller schweifen. Bei glasklarer Sicht, vor allem im Herbst, überraschen die am Horizont hervorspitzenden Alpen. Gegebenenfalls grüßt 180 Kilometer Luftlinie entfernt der Watzmann aus dem Berchtesgadener Land, dessen Aussehen an einen Vulkan erinnert.

ZURÜCK ZUM SATTEL Von der ungewöhnlichen Metallbrücke mit Holzboden verläuft der Endspurt sanft bergan. Wo sich der Waldweg der Passstraße nähert, fällt die Einkehr auf dem Ecker Sattel in den Blick. Durstige und Hungrige peilen entweder die geräumigen Gaststuben oder die von der Straße abgewandte Terrasse mit ihren Biergartengarnituren an. Der unterhalb gelegene Wasserspeicher speist im Winter die Schneekanonen, die im kleinen Skigebiet die weiße Pracht rieseln lassen. Im Tal in Arnbruck erwartet das kleine Panoramabad indoor (u. a. ab 16 Jahre 5 €, 6–15 Jahre 3,50 €, Mo geschl.; www.panoramabad-arnbruck.de), alternativ das Naturbad Zellertal in Drachselsried (+3,5 km; Parken 2 €; www.zellertal-online.de). Gute Alternativen in Richtung Lam verrät der Kasten bei Tour 3.

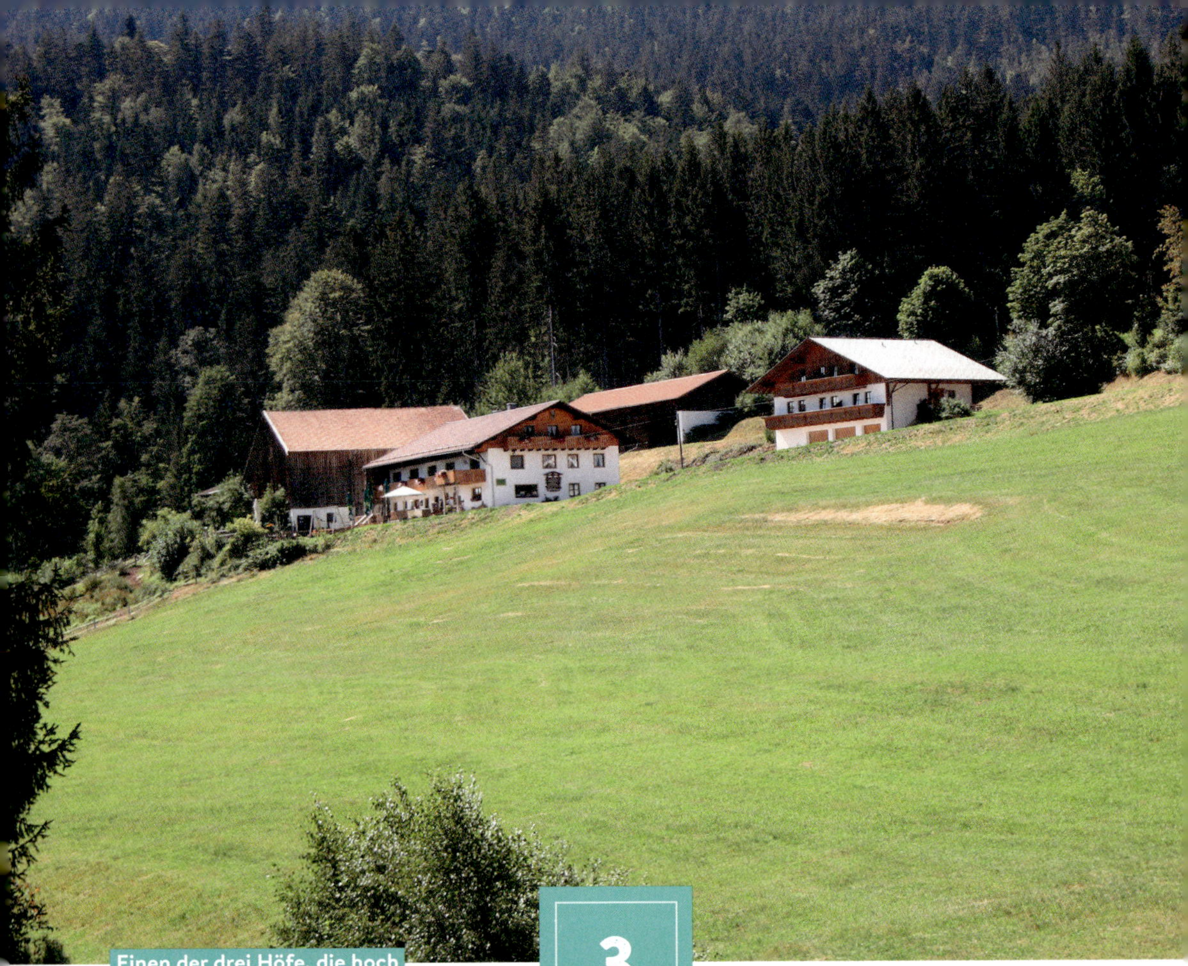

Einen der drei Höfe, die hoch über Lam zur Einkehr einladen, bewirtschaftet der Veitbauer.

3

Uriger »Woidbauernsteig«

Im Lamer Winkel zu Lichtungen mit drei Einödhöfen

Vom Luftkurort Lam aus absolvieren wir durch dichten Baumbestand die halbe Strecke zum Kamm. Dort werden auf sonnigen Lichtungen mit drei malerisch gelegenen Einödhöfen lokale Schmankerl serviert. Als praktischer Startpunkt taugt für unseren sommerlichen »Woidbauernsteig« der Bahnhof.

IN DEN WALD HINEIN Auf der Bahnhof-Südseite folgen wir der Gaberlsägstraße in Richtung Westen (ohne Markierung). Diese verläuft ein Stück oberhalb der Gleise und am Ende der Siedlung auf einen unbeschrankten Bahnübergang zu. Direkt davor gehen wir auf dem für den Verkehr gesperrten Forstweg halb links hoch und in einem sanften Rechtsbogen 400 Meter durch den Nadelwald. Ein Kruzifix, in Bayern Marterl genannt, steht am schattigen Wegesrand. Bei der folgenden **1 Gabelung** fädeln wir halb links in die Forststraße ein. Ein Stück bergauf zeigt die Markierung La7, wo wir nach links auf das Herzstück des Woidbauernsteigs einschwenken können. Sodann wandern wir geradlinig empor, bergwärts wird die Forststraße gequert. Im Anschluss an den rot-weiß markierten Hohlweg schlängelt sich der Pfad der ersten Lichtung entgegen.

EINE HELLE FREUDE Wird es licht, führt der Pfad zurückversetzt am Waldrand entlang. Schließlich landen wir an einer **2 T-Kreuzung** auf der breiten Zufahrt nach Trailling. Dort wenden wir uns nach links und marschieren auf Asphalt himmelwärts durch den Bergwald. Erst erblicken wir Vorderöd aus der Ferne auf der großflächigen Lichtung, dann folgen wir dem Pfeil nach rechts und erreichen das einfache Brotzeitstüberl im Ödbauernhof. In urig-rustikaler Atmosphäre wird bei Volksmusik hausgemachtes Geräuchertes serviert, gerne reichlich garniert als deutschlandweit anerkannter Strammer Max.

ZWEITER STREICH Vor dem Grillpavillon und an der Hauskapelle vorbei führt La7 nun an einer Baumreihe entlang. Während hinter dem Ödbauernhof der Hohe Bogen kurze Zeit hervorspitzt, grüßt aus entgegengesetzter Richtung erst das Zwercheck und dann der Osser. An dem unübersehbaren Schrägdach mit der PV-Anlage vorbei, streben wir neben der erhöht gelegenen Hofkapelle zum Veitbauernhof in Hinteröd. Im Unterschied zu den anderen beiden Einkehr-

Zeichen lebendigen Glaubens in der Hauskapelle von Vorderöd

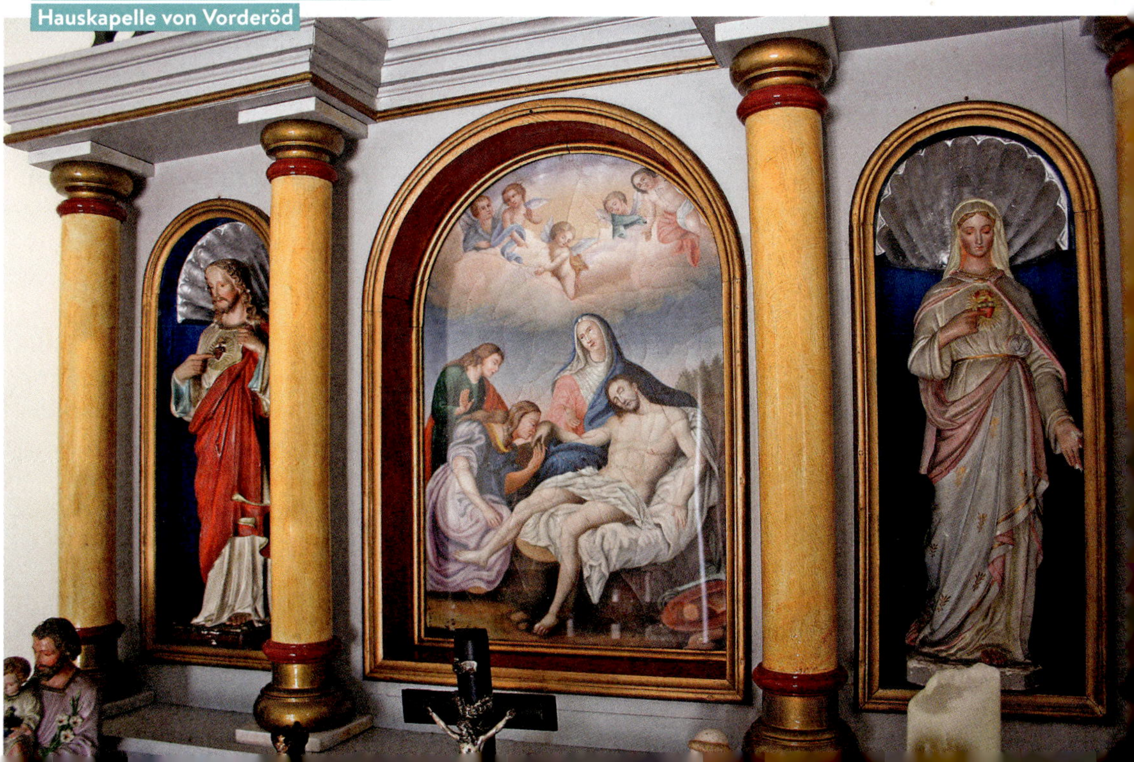

Tipp

BADESPASS

Im Lamer Winkel entscheiden sich Wasserratten und Badenixen zwischen dem gebührenpflichtigen Osserbad in Lam jenseits des Weißen Regens (Freibad u. a. Erw. 7,50 €, 6–18 Jahre 4,50 €; www.osserbad.de) oder dem großflächigen wie kostenfreien Seepark Arrach (3 km; www.seepark-arrach.de)

stationen ermöglicht die Sonnenterrasse des »Wia z'Haus« einen Blick in die Ferne. Den Osser-Doppelgipfel im Visier, lässt sich etwa der hausgemachte Kaiserschmarrn bestens genießen.

Der Osser-Doppelgipfel grüßt zur Sonnenterrasse in Hinteröd.

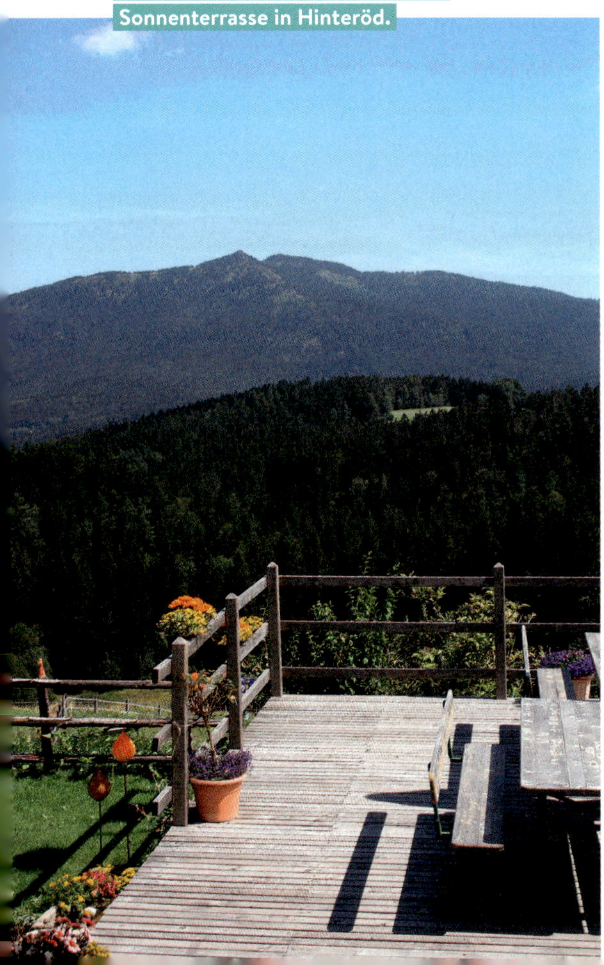

ZU GUTER LETZT So oder so passieren wir hintenraus mittels zweier Durchlässe die Weiden des Hofes. Hinter der Metalltür, die wir wieder schließen, taucht La7 einen Steinwurf weit steil zum Koppenbach hinab. Das dortige Häuschen verarbeitet grünen Strom. Jenseits des Steges verläuft der steinige Pfad durch den Bergwald schräg bergauf. Vom anschließenden Weg fädeln wir auf die Zufahrt nach (Hinter-)Waldeck ein. Mit Bedacht geht es die letzten 400 Meter auf Asphalt bis zur äußerst behaglichen Terrasse der dritten Einkehrstation. Die Gaststube verleiht der Tradition einen angenehmen Anstrich. Dazu passt, dass im Einödhof der Familie Lemberger-Frisch selbst gebackenes Bauernbrot auf den Tisch kommt. Das ganze Ambiente überzeugt auch Brautleute oder Jubilare, sodass Wanderer bisweilen auf geschlossene Gesellschaften treffen.

IM WALD HINUNTER An der Hofkapelle vorbei geht es in einem Linksbogen talwärts. Am Waldrand halten wir uns auf der Hauptstrecke halb links. Nur 150 Meter weiter verlassen wir diese und folgen bei der **3 Waldeck-Gabelung** den vereinten Pfeilen (La6/La7) in Richtung Lam nach links in den Forstweg hinein. Einen Katzensprung weiter überrascht einmal mehr der Blick hinüber zum markanten Osser. Am Waldrand entlang lassen wir Vorderwaldeck rechts liegen und freuen uns über die alpin anmutende Szenerie. Schließlich tauchen wir erneut in märchenhaften Forst ein. Dem Rechtsknick schließt sich ein Linksbogen an, an dessen Ende sich der Weg am Anwesen »Zum Waldeck 2« vorbei aus dem Wald hinaus talwärts schlängelt. Kurz vor dem Lamer Ortsschild fädeln wir am Koppenbach auf den Lissenweg ein. Der 1000 Meter lange Endspurt führt uns auf Asphalt an die Siedlung heran sowie zu guter Letzt im Linksbogen zurück zum Bahnhof.

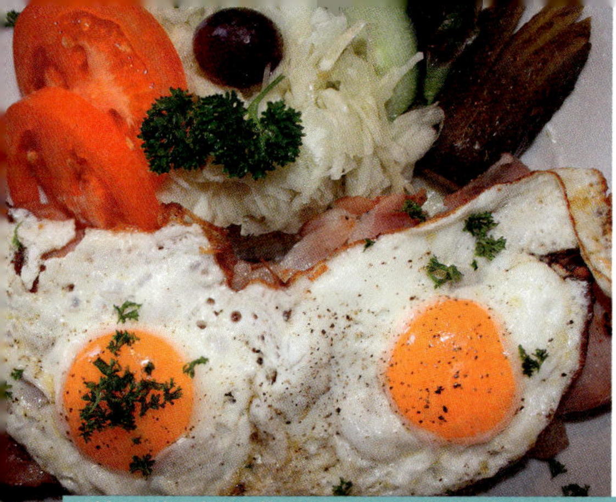

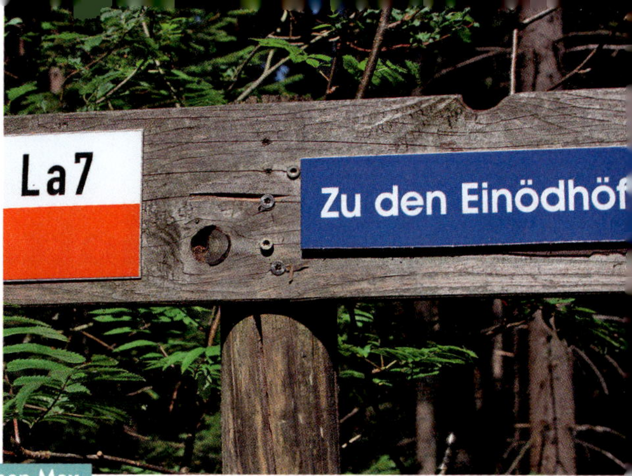

↑ Hungrige bestellen im Brotzeitstüberl den Strammen Max.
↗ Einen Gutteil der Strecke folgen wir der Markierung La7.

INFO

TOURENCHARAKTER

Lebendige Runde auf Forstwegen und Pfaden vom schattigen Tal in teils aussichtsreiche Höhen mit Einödhöfen samt Kapellen; vier asphaltierte Passagen

AUSGANGS-/ENDPUNKT

P1 oder P+R am Bahnhof Lam (GPS: 49.191429, 13.051918)

ANFAHRT

Aus Osten via Arber/Brennes (Vorlauf Bayer. Eisenstein od. Zwiesel od. Bodenmais), aus Westen oder Süden via Arrach (Vorlauf Arnbruck od. Bad Kötzting od. Neukirchen); Bahn: Oberpfalzbahn (Endstation); Bus: u. a. VLC 590/RBO 6080

GEHZEITEN

Bahnhof Lam (525 m) – Vorderöd 1.30 Std. (4 km); Vorderöd (790 m) – Hinteröd (780 m) – Waldeck gut 0.30 Std. (1,5 km); Waldeck (800 m) – Bahnhof 1 Std. (3 km)

EINKEHR

Der Reihe nach: Brotzeitstüberl Vorderöd (Mi–So), Veitbauernhof Hinteröd (Do/Sa/So), Einödhof Waldeck (Do–So)

KARTE

Kompass 195 Nördlicher Bayerischer Wald, 1:50 000

mittel | 8,5 km | 3 Std. | 350 Hm

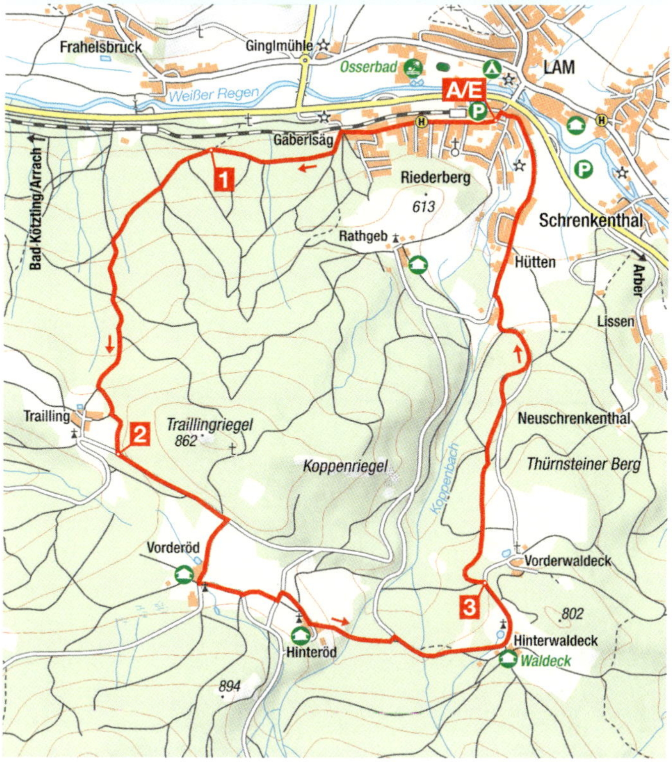

Grüß Gott, Osserriese

Ab Altlohberghütte zum schmucken Hausberg von Lam

Der Große Osser lässt sich via Lohberger Steindl und bayerisch-böhmischem Grenzsteig in aller Ruhe erobern. Wer diese bezaubernde Variante zum Gipfel-Schutzhaus meistert, genießt die Natur abseits ausgetretener Pfade und begegnet womöglich dem Osserriesen.

Vom Großen Osser erblicken Aktive über den Kleinen Osser hinweg den Kaitersberg.

4

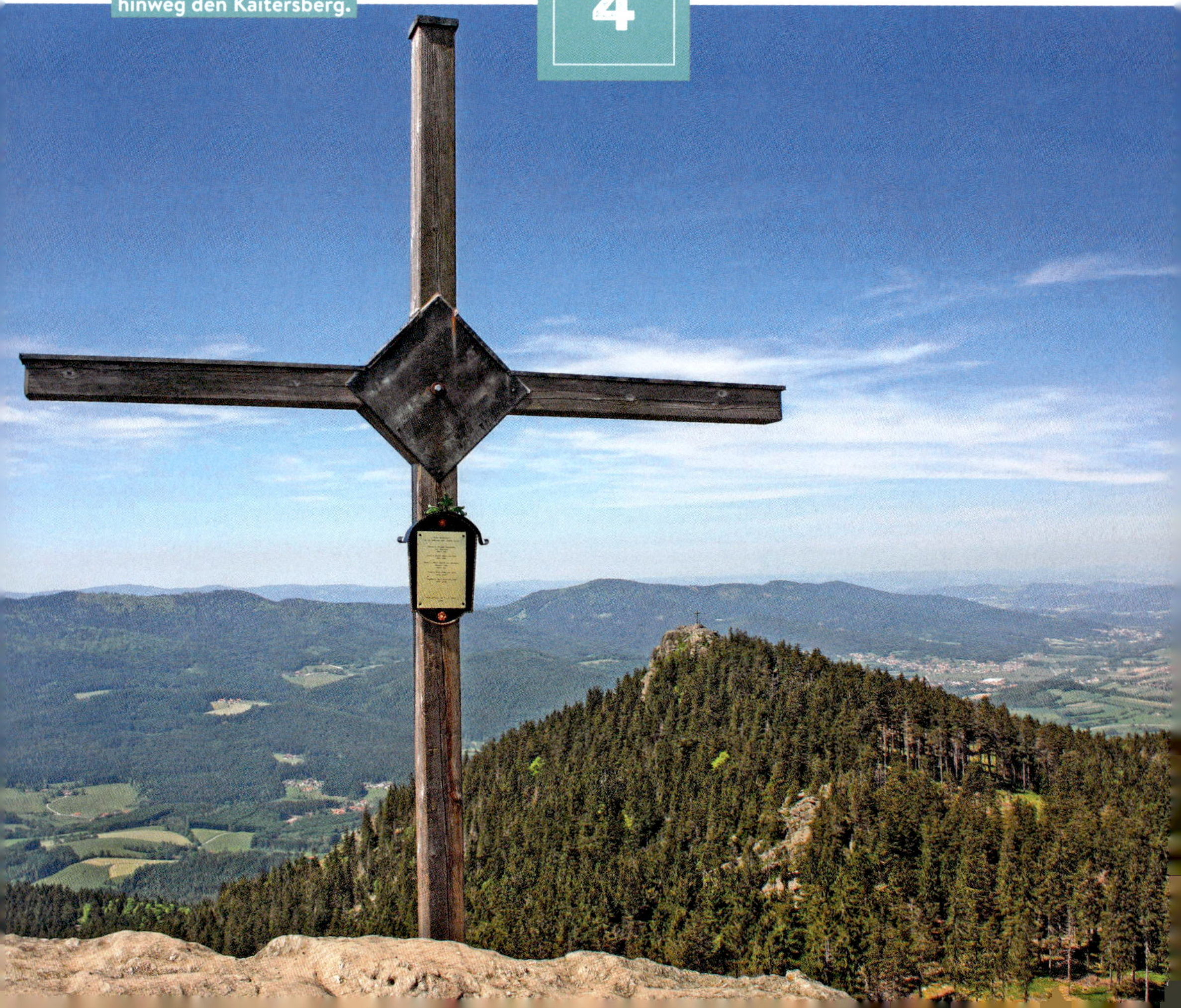

FREIBAUERN AUF DER SPUR Wenn Einheimische direkt von Lam auf ihren Hausberg steigen, zieht sich der Weg. Die beliebte Abkürzung ab Ossersattel taugt für Familien mit Kindern. Unser vielseitiger Mittelweg zeigt sich erfreulich schwach frequentiert. Dabei begeben wir uns in ein Gebiet, in dem jahrhundertelang die künischen (königlichen) Freibauern das Land diesseits und noch mehr jenseits der heutigen Grenze urbar machten. Zwar waren sie König und Kaiser untertan, aber keine Leibeigenen. Ihr selbstbewusster Wahlspruch lautete: »Niemands Herr und niemands Knecht, das ist künisch Bauernrecht.«

VON ALTLOHBERGHÜTTE HOCH Vom kleinen Wanderparkplatz folgen wir auf der schmalen Teerstraße Lo8 in Pfeilrichtung Lohberger Steindl bis zum Haus Waldesruh. Unmittelbar dahinter, vor dem Haus Kress, wenden wir uns bergwärts. Einen Katzensprung entfernt lassen wir die Hotel-Gaststätte Kapitän Goltz links liegen (bei Druck des Buches stand die Renovierung an), überqueren die Staatsstraße auf Höhe der Bushaltestelle und marschieren geradlinig in Richtung Kamm. Die folgende Passage im fichtendominierten Forst fordert. Nach oben hin wird es dankbarer.

LOHBERGER STEINDL An der **1 querenden Forststraße** angekommen, geht es 150 Meter nach links minimal bergab, ehe Lo8 erneut bergan über eine Lichtung verläuft. Erst nachdem wir einen markanten Felsblock links liegen lassen, erreichen wir das Lohberger Steindl. Ein Pfeil weist auf die über 10 Meter hohe Felskanzel, deren Fuß gelbliche Schwefelflechten bedecken. Oben angekommen beachten wir den steilen Abhang, bevor wir die herrliche Aussicht vom Großen Arber mit seiner aktiven Radarstation bis hinauf zum Hohenbogen mit seinem

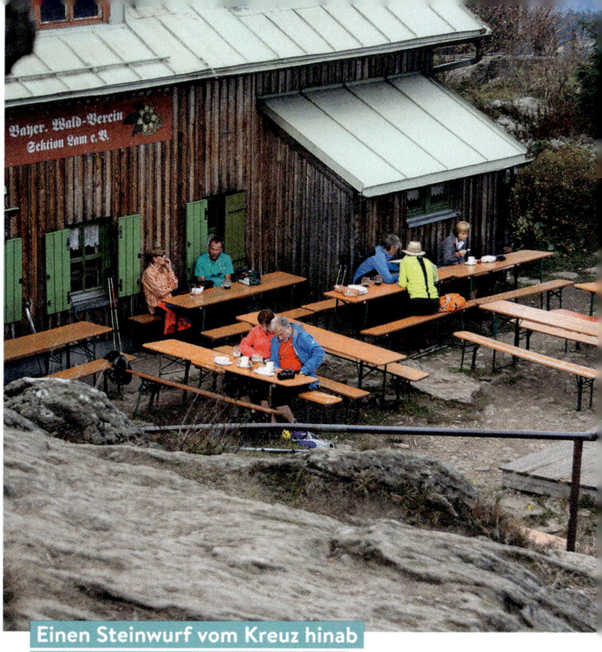

Einen Steinwurf vom Kreuz hinab erreichen wir die Gipfeleinkehr.

nicht mehr im Einsatz befindlichen Gegenstück unbeschwert genießen. Indes versteckt sich der Osser-Doppelgipfel seitlich hinterm Geäst.

GRENZGÄNGER Ein zauberhafter Pfad, mit weiß-roter Farbe markiert, aber nicht mehr als Lo8 ausgewiesen, führt bergan auf hochalmähnliches Gelände. Zwischen Gräsern

Tipp

BAYERWALD-TIERPARK

Rund 100 Arten, die im Waldgebirge heimisch sind oder es früher waren, leben im Bayerwald-Tierpark zwischen Altlohberghütte und Lam. Der dortige Rundweg führt vom Streichelzoo zum Wolfsrudel. Der Eingang liegt 100 Meter hinter der Arberseebahn-Station in Lohberghütte (Apr.–Okt. ab 9 Uhr, Nov.–März ab 10 Uhr; Erw. 6 €, 4–16 Jahre 4 €, Familien 15 €; www.bayerwald-tierpark.de).

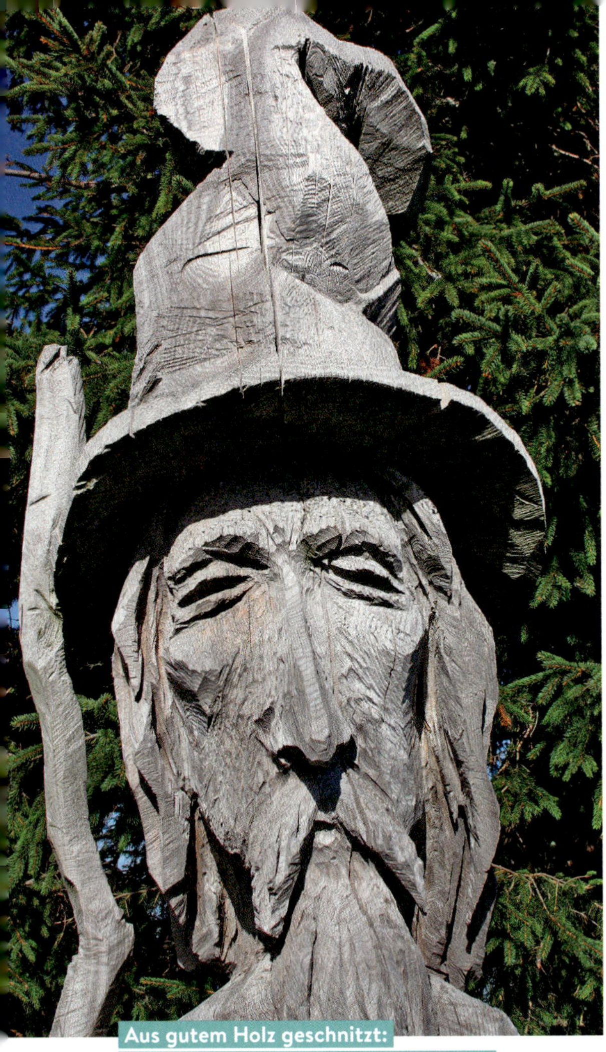

Aus gutem Holz geschnitzt: der Osserriese neben dem Schutzhaus

und von Menschenhand aufgeschichteten Steinfiguren streben wir geradewegs der deutsch-tschechischen Grenze entgegen. Wer am Kamm ankommt, hat zeitlich gesehen so gut wie den halben Gipfelsturm gemeistert. Wir wenden uns an der **2 T-Kreuzung** nach links und marschieren in Richtung Osser direkt an den weiß-blauen Grenzpfosten oder in deren unmittelbarer Nähe entlang. Kurz zeigt sich der Osser in seiner ganzen Pracht, taucht aber erst wieder auf, wenn wir uns ein ordentliches Stück weiter seinem Gipfelkreuz hinter teils lichtem und teils dichtem Wald nähern.

GIPFELEINKEHR Wo sich die Landesgrenze über hohe Felszacken erstreckt, verläuft der weiß-rote Grenzsteig vereint mit Lo1 und blauem Goldsteig linksseitig um den schroffen Glimmerschiefer herum. Sogleich lässt sich der Kleine Osser halb links erspähen sowie einige Schritte weiter der Große Osser der Nase nach. Ein Griff zu den an der Wand verzurrten Drahtseilen gibt passagenweise den nötigen Halt. Am Gipfel erwartet uns ein fantastischer Zwei-Länder-Rundblick. Einen Steinwurf unterhalb, im **3 Osserschutzhaus** des Wald-Vereins, bedienen sich Durstige an der vorderen und Hungrige an der hinteren Theke selbst. Platz bieten drei urige Gastzimmer sowie die Sonnenterrasse.

DER OSSERRIESE Es war einmal ein Riese. Er war so groß, dass er einen ganzen Apfelbaum in das Knopfloch seines Hochzeitsanzugs stecken konnte. Einer Geschichte zufolge roch der Hüne an einer Springwurz, was ihn dermaßen kitzelte, dass es ihn beim Niesen schlicht und ergreifend zerriss. Anderen Sagen zufolge treibt der Osserriese heute noch sein Unwesen. Auf alle Fälle erwartet Einkehrwillige am Rand der Schutzhaus-Terrasse eine geschnitzte Version der legendären Gestalt. Furchterregend sieht er gar nicht aus, wie er uns von dort so grüßt.

DEN RÜCKMARSCH ANTRETEN Talwärts setzen wir auf der vom Aufstieg bekannten Strecke rund zehn Gehminuten zurück gemäß Lo1/blauem Goldsteig/grünem Dreieck (Fernwanderweg). Erst hinter den Felszacken entfernen wir uns vom Grenzkamm halb rechts bergab auf äußert steinigem Gelände. Nach etwa einer Stunde Gehzeit treffen wir auf eine **4 Kreuzung**, biegen nach links in den breiten Forstweg ab und folgen nun Lo2. Der Forstweg schlängelt sich anfangs minimal bergauf, dann etwa die Höhenlinie ent-

INFO

schwer	10,75 km	4.30 Std.	550 Hm

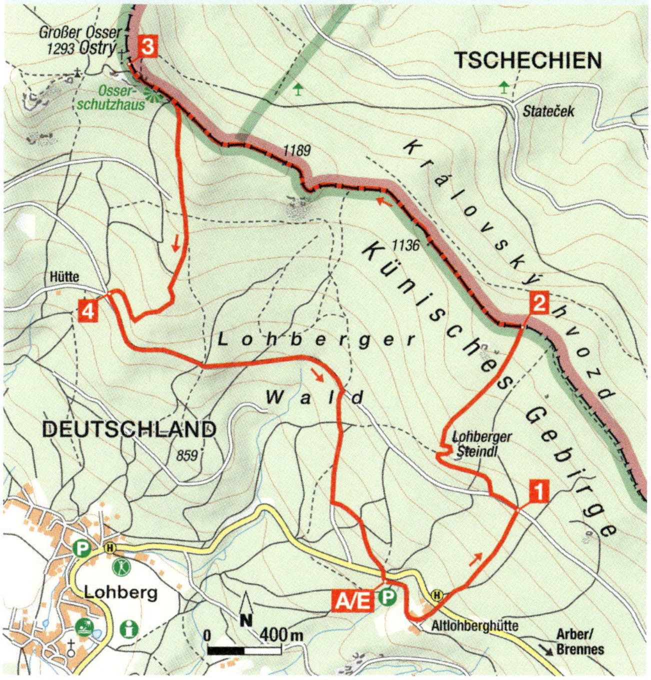

TOURENCHARAKTER

Teils steinige, vergleichsweise wenig frequentierte Runde durch unten schattiges sowie bergwärts lichtes Terrain; bis zum Steindl sportlich, rund um Grenzkamm angenehmer zu gehen; Gipfelpassage erfordert Trittsicherheit

AUSGANGS-/ENDPUNKT

Wanderparkplatz Altlohberghütte an der Scheibenstraße (GPS: 49.178380, 13.129170)

ANFAHRT

Vom Arber via Brennes in Richtung Lamer Winkel bzw. von Lohberg in Richtung Arber; ausgeschilderter Wanderparkplatz 300 m unterhalb Hotel-Restaurant Kapitän Goltz; Bus: 6080/590 bis Altlohberghütte/Hotel Goltz

GEHZEITEN

Altlohberghütte (830 m) – Lohberger Steindl 1 Std. (2 km); Steindl (1077 m) – Grenzsteig – Großer Osser 1.45 Std. (3,75 km); Osser (1293 m) – Altlohberghütte 1.45 Std. (5 km)

EINKEHR

Osserschutzhaus

KARTE

Kompass 195 Nördlicher Bayerischer Wald, 1:50 000

lang. Nach weniger als 30 Minuten weist Lo2 nach rechts gen Tal. Vom folgenden Forstweg orientieren wir uns gemäß Markierung halb links in den Wald hinein. Wiederholt heißt es, gut auf die rot-weißen Fähnchen zu achten, welche nach links weisen und uns daran hindern, erneut auf dem Forstweg zu landen. Wer das beherzigt, taucht exakt beim Wanderparkplatz an der Scheibenstraße aus dem Wald auf. Wer doch wieder auf dem Forstweg landen sollte, biegt einfach nach links ab und läuft zuletzt neben der Staatsstraße mit Bedacht ein paar Meter hoch bis Altlohberghütte.

Gipfel altbayerischer Genüsse: Leberkäse, Spiegelei, Kartoffelsalat

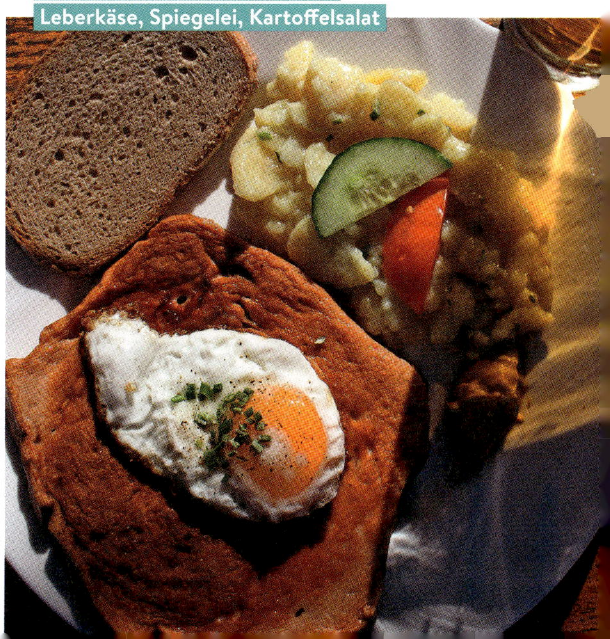

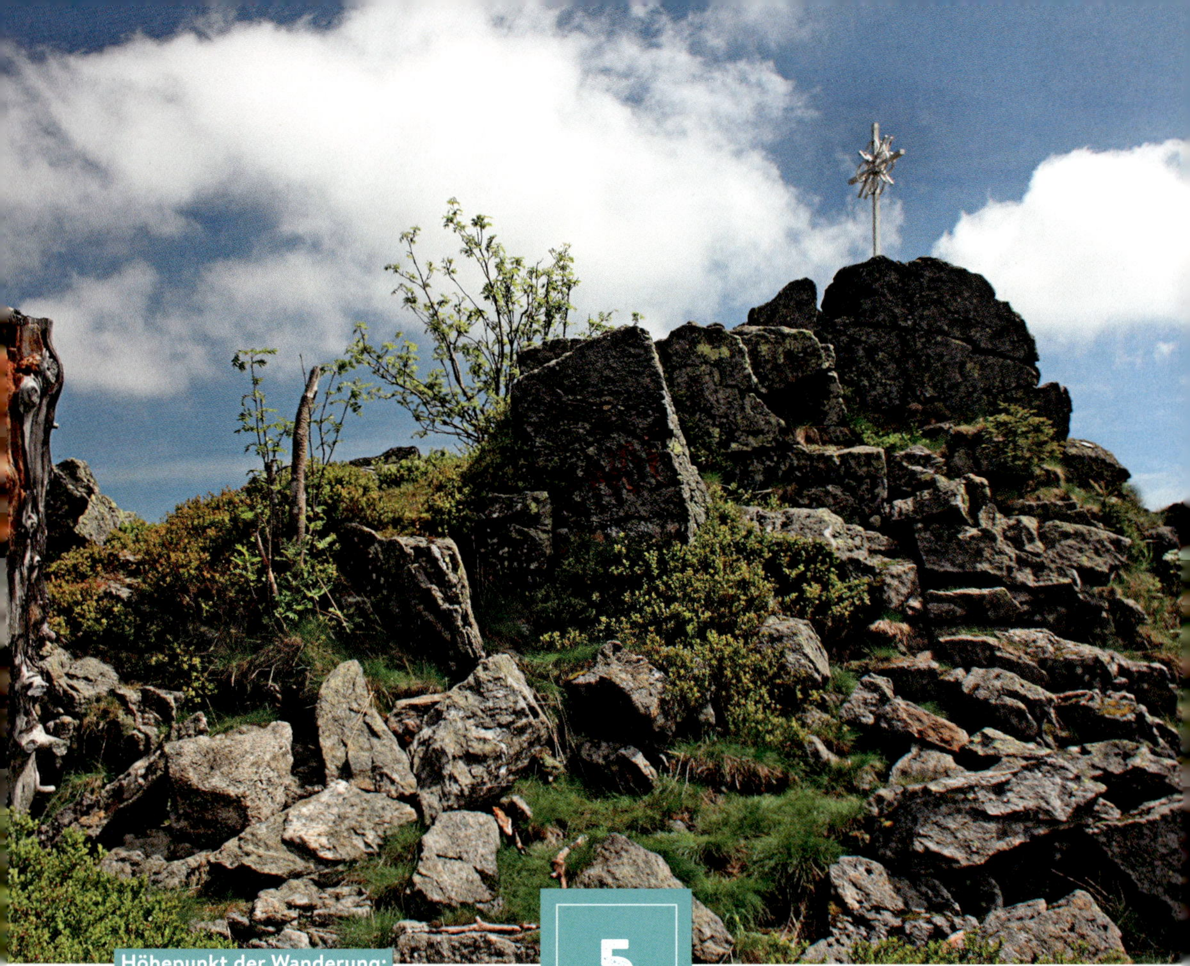

Höhepunkt der Wanderung: das hübsche Zwercheck mit seinem kleinen Gipfelkreuz

5

Spektakuläres Naturkino

Ab Altlohberghütte zum Zwercheck

Während der bayerisch-böhmische Grenzsteig einerseits zum Osser führt (Tour 4), erwartet uns bei dieser Runde in entgegengesetzter Richtung der höchste Punkt im Künischen Gebirge. Neben dem Zwercheck-Kreuz auf deutscher Seite nehmen wir auf den Bänken des einzigartigen Naturkinos Platz.

WIE DAS WASSER »Die Grenze sei allerorten, wie Kugel walzt und Wasser rinnt.« Dieser Regel gemäß wurden früher oft Landesgrenzen gezogen. Zwischen Bayern und Böhmen trifft das haargenau auf das Künische Gebirge zu. Auf dem Kamm zwischen Osser und Zwercheck verläuft nämlich die europäische Hauptwasserscheide. Während der Weiße Regen aus dem Lamer Winkel zum Regen sowie stromabwärts zur Donau und zum Schwarzen Meer hin entwässert, fließt die Angel (Úhlava) auf tschechischer Seite über Radbusa (Radbuza), Beraun (Berounka) und Moldau (Vltava) zur Elbe (Labe) und in die Nordsee.

VON ALTLOHBERGHÜTTE HOCH Die Strecke bis zum Grenzkamm entspricht dem Aufstieg von Tour 4. Das heißt: Vom kleinen Wanderparkplatz folgen wir auf der schmalen Teerstraße Lo8 in Pfeilrichtung Lohberger Steindl bis zum Haus Waldesruh. Unmittelbar dahinter, vor dem Haus Kress, wenden wir uns bergwärts. Einen Katzensprung entfernt lassen wir die Hotel-Gaststätte Kapitän Goltz links liegen (bei Druck des Buches stand die Renovierung an), überqueren die Staatsstraße auf Höhe der Bushaltestelle und marschieren geradlinig in Richtung Kamm. Die folgende Passage im fichtendominierten Forst fordert. Nach oben hin wird es dankbarer.

LOHBERGER STEINDL An der **1 querenden Forststraße** angekommen, geht es 150 Meter nach links minimal bergab, ehe »Lo8« erneut bergan über eine Lichtung verläuft. Erst nachdem wir einen markanten Felsblock links liegen lassen, erreichen wir das Lohberger Steindl. Ein Pfeil weist auf die über zehn Meter hohe Felskanzel, deren Fuß gelbliche Schwefelflechten bedecken. Oben angekommen beachten wir den steilen Abhang, bevor wir die herrliche Aussicht vom Großen Arber mit seiner aktiven Radarstation bis hinauf zum Hohenbogen mit seinem nicht mehr im Einsatz befindlichen Gegenstück unbeschwert genießen.

Kreative Gestalten säumen den Weg vom Lohberger Steindl zur Grenze.

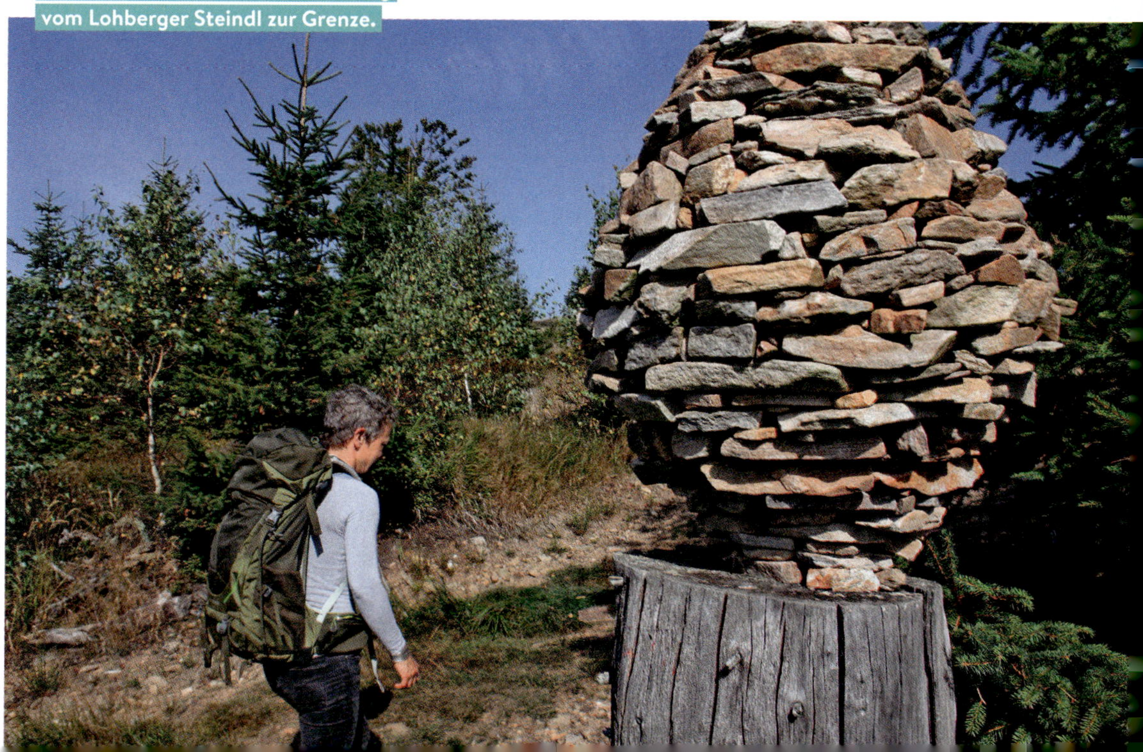

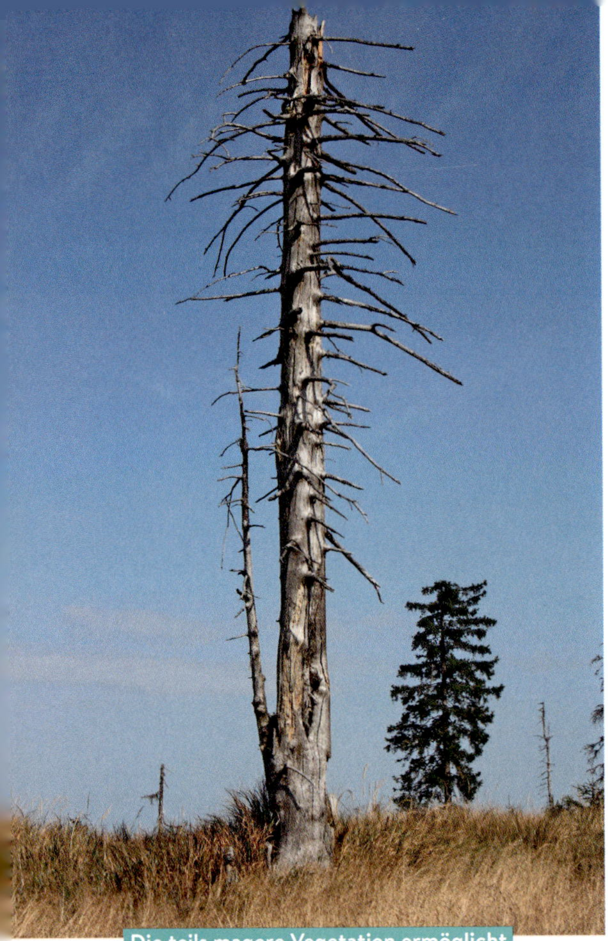

Die teils magere Vegetation ermöglicht vielerorts Blicke in die Ferne.

Indes versteckt sich der Osser-Doppelgipfel seitlich hinterm Geäst.

GRENZGÄNGER Ein zauberhafter Pfad, mit weiß-roter Farbe markiert, aber nicht mehr als Lo8 ausgewiesen, führt bergan auf hochalmähnliches Gelände. Zwischen Gräsern und von Menschenhand aufgeschichteten Steinfiguren streben wir geradewegs der deutsch-tschechischen Grenze entgegen. Während der Osser-Doppelgipfel im Nordwesten aufragt, wenden wir uns an der **2 T-Kreuzung** nach rechts und marschieren entgegengesetzt nach Südosten in Richtung Zwercheck. Beim Marsch direkt an den weiß-blauen Grenzpfosten oder in dessen unmittelbarer Nähe entlang heißt es immer wieder, die Schritte gezielt zu setzen. Nach knapp einem Drittel der Kammstrecke bezwingen wir die bewaldete Anhöhe namens Großer Knöchel, deren höchster Punkt jenseits der Grenze liegt und auf Tschechisch Velký Kokrháč heißt. Zwischen Heidel- und Preiselbeeren bieten weitere Felsriegel aussichtsreiche Rastplätze. Bisweilen erspähen wir auf tschechischer Seite im Tal die Neuern-Trinkwassertalsperre (Vodní nádrž Nýrsko) an der Angel (Úhlava).

DAS IST DOCH DIE HÖHE Stetig sanft bergan erreichen wir schließlich die **3 Gipfelkreuzung**. Nach rechts weist u. a. Lo5 zum Kreuz auf der nahen Felsformation. Vom Zwercheck reicht der Blick hinüber zum Großen Arber mit seinen markanten Radaranlagen. Aus Richtung Norden grüßt erneut der Osser-Doppelgipfel. Wie am benachbarten Lamer Nachbarberg dominiert auf dem Zwercheck geologisch gesehen weder Gneis noch Granit, sondern der Glimmerschiefer. Einen Steinwurf neben dem (deutschen)

Tipp

SVAROH – DER ECHTE GIPFEL

Genau 1333 Meter misst das Zwercheck. Doch das Gipfelkreuz auf deutscher Seite markiert streng genommen nicht seinen höchsten Punkt. Vielmehr lässt sich dieser rund 100 Meter von der Gipfelkreuzung entfernt halb links neben dem Grenzsteig im Nachbarland ausmachen. Auch diesen Felsriegel im dortigen Naturschutzgebiet, der auf Tschechisch Svaroh heißt, ziert ein kleines Kruzifix. Gänzlich verborgen bleibt der Schwarze See (Černé jezero) unter der steilen Nordostwand.

INFO

schwer | **10,75 km** | **4.45 Std.** | **600 Hm**

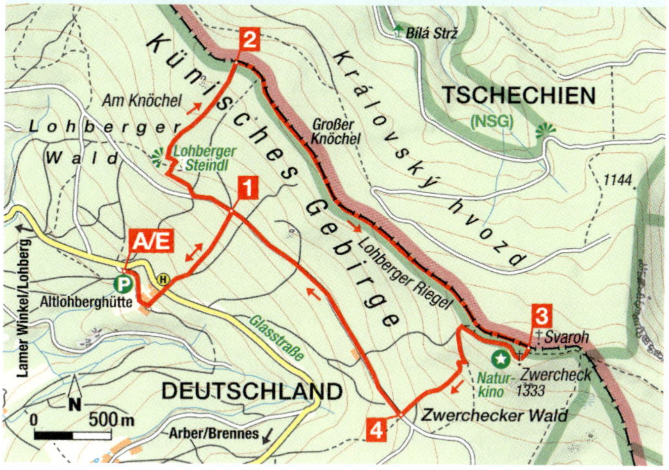

TOURENCHARAKTER

Ruhige Runde durch unten schattiges und bergwärts lichtes Terrain; bis zum Steindl sportlich, zum Kamm angenehm zu gehen, Grenzsteig passagenweise sehr steinig, Abstieg relativ geradlinig, querende Forststraße verbindet

AUSGANGS-/ ENDPUNKT

Wanderparkplatz Altlohberghütte an der Scheibenstraße (GPS: 49.178380, 13.129170)

ANFAHRT

Vom Arber via Brennes in Richtung Lamer Winkel bzw. von Lohberg in Richtung Arber; ausgeschilderter Wanderparkplatz 300 m unterhalb Hotel-Restaurant Kapitän Goltz; Bus: Nr. 6080/590 bis Altlohberghütte/Hotel Goltz

GEHZEITEN

Altlohberghütte (830 m) – Lohberger Steindl 1 Std. (2 km); Steindl (1077 m) – Grenzsteig – Zwercheck gut 2 Std. (4 km); Zwercheck (1333 m) – Altlohberghütte 1.45 Std. (4,75 km)

EINKEHR

keine unterwegs; in Lohberg Gasthof zur Post (Do Ruhetag) und Zum Wastl (Mo Ruhetag, Di-Sa erst ab 15 Uhr), Arber-Alm Brennes

KARTE

Kompass 195 Nördlicher Bayerischer Wald, 1:50 000

Zwercheck-Gipfel landen wir gemäß Pfeil im Naturkino. Auf den 20 Logenplätzen der fünf Bänke genießen wir ein weiteres Mal, was die Landschaft bietet.

VOM NATURKINO HINAB Sattgesehen schlagen wir ab Naturkino den gerne etwas matschigen Weg ein, der parallel unterhalb des Grenzsteigs verläuft. Den Osser behalten wir fest im Blick, bis hinter der Spitzkehre wieder der Arber ins Gesichtsfeld rückt. Das ändert sich, wenn wir mit Lo5 scharf nach rechts abbiegen, auf dem folgenden Pfad in den Wald eintauchen und die »Direttissima« talwärts steigen. Gut eine halbe Stunde vom Naturkino entfernt, schwenken wir nach rechts auf die **4 querende Forststraße** ein und verlassen Lo5.

FORSTSTRASSE VERBINDET In Marschrichtung Lohberg/Eggersberg geht es hurtig voran. Nach rund 30 Minuten lassen wir links die Naturpark-Schutzhütte liegen. Fünf Minuten später erreichen wir die vom Aufstieg bekannte **1 Kreuzung** von Lo8 und Forststraße und biegen scharf nach links ab. Hier gilt es aufmerksam zu sein, da der Pfeil nach Altlohberghütte aus unserer Sicht verkehrt herum angebracht ist. Erneut recht geradlinig steigen wir hinunter zur Staatsstraße. Diese queren wir und folgen unserer Markierung links an der Hotel-Gaststätte vorbei hinab. Nachdem Seniorchefin Hermine Goltz 2016 verstarb, bekam das Haus neue Eigner. Auf Asphalt angekommen, wenden wir uns nach rechts und landen auf bekannter Strecke rasch am Parkplatz.

TOUR 9: Bei derart atemberaubenden Sonnenaufgängen wirkt der Gipfelriegel am Großen Arber besonders majestätisch.

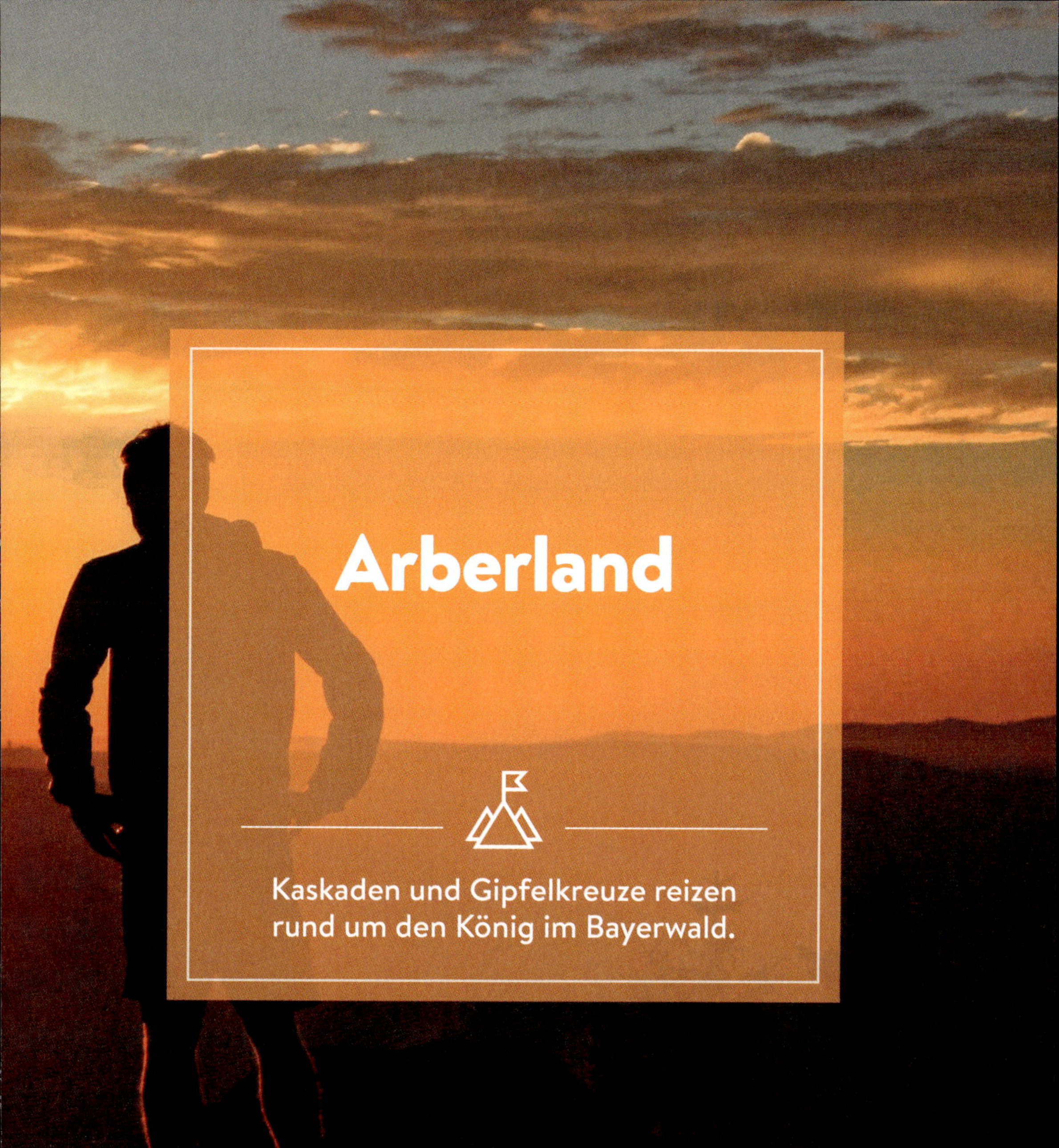

Arberland

Kaskaden und Gipfelkreuze reizen rund um den König im Bayerwald.

Am Drachenkamm

Über die großen Pfahlzacken hinaus

Während die einen »Bayerns Geotop Nummer eins« bewundern, fühlen sich andere beim Großen Pfahl an eine Teufelsmauer oder einen Drachenkamm erinnert. Auf alle Fälle tritt das harte Quarzgestein nirgendwo deutlicher zutage als bei Viechtach. Unsere Entdeckertour reicht über die ausgeschilderten Rundwege hinaus.

Der Pfahl zählt auch deutschlandweit zu den bedeutendsten Geotopen.

6

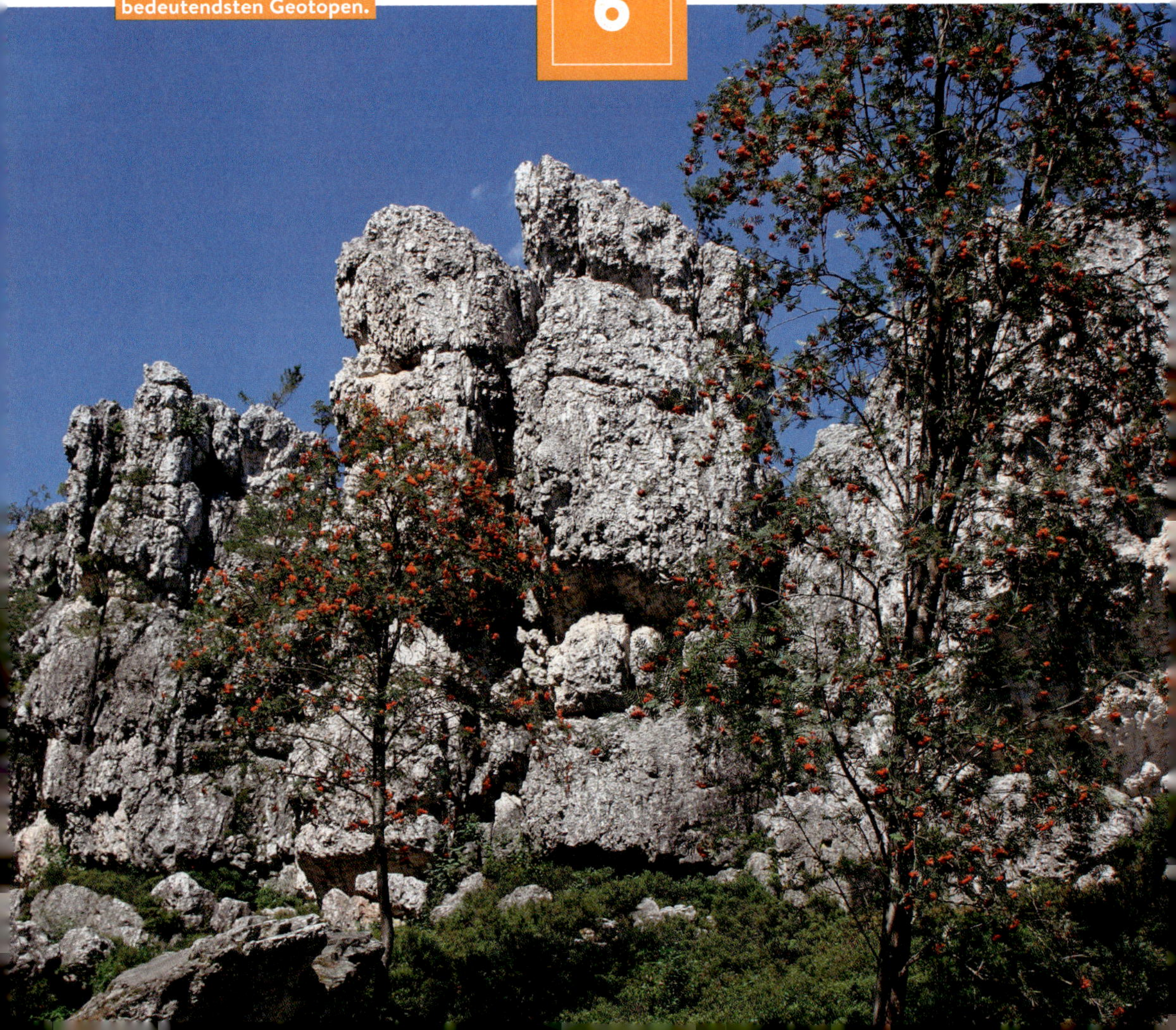

Tipp

HIER NAHT DER BADESPASS

Vom Wanderparkplatz aus gesehen auf der anderen Seite der B 85 liegt das großzügige Freibad Viechtach. Zu seinen Attraktionen zählen ein Sprungturm sowie eine 36 Meter lange Wasserrutsche. Um dorthin zu kommen, machen Autofahrer eine Schleife und fahren als Erstes in Richtung Stadtmitte (mindestens Juni–Aug. ab 9 Uhr, Erw. 4,50 €, 15–17 Jahre 3,50 €, 6–14 Jahre 2 €).

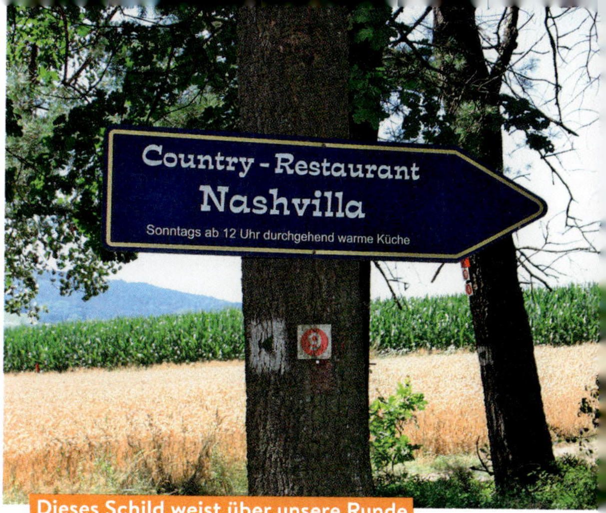

Dieses Schild weist über unsere Runde hinaus.

SPITZENREITER Zu den 100 schönsten Geotopen in Bayern zählen die Partnachklamm bei Garmisch oder die Weltenburger Enge an der Donau. Unangefochten auf Platz eins steht jedoch der Große Pfahl bei Viechtach. Die außerordentliche Härte des hauptsächlich aus Kieselsäure (Siliziumdioxid) bestehenden Pfahlgesteins bringt mit sich, dass es vergleichsweise langsam verwittert. Wo sich die Formation im Lauf der Zeit von der Umgebung im wahrsten Sinne abhob, nimmt sie eine spektakuläre Gestalt an. Der gesamte Pfahl verläuft über bald 150 Kilometer von der Oberpfalz durch den Bayerischen Wald bis ins oberösterreichische Mühlviertel. Die Zeiten, in denen der Quarz abgebaut und als Schotter oder Edelsplitt genutzt wurde, sind lange passé. Vielmehr steht der Pfahl teils seit bald hundert Jahren unter Naturschutz. Deutschlandweit gehört Bayerns Geotop Nummer eins zu den 77 bedeutendsten.

ZUM GROSSEN PFAHL Alle möglichen Pfahl-Rundwege führen uns vom Parkplatz über eine Treppe rasch zum ungestüm gezackten Gestein. Im Uhrzeigersinn marschieren wir linksseitig sanft bergauf. Den bis zu 30 Meter herausragenden Quarzkamm zieren typische Krüppelkiefern und Vogelbeeren. Kurz vor der letzten Zacke verlassen wir den »Kleinen Rundweg« und folgen bei der **1 Gabelung** halb links dem leicht erhöhten Schotterweg mit dem Pandurensteig-Säbel (auch Tour 4, 9). Noch einmal so weit schützt zwischen Fichten und Birken das wuchtige Geländer vor dem versteckten Abgrund am ehemaligen Steinbruch. Hier ist natürlich Vorsicht geboten. Die tiefe Narbe verrät, wie viel Quarzstein der Mensch dem Pfahl einst abrang.

KLEINER QUARZKAMM Nach knapp 30 Gehminuten erreichen wir einen mit Heidelbeeren bewachsenen, intakten Quarzkamm. Über den dortigen **2 Wendepunkt für den »Großen Rundweg«** (insg. 1 Std., 2,75 km, 100 Hm) hinaus marschieren wir geradlinig auf dem Pandurensteig (auch Tour 4, 9) weiter. Nicht ganz so hoch wie beim Einstieg, doch ebenso markant tritt das Quarzgestein nun zutage. Schritt für Schritt lassen Entdecker auch diesen Drachenkamm hinter sich. Aus dem Forst hinaus geht es direkt am südlichen Waldrand an einer Reihe von Feldern entlang. Aufgepasst: 150 Meter, bevor wir zum Windrad gelangen, biegen wir bei der **3 Abzweigung** mit Nr. 9 scharf nach rechts ab (Windrad ist dort nicht mehr zu sehen).

Tipp

DIE GLÄSERNE SCHEUNE

Abseits gelegen erzählt die Gläserne Scheune in Raubühl bunte Bildergeschichten über den Seher Mühlhiasl und den Räuber Heigl. Das sympathisch-chaotische Sammelsurium zeitgenössischer Volkskunst stammt von Querkopf Rudolf Schmid, welcher schlicht und ergreifend Silikatfarbe auf Scheiben auftrug. Anfahrt von Viechtach in Richtung Arnbruck, gemäß Pfeil abbiegen (5 km) oder via Staatsstraße Drachselsried–Teisnach; Zeiten: 10–16 od. 17 Uhr, Erw. 6 € inkl. Kinder bis 9 Jahre, 10–17 Jahre 3 €; www.glaeserne-scheune.de

ZURÜCK ZUM URGESTEIN Den nördlichen Waldrand in Sicht, verläuft unser Weg nach der Wende erneut auf der in Gehrichtung linken Seite der Pfahlkante entlang. Aufgepasst: Wo nach 400 Metern der Waldrand sowie Nr. 9 nach links wegknicken, marschieren wir halb rechts auf dem unmarkierten Forstweg weiter! Nur eine lichte Schonung unterbricht den Marsch unterm dichten Fichtennadeldach, wobei wir stets geradlinig voranschreiten. Zu guter Letzt fädeln wir auf Höhe des **2 Wendepunkts** auf den »Großen Rundweg« ein, um auf der Nordwestseite des Großen Pfahls zurück zum Ausgangspunkt zu gelangen. Dabei treffen wir auch auf dieser Seite erneut auf den gewaltigen künstlichen Canyon. Danach passieren wir die ehemalige Schmiede und die alte Verladestation und spazieren an der reizvollen Nordseite des Großen Pfahls vorbei. Von der Bundesstraße abgewandt, genießen wir von dieser Seite den Blick auf den imposanten Quarzkamm zuletzt besonders intensiv.

SAGENHAFTES Wer das herausragende Gestein betrachtet, versteht, warum es Einheimische als Drachenkamm bezeichnen. Einer Legende nach thront unter der Felsformation eine reiche Königin in ihrem Kristallpalast. Ritter Bertold, um den sie warb, entschied sich jedoch für seine Wolfindis. Daraufhin

Vielerorts kommen wir dem harten Pfahlgestein richtig nahe.

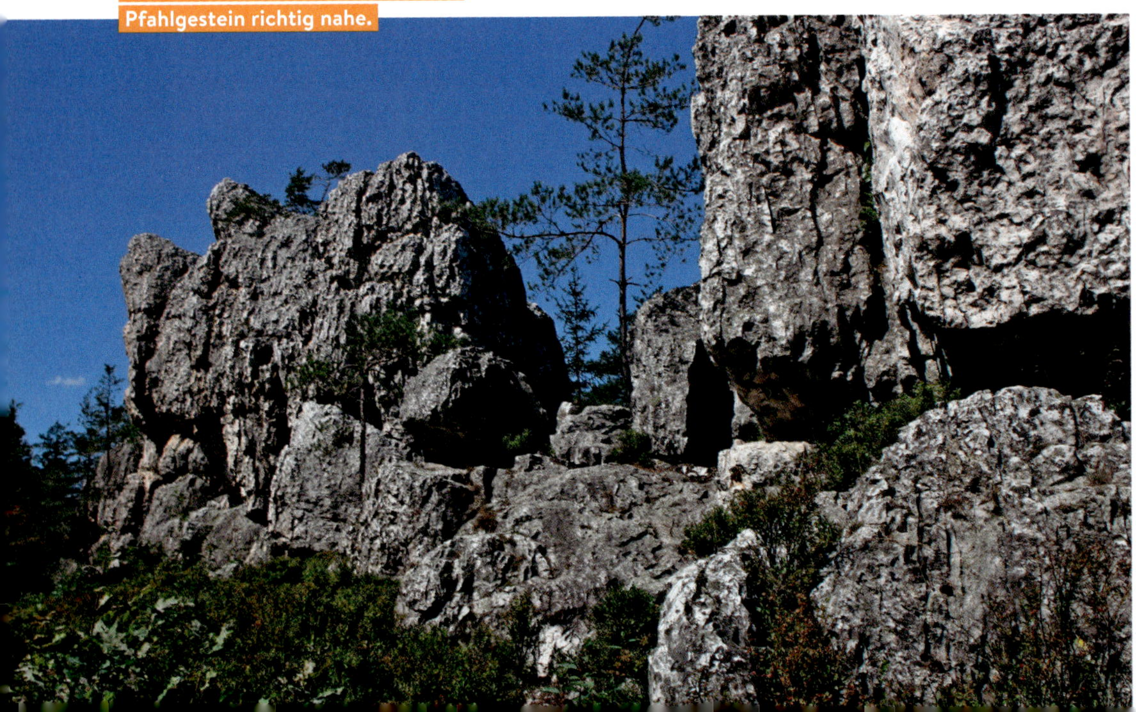

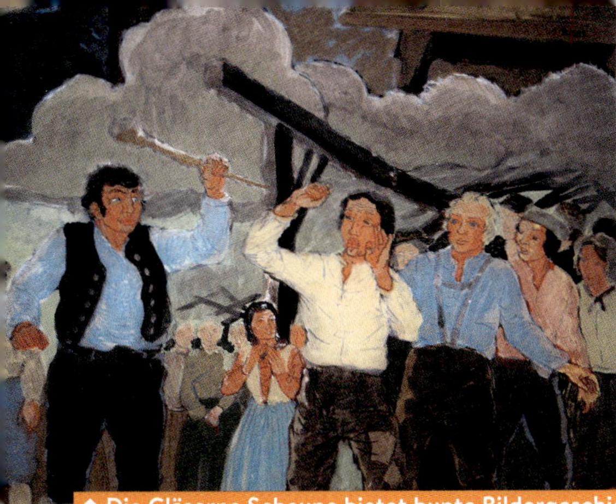

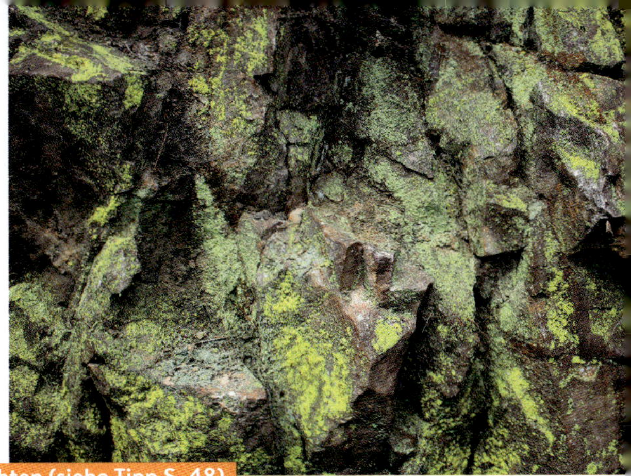

↑ Die Gläserne Scheune bietet bunte Bildergeschichten (siehe Tipp S. 48).
↗ Am Quarzriff finden sich gelb-grünliche Schwefelflechten.

erstarrte die grüne Eidechse, welche die Verführerin als Botin gesandt hatte, und formt seitdem den steinharten Fels. Und sollte es nicht wahr sein, so ist es doch eine schöne Geschichte. Alternativ sprechen Menschen einer derartigen Urgewalt der Natur auch diabolische Züge zu und betrachten den Großen Pfahl als Teufelsmauer.

INFO

leicht | **4,5 km** | **1.30 Std.** | **125 Hm**

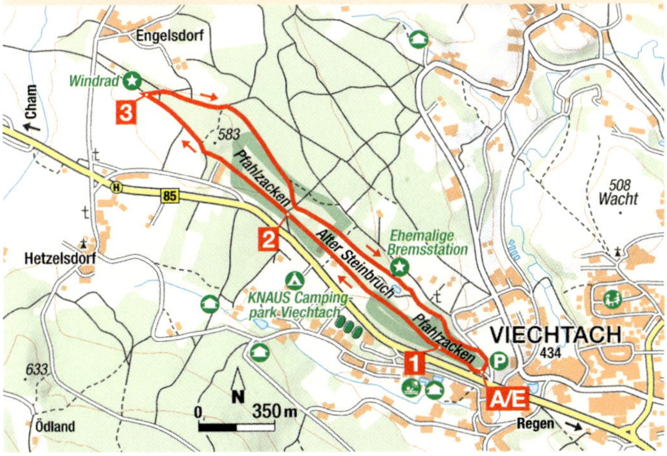

TOURENCHARAKTER
Pfade und Waldwege am Pfahlgestein entlang und um den gewaltigen alten Steinbruch herum

AUSGANGS-/ENDPUNKT
Wanderparkplatz Großer Pfahl an der B 85 nördlich Riedbachbrücke (GPS: 49.080341, 12.865473)

ANFAHRT
Nach Viechtach u. a. via B 85, dort ein kleines Stück in Richtung Cham; Bus: RBO aus allen Richtungen; Bahn: Waldbahn; vom Bahnhof via Stadtmitte 2,5 km Anmarsch auf »Pfahlsteig«

GEHZEITEN
Wanderparkplatz (465 m) – Wendepunkt Großer Pfahlrundweg (550 m) – Wendepunkt vor Windrad 0.45 Std. (2,25 km); Wendepunkt vor Windrad (565 m) – Wanderparkplatz 0.45 Std. (2,25 km)

EINKEHR
Schnitzmühle (5 km; in Richtung Regen von der B 85 gemäß Pfeil abbiegen), Café Venus Bäckergasse nördlich Stadtplatz Viechtach (Fr–So)

KARTE
Kompass 195 Nördlicher oder Nr. 185 Westlicher Bayerischer Wald, 1:50 000

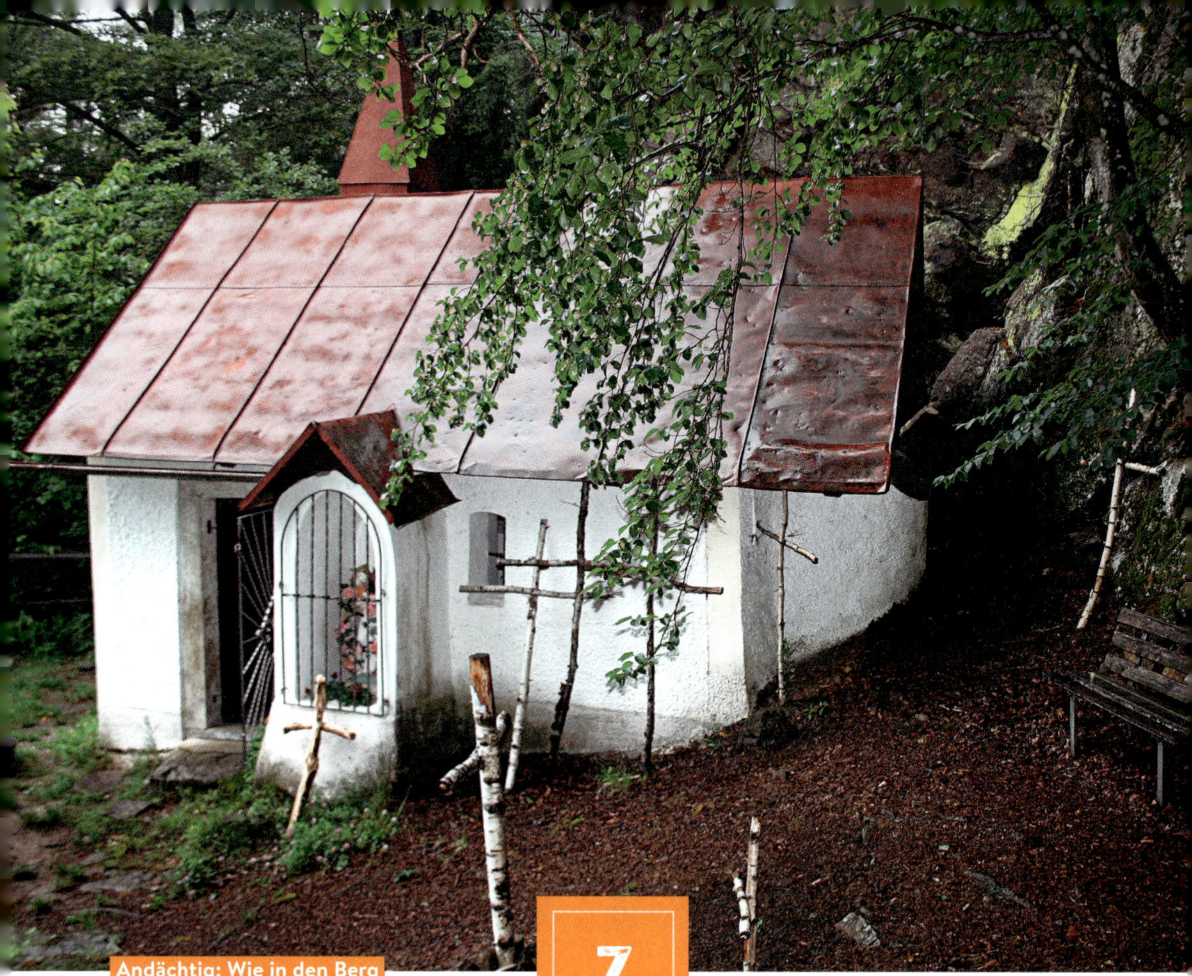

Andächtig: Wie in den Berg hineingehauen wirkt die Wolfgangskapelle.

7

Zu Gast bei Freibauern

Von der Frath zum Wolfgangsriegel

Den Anfang wie das Ende dieser Runde bildet der alteingesessene Bergbauernhof der Familie Geiger samt Einkehr. Von dort pilgern wir zur St.-Wolfgangskapelle, ohne nach Böbrach hinabzusteigen. Hinter dem bewaldeten Wolfgangsriegel lotst der Bärnerauweg zurück zur Frath.

DAS RICHTIGE TIMING Wer die Wanderung zur Mittagszeit in Frath beschließt, hört im Gutsgasthof hinter der Schänke in der Küche den Holzofen knistern. Um die warme Küche mit Erzeugnissen vom Hof zu genießen, sollten wir uns vor 11 Uhr auf den Weg machen. Ab 14 Uhr bleibt die Küche nämlich kalt. Nachzügler begnügen sich mit Kaffee, Kuchen und herzhaften hausgemachten Brotzeiten.

BÖBRACH ANPEILEN Um die Runde zu beginnen, folgen wir von Frath der weiß-roten Nr. 5 nach Süden in Richtung Böbrach zwischen den Weiden hindurch und über die Kuppe hinweg. Während von der Kammlage der Blick zurück ins Arbergebiet reicht, erspähen wir im Vorderen Bayerwald die markante Schneise am MTB-Revier Geißkopf. Der folgende, hübsche Waldweg verläuft weitgehend sanft bergab und bietet lichte Passagen. Nach rund einer halben Stunde Gehzeit passieren wir ein Wegekreuz mit Corpus Christi und Muttergottes. Keine fünf Minuten später treffen wir auf eine markante **1 Gabelung**. Dort halten wir uns halb links (halb rechts geht es – zuletzt auf Asphalt – hinunter nach Böbrach; alternativer Einstieg). Ein Stück weiter landen wir mit der Nr. 11 am St. Wolfgangshof.

Tipp

BLICK NACH BODENMAIS

Von der Hofkapelle in Frath lässt sich der Silberberg über Bodenmais prima ausmachen. Ein Blick ins kleine Gotteshaus zeigt, dass es Maria geweiht ist. Neben der zentral postierten Muttergottes ziert der Heilige Nikolaus als Namenspatron der Frather Hofeigner den rechten Flügel des Altars, den linken sinnigerweise der heilige Wolfgang.

ZUM GNADENORT Unmittelbar vor dem Anwesen zweigen wir nach links ab. Nur einen Steinwurf bergwärts halten wir uns bei der folgenden Gabelung mit der weiß-

Das Jägerkreuz markiert die sanfte Gipfelkuppe.

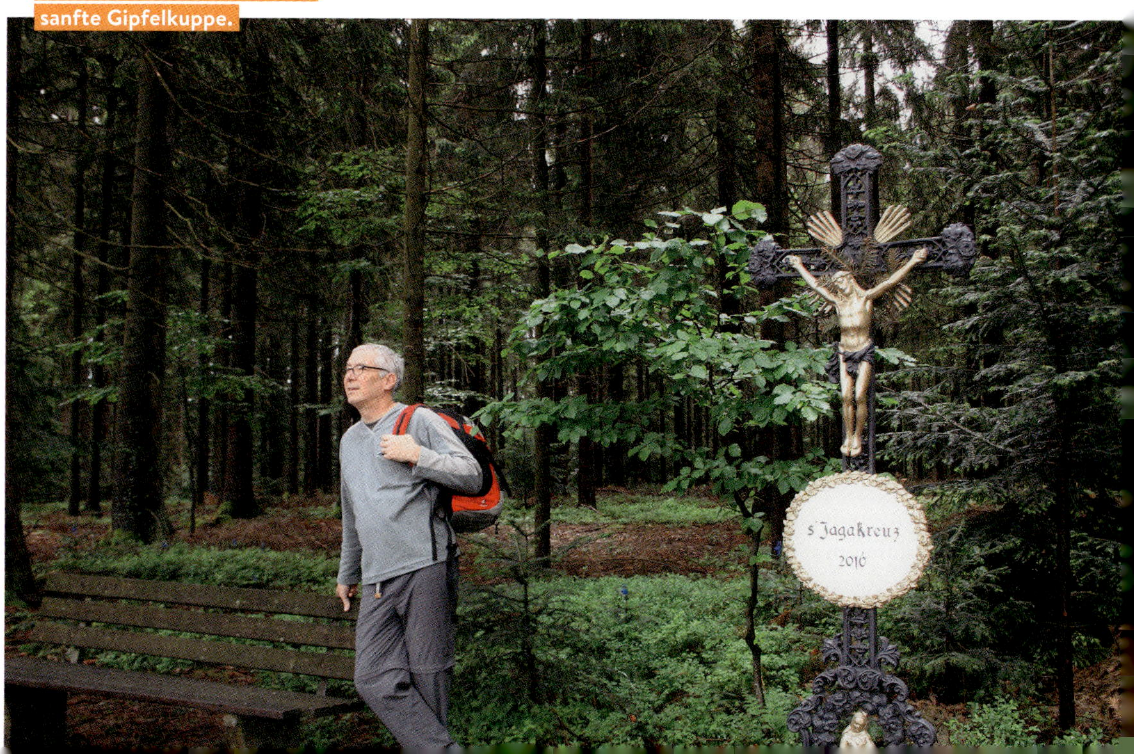

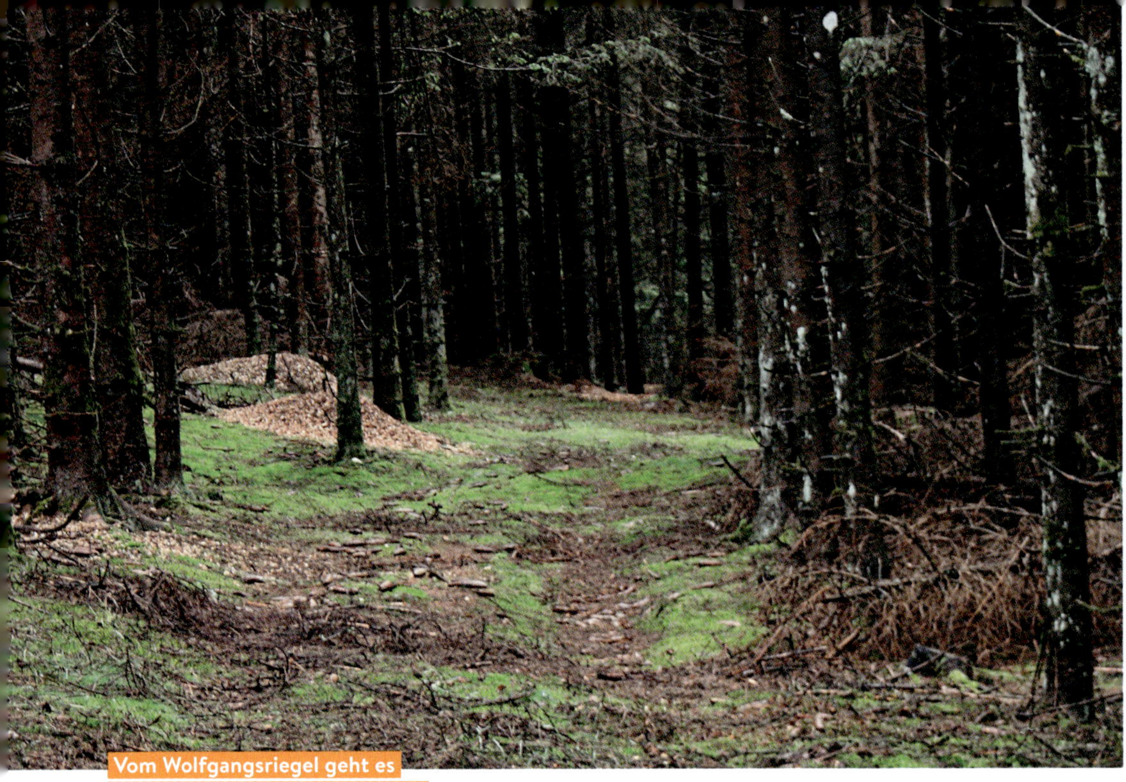

Vom Wolfgangsriegel geht es durch Märchenwald sanft hinab.

blauen Nr. 1 halb links. Über den verwurzelten und steinigen Pfad pilgern wir auf dem salbungsvollen Kreuzweg himmelwärts, der in Stationen das biblische Leiden Jesu versinnbildlicht. Über steile Steinstufen erklimmen wir das Ziel wandernder Entdecker und überregionaler Wallfahrer, die wie in den Fels hineingehauen wirkende **2 Wolfgangskapelle**. Vor rund 250 Jahren löste das heutige Gebäude den hölzernen Vorgängerbau ab. Vor dem Gotteshaus reicht der Blick über Böbrach hinweg in den Vorderen Bayerwald.

ZUR RIEGELKUPPE Um das Gestein herum führt unsere Nr. 1 weiter sportlich bergauf in Richtung Wolfgangsriegel, auch Platte genannt. Keine zehn Gehminuten vom Gotteshaus entfernt mündet unser Pfad in einen Forstweg, auf dem es weitgehend geradlinig sowie moderater bergwärts geht. Vor einem Jägerstand knickt der Weg nach rechts. Auf der folgenden Kuppe begrüßt das **3 Jägerkreuz** die Gipfelstürmer inmitten des dichten Bergwalds.

ES GEHT BERGAB Vom höchsten Punkt unserer Runde steigen wir durch den märchenhaft wirkenden Forst bergab. Am Wegesrand gesellen sich Buchen und Birken zu den dominanten Fichten. Schließlich landen Wanderer auf einer kleinen **4 Lichtung**, die den Waldbauern oft als Holzlagerplatz dient. Dort biegen wir gemäß grünem Pfeil scharf links in Richtung Frath ab (nach rechts parallel zur Forststraße mit Nr. 1 und Bo 54 Abstecher zur Aussicht Sternknöckel möglich). Die Forststraße, aufgrund eines benachbarten Anwesens Bärnerauweg genannt, schlängelt sich sanft auf und ab durch den gesunden Hangwald. Am Ende der Mischwaldschneise erreichen wir auf der gewaltigen Lichtung hinter der Schranke den Bergbauernhof der Familie Geiger.

EINKEHR ZUR FREIHEIT Wer im Gutsgasthof unterm Herrgottswinkel Platz nimmt, bekommt Rindfleisch aus eigener Aufzucht serviert. Freunde vegetarischer Küche bestellen gern hausgemachte Käsespätzle. Naschkatzen munden die frischen Hefezimtschnecken. Außer in der guten Stube finden die Gäste um das Gebäude herum Tische. Familie Geiger, die Nachfahren mittelalterlicher Freibauern, bewirtschaftet ihren Bergbauernhof in elfter Generation. Zurückgehen soll der Name auf Frao, einen Stiertreiber, der als erster im Bunde dem Adel keinen Tribut mehr zollen musste. Vor rund 250 Jahren bestätigte Kurfürst Karl Theodor den Sonderstatus in einem »permanenten Erbrechtsbrief«. Zwar hält die Familie das Pergament immer noch in Händen, vor dem bundesdeutschen Fiskus schützt sie das altehrwürdige Schreiben allerdings nicht.

SCHATZSUCHE Einer Legende nach vergrub der unbarmherzige Schlossherr von Drachselsried vor 400 Jahren im Dreißigjährigen Krieg all sein Gold und Silber auf der Frath, um es vor den einfallenden Schweden in Sicherheit zu bringen. Da der geizige Adelige sein Versteck niemandem preisgab, liegen die Truhen wohl heute noch auf dem Höhenzug, ehemals Gnögei genannt, verborgen. Wer den Schatz hebt, den plagen keine Geldsorgen mehr.

INFO

TOURENCHARAKTER
Forstweg in Richtung Böbrach, zu Felsenkappelle und Riegelgipfel sportlicher Aufstieg, zuletzt einfach zu gehende Forststraße

AUSGANGS-/ENDPUNKT
Gutsgasthof Frath (GPS: 49.083166, 13.029715)

ANFAHRT
Vom Zellertal zwischen Bodenmais und Drachselsried zur Frath

GEHZEITEN
Frath (736 m) – Gabelung (650 m) – St. Wolfgangshof gut 0.45 Std. (2,5 km); St. Wolfgangshof (660 m) – St. Wolfgangskapelle (740 m) – Wolfgangsriegel knapp 0.45 Std. (1 km); Riegel (864 m) – Kleine Lichtung (790 m) – Frath 1 Std. (3 km)

EINKEHR
Gutsgasthof Frath (Mo Ruhetag)

KARTE
Kompass 195 Nördlicher Bayerischer Wald, 1:50 000

mittel | 6,5 km | 2.30 Std. | 250 Hm

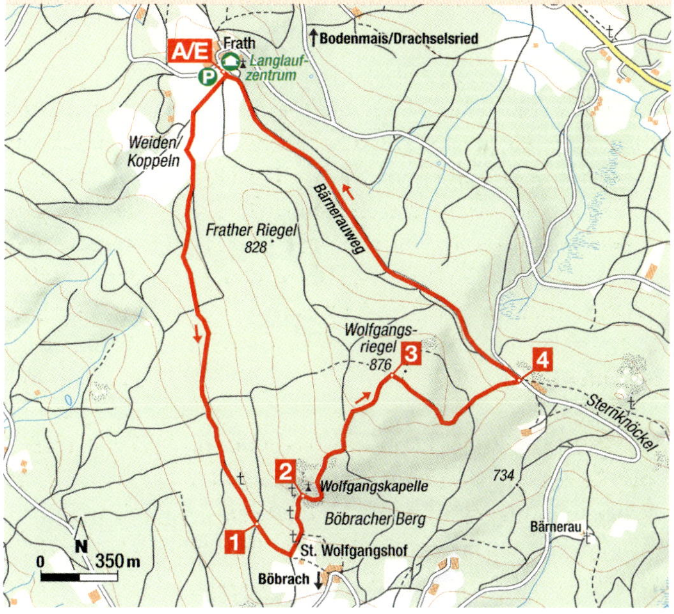

Muntere Kaskaden am Rande von Bodenmais

Der Hochfall am Moosbach

Als Nummer zwei im Bayerwald steht der Hochfall zwar im Schatten der größeren Rißlochfälle. Als Vorteil erweist sich, dass die Kaskaden mit den 8 und 6 Meter hohen Hauptfällen weniger Wanderer anpeilen. Darüber hinaus eignet sich die überschaubare Runde zum Naturdenkmal als Zugabe.

An der großen Gabelung beginnt die eigentliche Runde mit dem Hochfall als Höhepunkt.

8

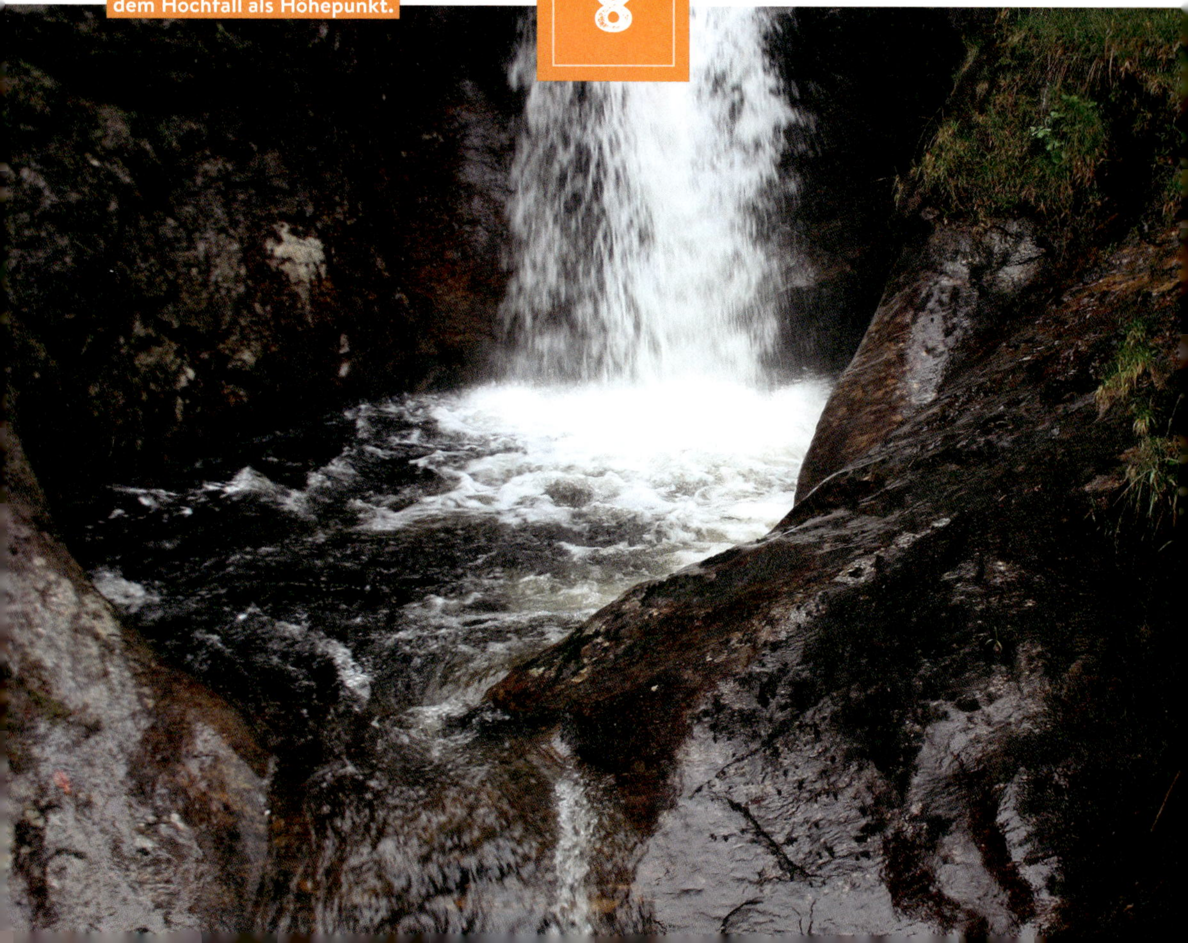

DER ANMARSCH Zunächst orientieren wir uns vom Asphalt nach hinten weg. Am Parkplatzende nehmen wir nach links den Hochfall auf dem Pfad direkt über dem Forstweg ins Visier (bis 2021 Nr. 3, seit 2022 Bo 60/64). Nach nur 200 Metern kreuzen wir bei einer **1 kleinen Gabelung** halb links sowohl den Forstweg als auch die asphaltierte Straße, um auf den Waldweg einzuschwenken. Mit uns einher verläuft der Meditationsweg, vereint erreichen wir eine **2 große Gabelung**. Dort wechseln wir halb links auf den alten Waldweg. Folgt ein Rechtsknick, passieren wir den eingewachsenen Sturmriegel mit Sitzbank am Sternwiesberg.

ZUM HOCHFALL Ein Stück weiter hören wir durch den urwüchsigen Märchenwald den Moosbach. Dieser entspringt am westlichen Arberkamm. Gut 100 Meter lang ziehen uns seine Kaskaden in den Bann, ehe wir hinter der Wanderkreuzung die **3 zwei Hauptfälle** erreichen. Kesselähnlich ausgespültes Gneisgestein zeugt von der Ausdauer und Kraft des herabstürzenden Wassers.

DER RÜCKWEG Vom Moosbach setzen wir zur nahen Kreuzung zurück und marschieren kurz in Richtung Scharebenstraße. Aufgepasst: Einen Steinwurf weiter ignorieren wir das zweite Scharebenstraße-Schild und laufen schnurgerade weiter. Bergwärts fädeln wir auf eine Forststraße ein und wandern an der vom Hinweg bekannten **2 großen Gabelung** vorbei. Zum Abschluss kreuzen wir den Asphalt und den Forstweg hinüber zur **1 kleinen Gabelung** und landen auf dem vom Einstieg bekannten Pfad am Parkplatz.

INFO

TOURENCHARAKTER

Einfacher Pfad sowie Wald- und Forstweg, am Wasser entlang sehr steinig

AUSGANGS-/ ENDPUNKT

Wanderparkplatz Klause (GPS: 49.076920, 13.091023)

ANFAHRT

Nach Bodenmais aus Nordwesten via Drachselsried, aus Nordosten via Bretterschachten, aus Südosten via Langdorf (Vorlauf Regen od. Zwiesel), aus Südwesten via Teisnach; westlich des Bahnhofs in den Finkenweg abbiegen, sogleich links der Scharebenstraße bergwärts folgen bis zum Ortsschild

GEHZEITEN

Parkplatz Klause (775 m) – Sturmriegel (790 m) – Hochfall knapp 0.45 Std. (1,75 km); Hochfall (800 m) – Parkplatz Klause 0.30 Std. (1,5 km)

EINKEHR

In Bodenmais Pizzeria Adria, Wilderer Stuben; Guts-Alm Harlachberg

mittel	3,25 km	1.15 Std.	50 Hm

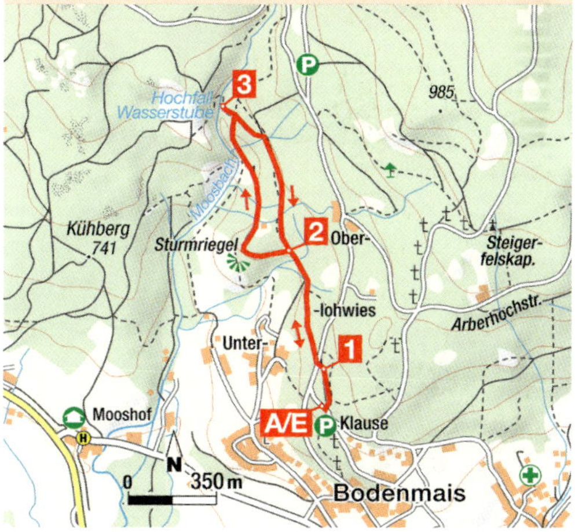

KARTE

Kompass 195 Nördlicher Bayerischer Wald, 1:50 000

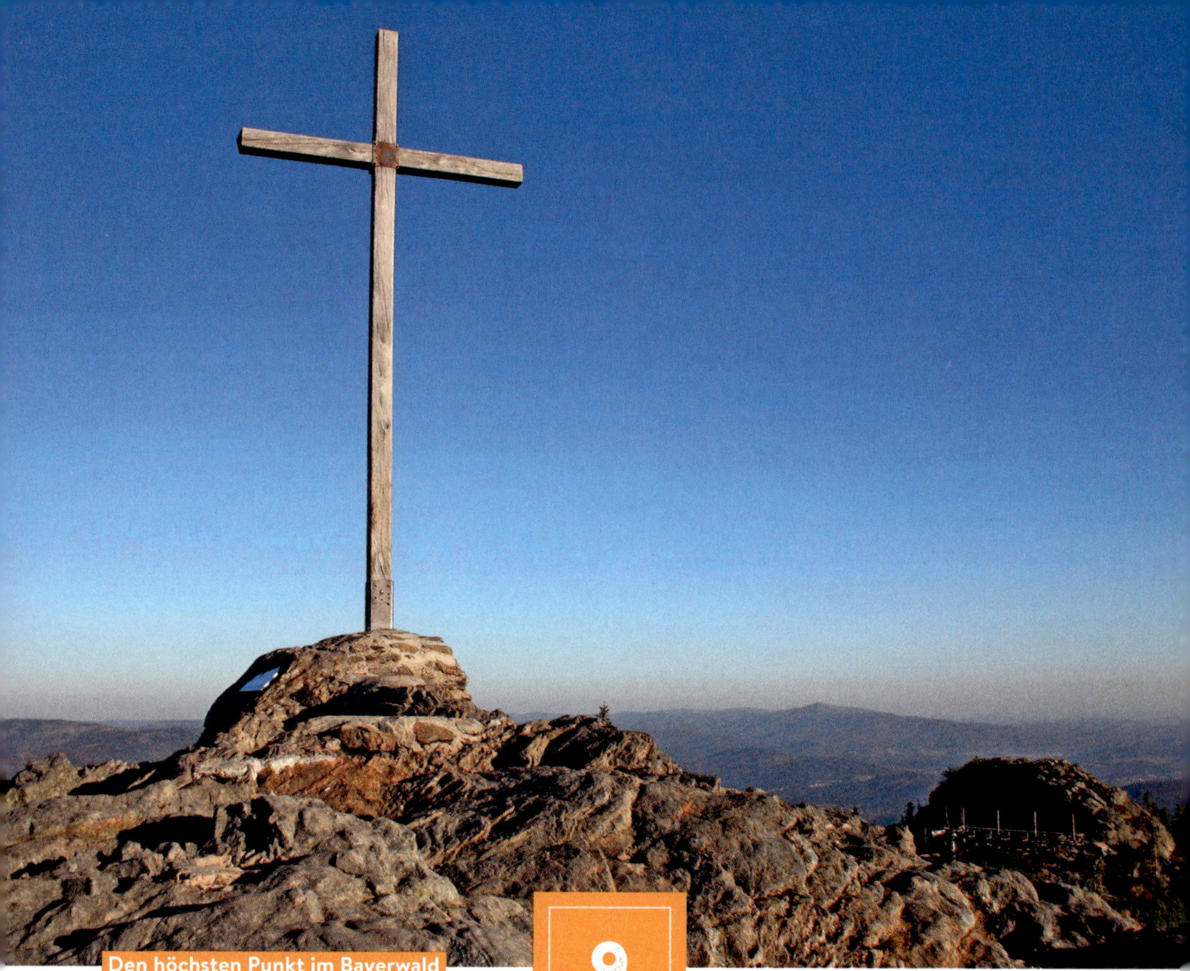

Den höchsten Punkt im Bayerwald markiert dieses Kreuz auf dem Arber-Gipfel (1456 m).

9

Zum König im Bayerwald

Vom Bretterschachten auf den Großen Arber

Während in der kalten Jahreszeit am Aktivzentrum Bretterschachten Trubel herrscht, kehrt im Sommer Ruhe ein. Das Parken ist dann – anders als im Winter oder am Großen Arbersee – kostenfrei. Und im Unterschied zum Anmarsch ab Bodenmais erwarten uns bei dieser Gipfelrunde ein paar Höhenmeter weniger.

DER EINSTIEG Auf der Passhöhe lassen wir die Gebäude des Aktivzentrums links liegen. Einen Steinwurf hinter den Infotafeln biegen wir von der Forststraße nach rechts ab und folgen Nr. 1/Bo 71 in Richtung Mittagsplatzl/ Großer Arber. Hinter der kleinen Kuppe fädeln wir auf den Forstweg ein und landen an einer **1 Wanderkreuzung**. Dort geht es gemäß Markierung nach links bergauf. Rund 20 Minuten erfüllen wir die Forststraßen-Pflichtaufgabe, wobei wir uns auf halber Strecke bei der signifikanten Gabelung halb links halten.

ZUM MITTAGSPLATZL Bei der **2 Kreuzung mit Schutzhütte** wechseln wir nach rechts auf einen einladenden Weg. Im lichten Terrain gewinnen wir bergan bleibende Eindrücke. Der Weg geht im Naturwaldreservat in einen Pfad über, herrlich und fordernd zugleich. Von rechts grüßt das Falkensteingebiet im Nationalpark. Seitlich am Kamm entlang erreichen wir das Mittagsplatzl mit Kreuz und Rastbank. Der Blick fällt hinunter zum belebten Großen Arbersee sowie zu der im Sommer verwaisten Biathlonanlage und endet über Bayerisch Eisenstein hinweg in der benachbarten Tschechischen Republik. Rund um den Arber lebt die Tradition wieder auf, im Hochsommer alte Weideflächen – sogenannte Schachten – zu nutzen. Und das gilt auch für das Mittagsplatzl.

Tipp

ABKÜRZEN PER GONDEL UND BUS

Wer die Wanderung an der Gipfeleinkehr ausklingen lassen will, fährt mit der Gondel talwärts (Erw. 11 €, 6–16 Jahre 9 €, Familien ermäßigt; Karten am ausgewiesenen Kassenfenster). Von der dortigen Haltestelle verkehrt RBO-Bus 6198 in 25 Minuten nach Bodenmais (bei Druck des Buches Mitte Mai–Okt. nachmittags 13.36, 15.36, 16.36, 17.36 Uhr, Erw. 3,80 €, 6–14 und ab 65 Jahre 1,90 €; www.bayerwald-ticket.com). Dieser Bus hält fünf Minuten später auch am Arberseehaus.

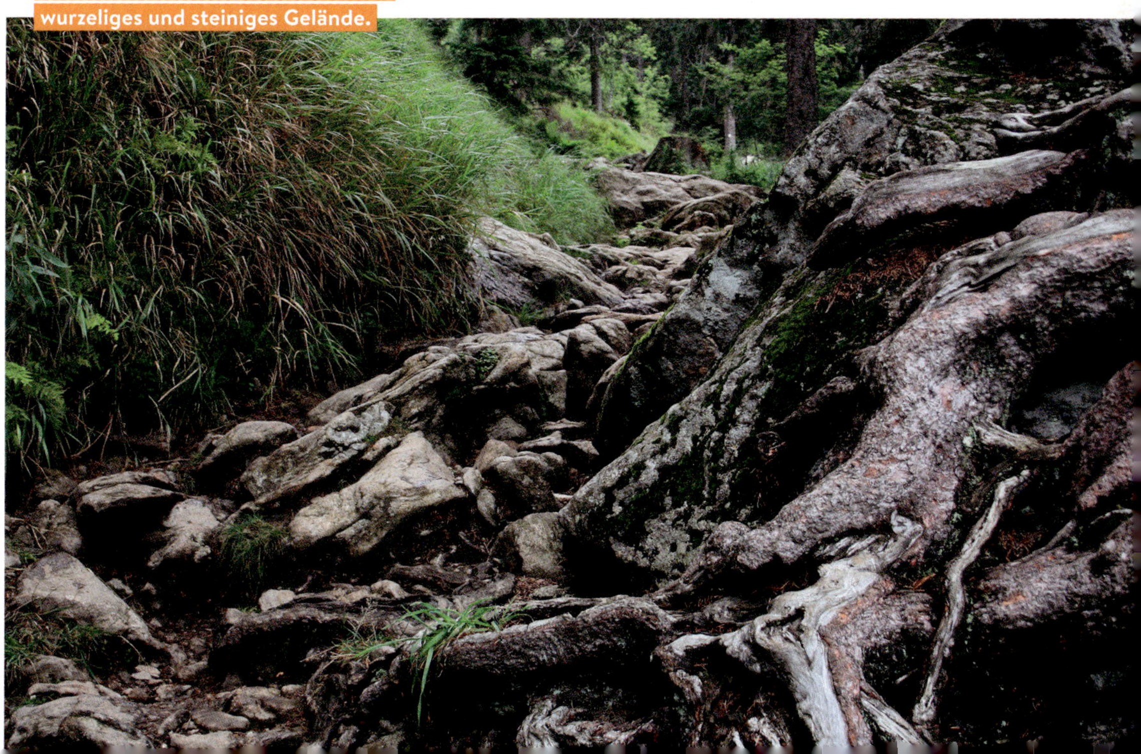
In Richtung Stallriegel erwartet uns wurzeliges und steiniges Gelände.

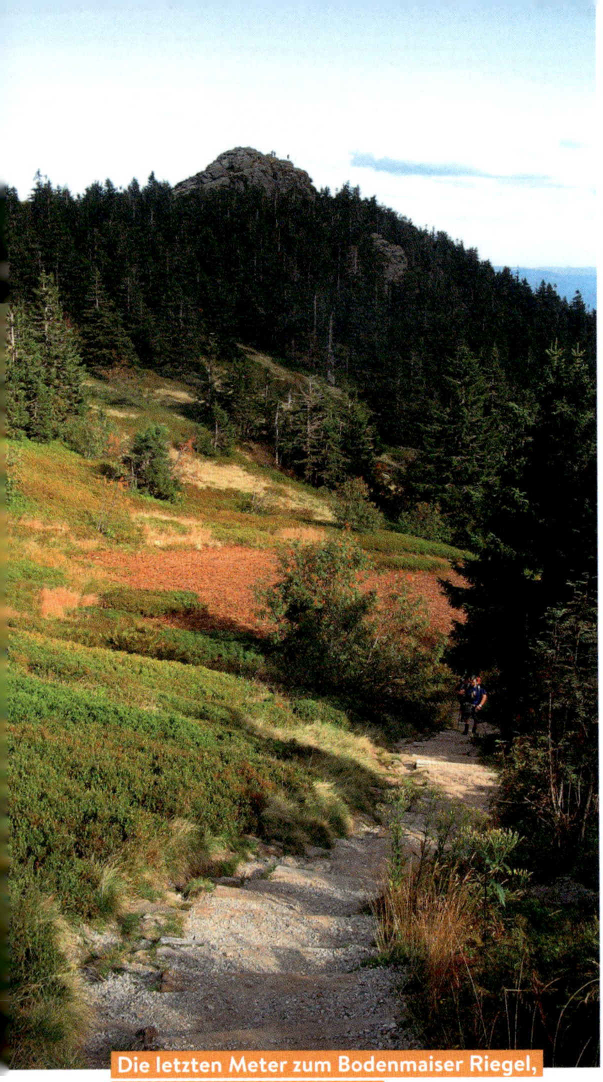

Die letzten Meter zum Bodenmaiser Riegel, hinten der Große Seeriegel

GIPFELSTURM Zwischen Heidelbeeren und Farnen führt der Kammpfad weiter. Über Steinstufen geht es steil hinab. Mächtig ragt der Arberkegel mit dem Bodenmaiser Riegel links und dem Großen Seeriegel rechts auf. Auf Höhe der Holzbohlenpassage verläuft unser markierter Weg halb rechts weiter: Wir verlassen Bo 71 und folgen Nr. 1/Bo 1/ Bo 69. Hinter der folgenden Senke geht es merklich bergauf zur **3 Bodenmaiser Mulde**, wie die Wanderkreuzung unter dem Großen Arber genannt wird. Mit der Goldsteig-Markierung steht der Gipfelsturm an. Auf flachem Terrain angekommen, erreichen wir zuerst den Bodenmaiser Riegel, einen von fünf Felsköpfen, die der Gipfelrundwanderweg übers Gneisplateau anstrebt. Wer bei Vollmond hierherkommt, dem hilft einer Sage nach die Arberhexe bei Liebeskummer weiter.

KREUZ UND EINKEHR Beim Marsch über den Riegel können Wanderfans je nach Lust und Laune die einzelnen Riegel erklimmen. Im Uhrzeigersinn führt die Gipfelrunde vom Bodenmaiser Riegel, auch Richard-Wagner-Kopf genannt, am Bärenriegel vorbei zum Kleinen Seeriegel, der eben einen Blick hinunter zum Kleinen Arbersee erlaubt. Mit etwas Fantasie können sich Naturfans ausmalen, wie das alpine Latschengebüsch in strengen Wintern schneebedeckt und sturmgepeitscht erstarrt. Die Silhouette der vereisten Gewächse erinnert Einheimische an geduckte Gestalten, Arbermandl genannt. Winters wie sommers schließt sich rechts neben der Radarstation der **4 Gipfelriegel mit Kreuz** an. Es folgen – als Fleißaufgabe – Abstecher zum Großen Seeriegel und zur Arberkapelle mit Madonna aus Kalkstein, ehe es hinunter geht an der Bergstation der Gondel vorbei zum Arberschutzhaus und zur Eisensteiner Hütte.

ZUM ARBERSEEHAUS Gestärkt lassen wir das Fangnetz der Talabfahrt links liegen und laufen geradewegs am Schlepplifthäusl vorbei auf dem Goldsteig in Richtung Großer Arbersee. Auf äußerst steinigem Terrain arbeiten wir uns talwärts vor und lassen in weitem Bogen den Stallriegel rechts und die 250 Jahre alte Brennesfichte links liegen. Geradewegs kreuzen wir zwei Forststraßen. Dahinter geht unser Pfad in einen Forstweg über, auf dem wir uns flotten Schrittes dem **5 Großen Arbersee** mit dem beliebten Arberseehaus annähern. Rund 100 Jahre ist es her, dass in dem eiszeitlichen Gewässer ein Krokodil gesichtet worden sein soll. Kenner halten seine Existenz für genauso sicher wie die des schottischen Ungeheuers von Loch Ness.

ENDSPURT Hinter dem Steg am Seeauslauf weist eine Links-rechts-Kombination den Einstieg zu Bo9 in Pfeilrichtung Bretterschachten (Bodenmais). Stetig bergan kreuzt unser Wanderpfad mehrere Forststraßen. Einmal laufen wir gut 50 Meter nach links, ehe unsere Markierung erneut in den Wald weist. Auf flacherem Terrain fädeln wir halb links auf die dortige Forststraße ein. Über zwei zahme Kuppen hinweg geht es zurück zum Bretterschachten, dazwischen liegt die **1 Wanderkreuzung** auf dem vom Einstieg bekannten Weg.

INFO

TOURENCHARAKTER

Sportlicher Quereinstieg auf herrlichen Pfaden und Wegen sowie etwas Forststraße zum höchsten Punkt im Bayerwald; hinterm Mittagsplatzl sowie zum See sehr steinige Abstiege

AUSGANGS-/ENDPUNKT

Aktivzentrum Bretterschachten (GPS: 49.073988, 13.156854)

ANFAHRT

Aus Süden und Westen via Bodenmais in Pfeilrichtung Arberregion; aus Norden und Osten zwischen Zwiesel und Bayerisch Eisenstein von B11 abbiegen; Bus: Nr. 6198 bis Bretterschachten

GEHZEITEN

Bretterschachten (1120 m) – Mittagsplatzl knapp 1.15 Std. (3,25 km); Mittagsplatzl (1340 m) – Bodenmaiser Mulde (1360 m) – Bodenmaiser Riegel (1447 m) – Gipfelriegel (1456 m) – Arberschutzhaus/Eisensteiner Hütte gut 1.15 Std. (3,25 km); Schutzhaus/Hütte (1375 m) – Großer Arbersee knapp 1.15 Std. (3,25 km); Arbersee (935 m) – Bretterschachten 1 Std. (3 km)

EINKEHR

Arberschutzhaus und Eisensteiner Hütte unterhalb der Gondel-Bergstation, Arberseehaus

schwer | 12,75 km | 4.45 Std. | 675 Hm

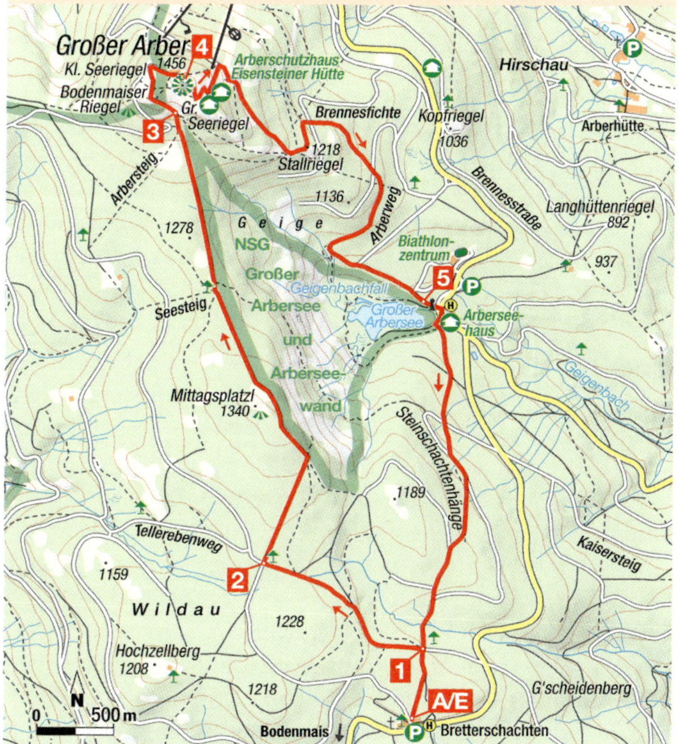

KARTE

Kompass 195 Nördlicher Bayerischer Wald, 1:50 000

Auf den Spuren des Sehers

Von Rabenstein auf den Hennenkobel

Eine zauberhafte Aussicht erwartet uns auf dem Hennenkobel, dem Hausberg der Glasstadt Zwiesel. Vom Bergdorf Rabenstein, wo einst der Seher Stormberger hauste, pilgern wir auf dem Gläsernen Kreuzweg von hinten zum Gipfel. Zum Abschluss erfrischt der Kneippweg.

10

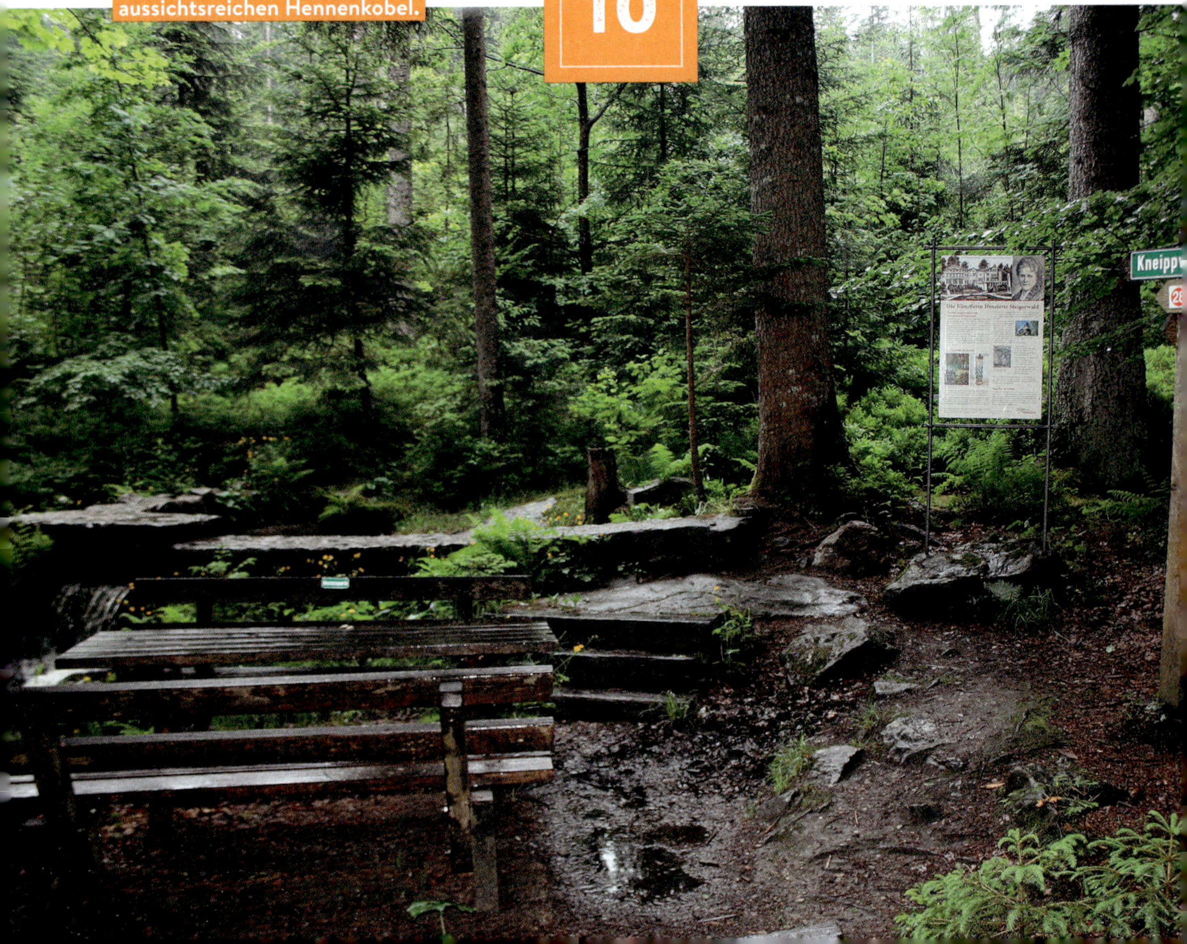

Am Kneippweg beginnt und endet unsere eigentliche Runde zum aussichtsreichen Hennenkobel.

ALLER ANFANG Vom Parkplatz folgen wir der Markierung »Gläserner Steig« (stilisierter Glasbläser) bergwärts, biegen also hinter der Schranke links ab und folgen dem Forstweg am rechten Mühlbachufer stetig bergauf. Den **1 Einstieg zum Kneippweg** lassen wir mit Vorfreude links liegen. Schließlich kehren wir zu guter Letzt an diesem Wasser entlang zurück und gönnen uns nach Lust und Laune eine traditionelle Kaltwassertherapie.

GLASBLÄSER FOLGEN Ein Stück bergwärts knickt die Forststraße deutlich nach links. Aufgepasst: Wir queren den Mühlbach nicht, sondern folgen in der Linkskurve dem stilisierten Glasbläser geradeaus. Auf dem folgenden Waldpfad queren wir eine Forststraße und kommen sogleich am ehemaligen Standort der **2 Glashütte** vorbei. Bergwärts landen wir schließlich auf Asphalt. Dort biegen wir links ab. In weitem Bogen geht es an der rechts einmündenden Forststraße vorbei – zuletzt deutlich – bergab. Erst an der reich markierten **3 Wanderkreuzung** marschieren wir nach rechts bergauf. Auf der folgenden Anhöhe verlassen wir den Asphalt sowie den Gläsernen Steig und folgen u. a. Nr. 29 nach links in Richtung Hennenkobel.

ZUM GIPFEL PILGERN Einen Steinwurf entfernt wird der Waldweg zum Gläsernen Kreuzweg, auf dem wir uns auf leicht verwurzeltem wie steinigem Pfad im gesunden Mischwald sanft bergwärts schlängeln. Vierzehn in Glas gravierte Stationen stilisieren das biblische Leiden Jesu. Ein grüner Pfeil weist an der **4 Gabelung** den Abstecher zum Hennenkobel. Zum Kreuz hin folgen zwei kurze Anstiege. Auf der teils steil abfallenden, vergleichsweise breiten Gipfelformation erklärt eine Panoramatafel, was von Zwiesel bis hinein in den Vorderen Bayerischen Wald ins Auge sticht. Wer sich hinter der Gipfelschutzhütte nach rechts wendet, blickt in

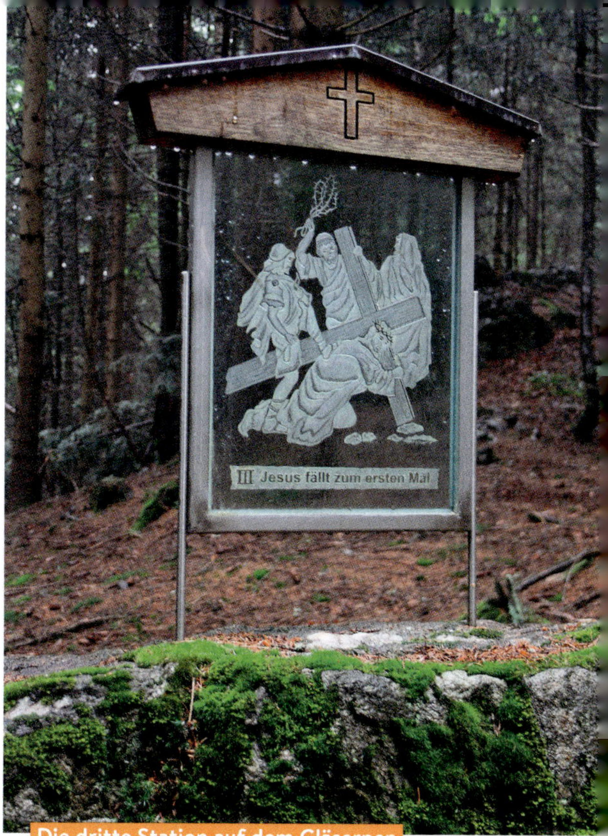

Die dritte Station auf dem Gläsernen Kreuzweg zum Zwieseler Hausberg

Tipp

WALDPROPHET AUS RABENSTEIN

Neben dem bekannten Seher Mühlhiasl, dem 1753 geborenen Matthäus Lang, der unterhalb des Klosters Windberg unweit des Bogenbergs an der Donau aufwuchs, ranken sich viele Geschichten um den Stormberger. Der Heimatforscher Reinhard Haller widerspricht allen, die glauben, es handle sich um ein und dieselbe Person. Ihm zufolge war der Stormberger nämlich in Rabenstein daheim. Abgesehen davon ähneln sich die überlieferten Weissagungen der beiden, etwa wenn es vom Stormberger heißt: »Es werden durch die Waldungen weiße Straßen gemacht werden, dass es die Leute auf eine Meile weit sehen können.«

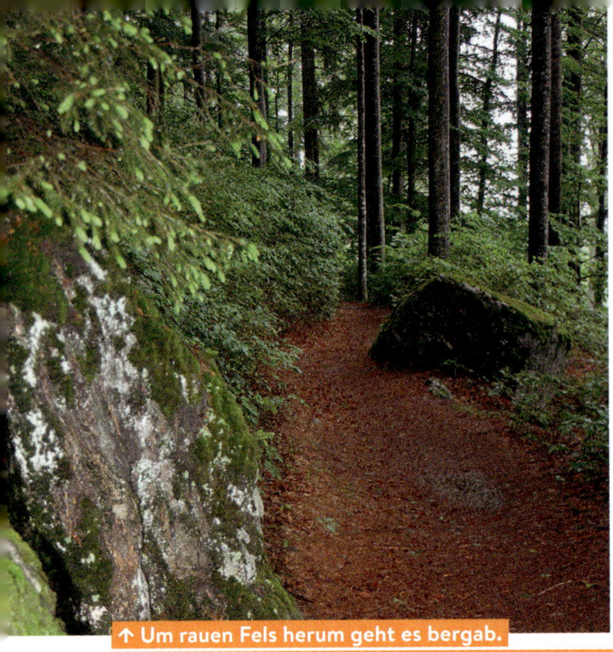 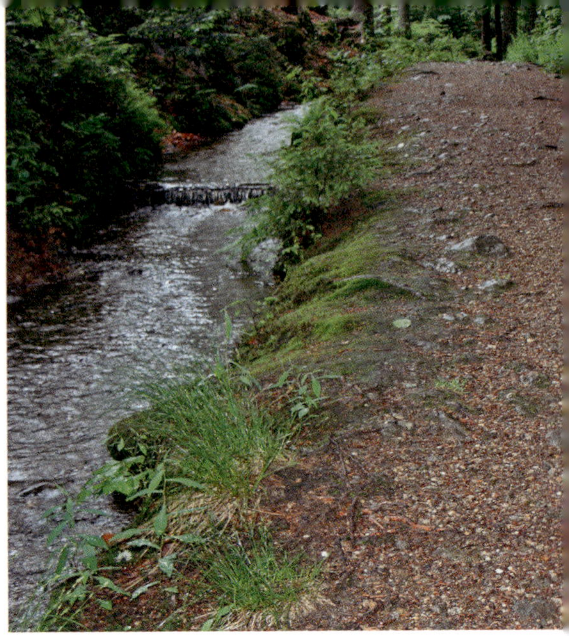

↑ Um rauen Fels herum geht es bergab.
↗ Direkt auf dem Kneippweg vollenden wir die Runde.

Richtung Arber. Über die bezaubernde Natur reimte vor rund 130 Jahren die ortsansässige Künstlerin Henriette von Poschinger, Meisterschülerin des Malers Franz von Lenbach: »Gauckelnd schwebt ein Eintagsfalter, durch den tausendjährigen Wald, wie durch eine Dichterseele, eine lichte Traumgestalt.«

DER ABSTIEG Zurück an der bekannten Gabelung folgen wir nun Nr. 29 in Pfeilrichtung Zwiesel. Um die folgenden Felsen windet sich der herrliche Pfad gekonnt herum,

Tipp

KURZ UND KNACKIG

Vom Gipfelkreuz-Fuß brauchen wir nicht zurückzusetzen, sondern können alternativ auf Nr. 4 weitermarschieren und die Strecke um 500 Meter verkürzen (siehe gestrichelte Linie auf der Karte). So erreichen wir sportlich hinab die obere Forststraße und queren diese beim (5) Einstieg zum Waldpfad gemäß Nr. 29.

um schließlich nach halb links auf die obere Forststraße einzuschwenken. Etwa zehn Minuten geht es auf dieser Trasse an der Höhenlinie entlang, ehe Nr. 29 rechts den **5 Einstieg zum Waldpfad** geradewegs hinab verrät. Die geschotterte, untere Forststraße (eine mögliche Abkürzung in Richtung Rabenstein) queren wir. Aufgepasst: Weiter talwärts wechseln wir bei der nächsten **6 Wanderkreuzung** nach links zu Nr. 28 in Richtung Rabenstein, wobei der Pfeil aus unserer Sicht verkehrt herum angebracht steht.

UM RABENSTEIN HERUM Sanft bergwärts erreichen wir erneut die untere Forststraße (Startpunkt Variante, siehe rechts). Nach rechts bringt uns Nr. 28 auf breiter Trasse zurück nach Rabenstein. Wenige Meter, nachdem der Asphalt auf der Rückseite des 2021 eröffneten Robenstein Hotel & SPA beginnt, weist die zurückversetzte, versteckte Nr. 28 links über eine kleine Kuppe hinweg. Erneut auf Asphalt angekommen, geht es nach links keine 100 Meter in Pfeilrichtung Hennenkobel (!). Sodann lotst Nr. 28 nach

INFO

TOURENCHARAKTER
Schöne Waldpfade, Zwischenstücke Forststraße, ein klein wenig Asphalt, etwas Orientierungssinn gefragt

AUSGANGS-/ ENDPUNKT
Parkplatz Kaisersteig 600 m hinterm Robenstein Hotel & SPA (Schloss) am Ortsende von Rabenstein am Asphaltende (GPS: 49.049354, 13.201927)

ANFAHRT
U. a. B 11 bis Zwiesel, dort Richtung Bahnhof, dann gemäß Pfeil hoch nach Rabenstein; Bus: Stadtlinie 7142 (Mo–Sa)

GEHZEITEN
Parkplatz (725 m) – Alte Glashütte (870 m) – Kreuzweg – Hennenkobel 1,5 Std. (3,25 km); Hennenkobel (965 m) – Kneippweg – Parkplatz 1,5 Std. (4,5 km)

EINKEHR
Keine unterwegs, u. a. Hotel-Restaurant Zur Waldbahn beim Bahnhof Zwiesel (Mo Ruhetag)

mittel | 7,75 km | 3 Std. | 300 Hm

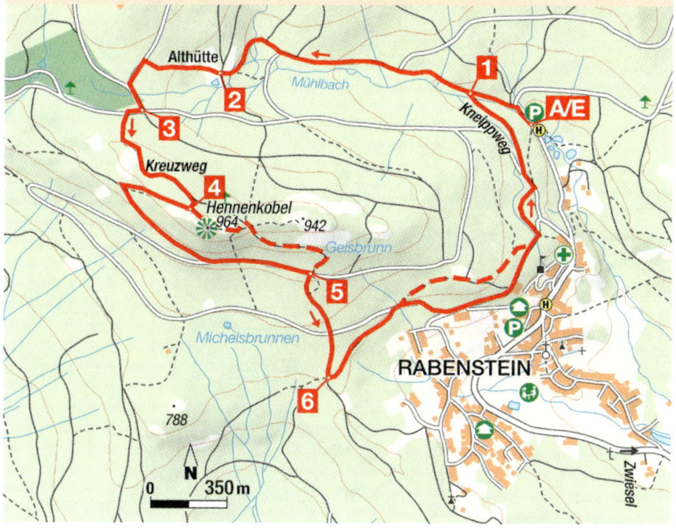

KARTE
Kompass 195 Nördlicher Bayerischer Wald, 1:50 000

rechts zum Kneippweg. Wahlweise nassen oder trockenen Fußes stoßen wir hinter dem Rastplatz am Mühlbach auf den vom Einstieg bekannten Forstweg. Erneut Nr. 28 führt hinab zum Parkplatz.

VARIANTE FÜR SPÜRNASEN Wo wir die untere Forststraße zum zweiten Mal erreichen, gehen Einheimische gerne in etwa geradeaus weiter. Die dortige, naturnahe Trasse (im Winter eine Loipe) führt nämlich parallel zur geschotterten Forststraße zurück (siehe die gestrichelte Linie auf der Karte). Es gilt aufzupassen, im Zweifelsfall nicht nach links abzudriften. Oberhalb von Rabenstein nähern wir uns kurz dem asphaltierten Teil der Forststraße. Weiter geht es wie vorher beschrieben.

Naturnah lädt diese Bank zu einer kleinen Pause ein.

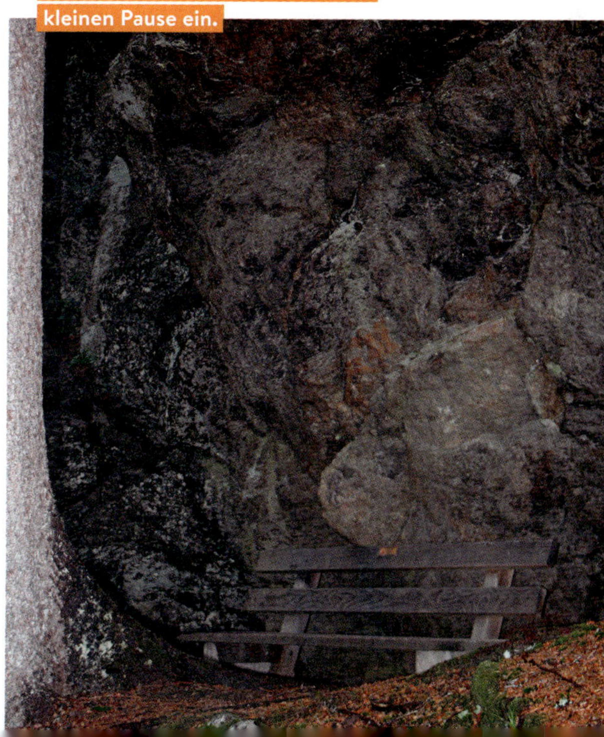

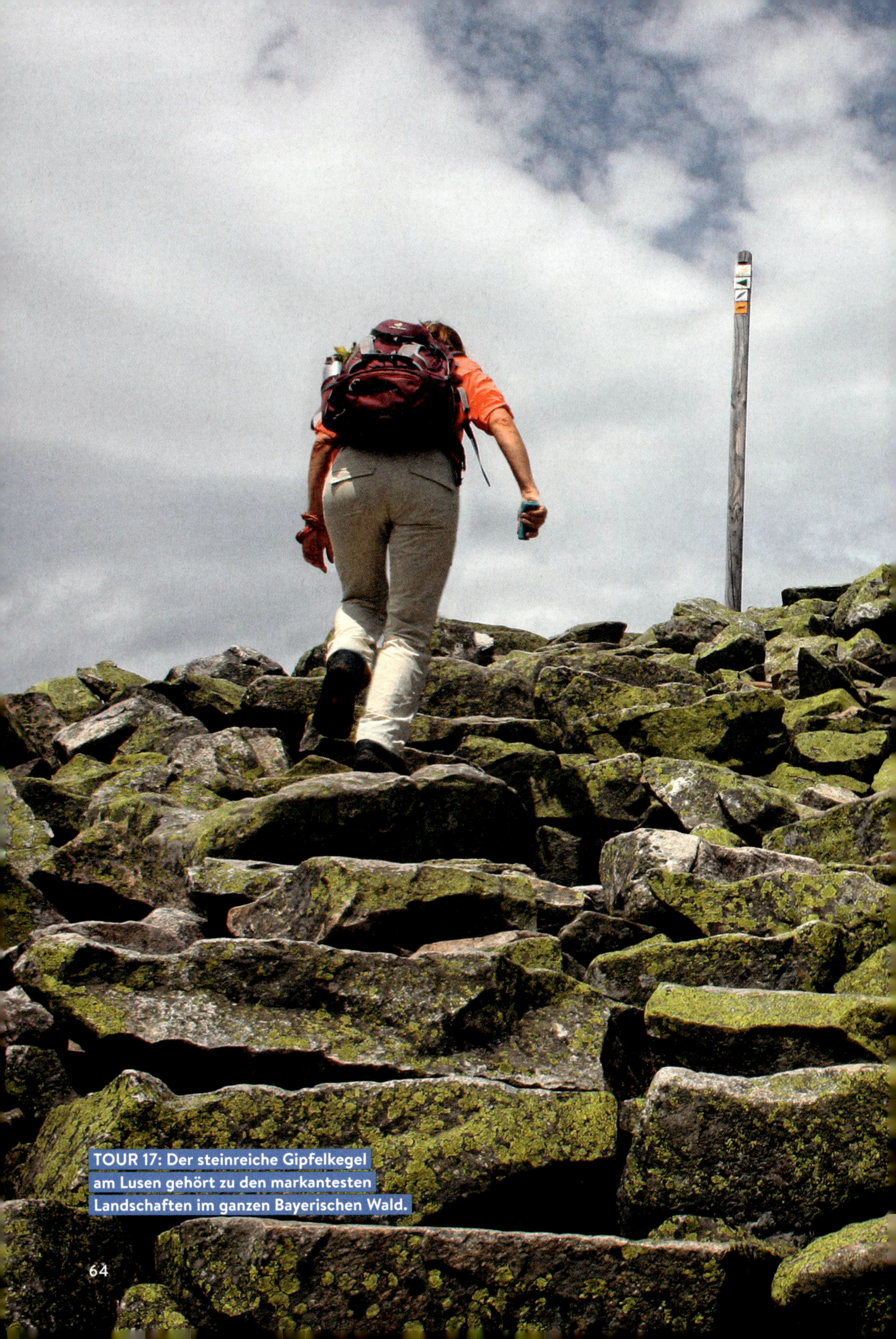

TOUR 17: Der steinreiche Gipfelkegel am Lusen gehört zu den markantesten Landschaften im ganzen Bayerischen Wald.

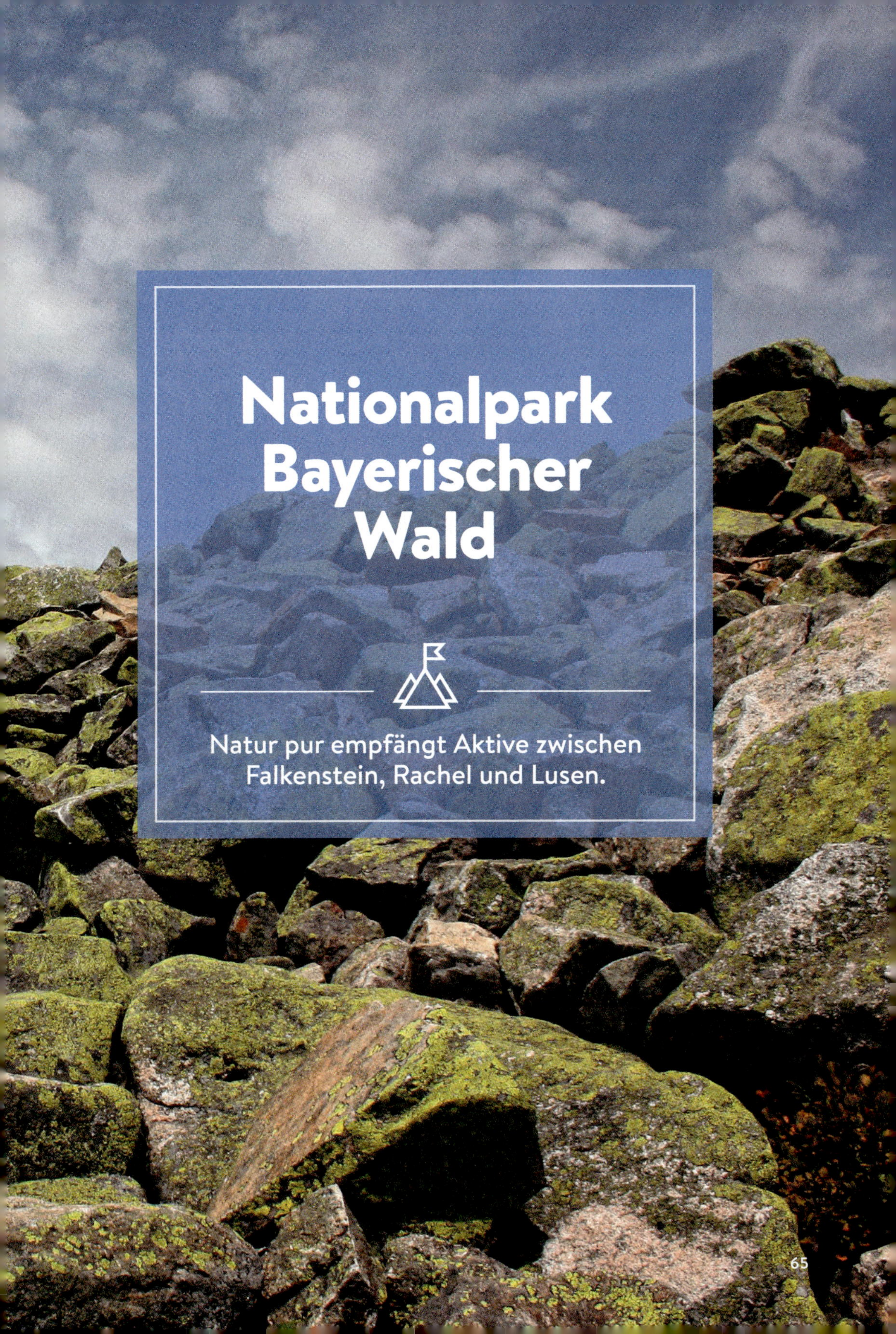

Nationalpark Bayerischer Wald

Natur pur empfängt Aktive zwischen Falkenstein, Rachel und Lusen.

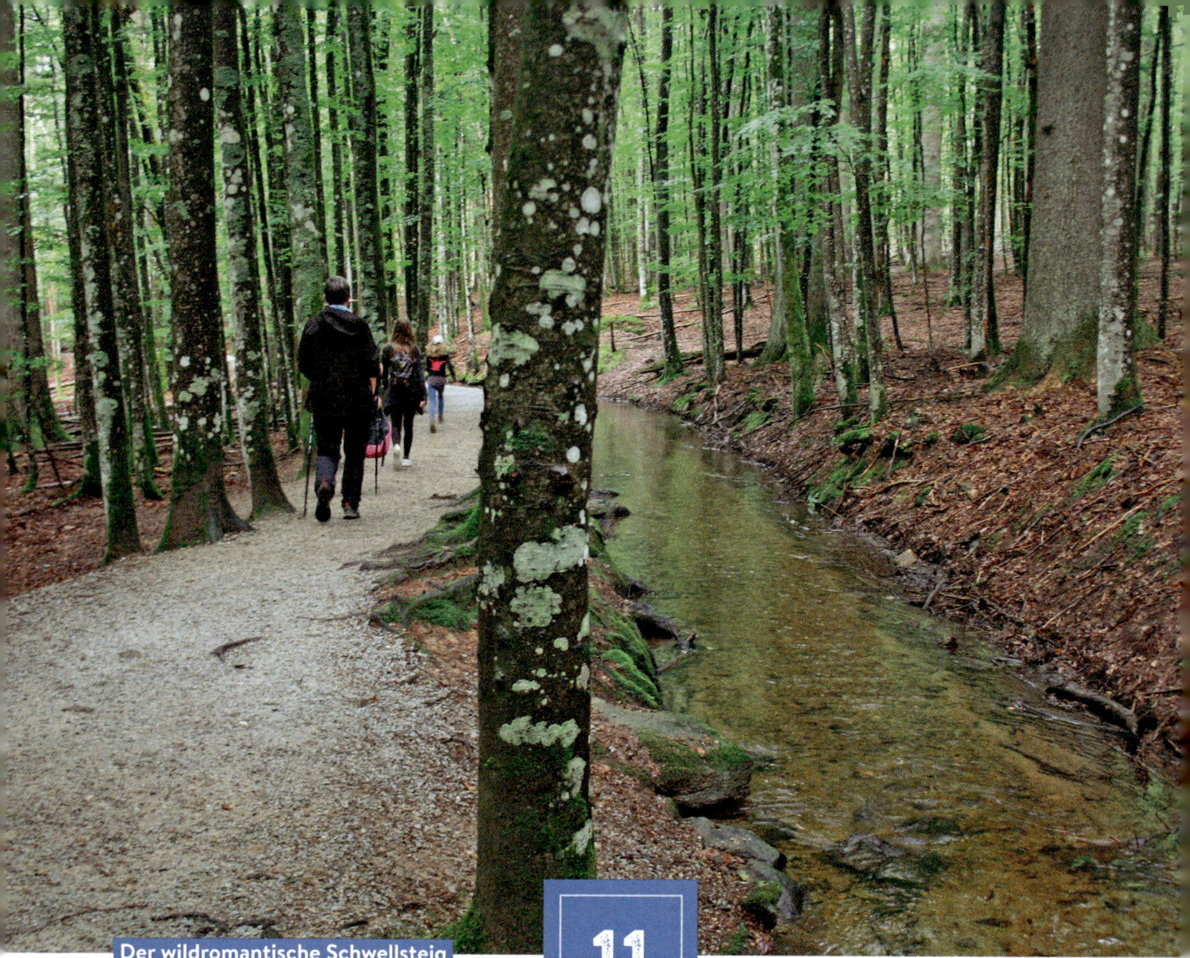

Der wildromantische Schwellsteig führt Wanderfans direkt am kühlen Nass entlang.

11

Im Urwald am Schwellhäusl

Die am schönsten gelegene und die älteste Einkehr

Auf einer idyllischen Lichtung empfängt das Schwellhäusl. Vom Dorf Zwieslerwaldhaus erreichen wir das beliebte Ausflugslokal durch den Urwald Mittelsteighütte und auf dem Schwellsteig. Zurück geht es durch den wilden Hans-Watzlik-Hain. Zum Abschluss erwartet Unersättliche eine historische Einkehr.

URWALD NUMMER EINS Bei der Einfahrt zum ausgeschilderten Parkplatz queren wir den Asphalt. Einen Steinwurf zurückversetzt weist die »Ameise« nach links. Erneut nach links orientieren wir uns über den kleinen Parkplatz Schillerstraße hinweg. Dann geht es mit genügend Abstand zum Ort geradeaus über den Großen Steinbach und den Mittelsteigbach in das Urwaldgebiet Mittelsteighütte, umrahmt von Bergfichten, Weißtannen und Rotbuchen. Im Norden von Zwieslerwaldhaus queren wir die **1 Waldhausstraße**. Aufgepasst: Auf der anderen Straßenseite schwenken wir halb rechts auf den »Siebenschläfer« ein. In weiten Bogen trifft dieser Waldweg seitlich auf den Parkplatz Brechhäuselau. Vorne, hinter der Holzhütte, geht es nach rechts erstmals mit dem »Schwarzstorch« über die Große Deffernik hinweg.

ZUM SCHWELLSTEIG Hinter der Senke folgen wir bei der **2 Gabelung am Brunnen** dem »Schwarzstorch« im Uhrzeigersinn, folglich geht es halb links hoch zum Schwellkanal. Rasch oben angekommen führt der bezaubernde Schwellsteig an der linken Seite des ehemaligen Triftkanals entlang stromabwärts. Einmal mehr wirkt das Wasser auf uns Menschen beruhigend. Wie der Name andeutet, diente der kalte Schwellbach einst dazu, den Triftspeicher an der Schwelle (Klause, Staustufe) zu füllen. Mittels der reißenden Kraft des feuchten Elements transportierten die »Waidler« einst zurechtgeschnittene Baumstämme. Dem schattigen Weg durch die grüne Hölle folgen wir bis zu der Lichtung, auf dem uns die zauberhaft gelegene Einkehr empfängt.

BELIEBTES IDYLL Das **3 Schwellhäusl** mit seinem Giebeltürmchen halten die meisten Einheimischen für das schönste Ausflugslokal im Nationalpark. Seit 1870 gehört die alte Trifter-Klause am Schmalzbach der Familie Lettenmaier. Urahn Ludwig wanderte als Waldarbeiter aus Tirol ein. Sein Vorname wird seit Generationen weitergegeben. Vor dem Waldgasthaus lockt ein Biergarten an

Die einen sprechen vom Schwellhäusl, die anderen von der Trifter-Klause.

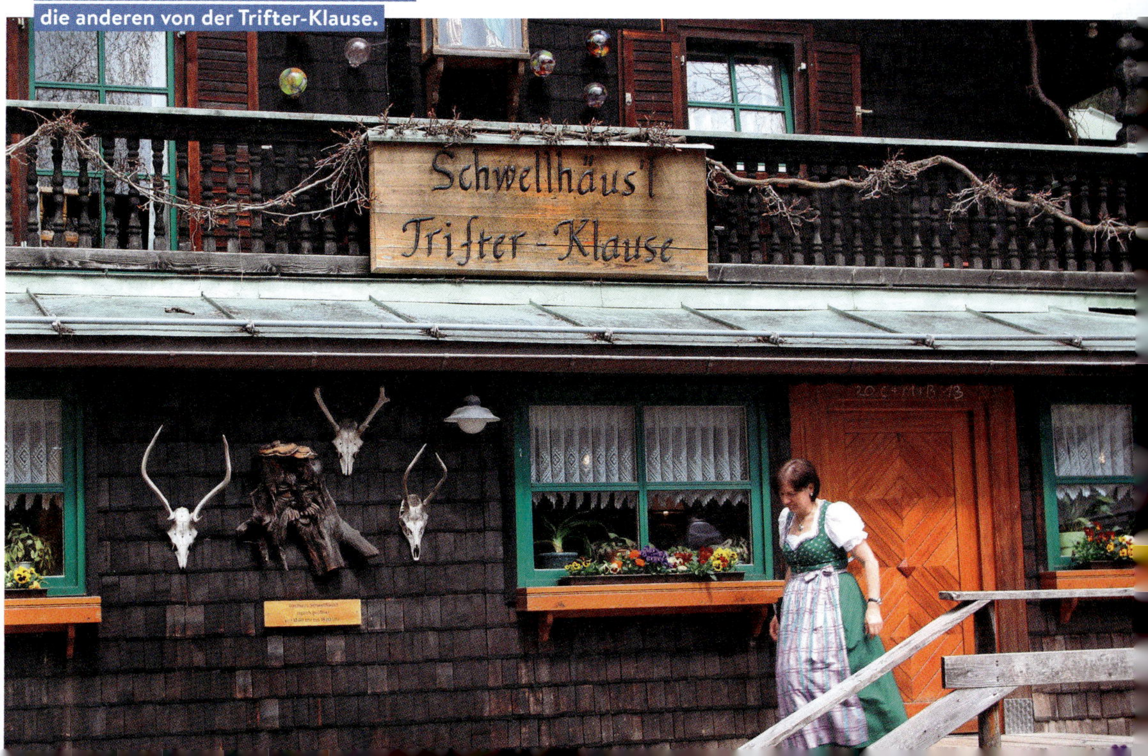

Tipp

HISTORISCHES GASTHAUS

Wer auf dem Rückmarsch noch vor dem Großen Steinbach dem Pfeil in Richtung Ortsmitte folgt, landet, auf Asphalt angekommen, rechter Hand an der ältesten Einkehr im ganzen Bayerwald, der ehemaligen Grenzstation Zwieseler Waldhaus in der Mitte des gleichnamigen Ortes. Draußen lockt der Biergarten.

sonnigen Wochenenden viele Wanderer und Spaziergänger an. Daneben spiegeln sich im alten Triftspeicher mächtige Fichten. Junge Gäste freuen sich über den Spielplatz und das Streichelgehege.

Blick über die Klause zur idyllisch gelegenen Einkehrstation

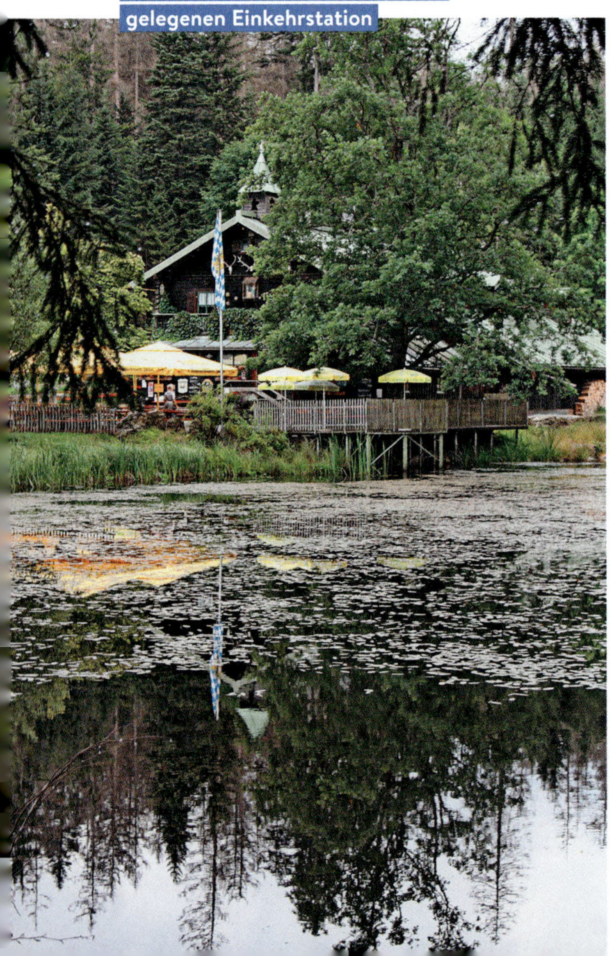

HANS-WATZLIK-HAIN Der Marsch von der Großen Deffernik zum Schwellhäusl ist als Runde angelegt. Folglich geht es um die ganze Gaststätte herum auf der mit dem »Schwarzstorch« markierten Forststraße weiter. Aufgepasst: Wo nach rund 20 Gehminuten der Fernwanderweg (grünes Dreieck) von Bayerisch Eisenstein von links auf die Forststraße trifft, liegt rechts der **4 westliche Urwalderlebnisweg-Einstieg**. Dieser Startpunkt ist nicht markiert, die zurückversetzt platzierte Infotafel verrät jedoch, dass wir richtig sind. Durch die naturnahe Wildnis schlängelt sich ein unmarkierter, jedoch klar ersichtlicher Pfad etwa parallel zur Forststraße. Vom Sturm geknickte Stämme liegen danieder, morsches Wurzelwerk und modrige Stümpfe fügen sich dem geduldigen Lauf der Natur. Kolossale, bis zu 600 Jahre alte und über 50 Meter hohe Tannen säumen den Urwalderlebnisweg. Auf ein besonders prächtiges, von Bohlen umrahmtes Exemplar treffen wir am östlichen Ende des nach dem Heimatdichter Hans Watzlik benannten Hains. Dahinter gelangen wir auf die Forststraße.

KRÖNENDER ABSCHLUSS Nach rechts spazieren wir ein Stück an der **2 Gabelung am Brunnen** vorbei hinab zur Deffernik-Brücke und erreichen am anderen Ufer den bereits bekannten Parkplatz Brechhäuselau. Nun geht es ein Stück geradeaus in Richtung Ort bis zum direkt anschließenden **5 Parkplatz Zollhausstraße**. Bevor wir auf die Waldhausstraße treffen, biegen wir nach rechts auf den Pfad mit der »Ameise« ab. Den folgenden Pfeil zur Ortsmitte lassen wir links liegen (siehe Kasten). Nur einen Steinwurf weiter erreichen wir den Großen Steinbach, der bis ins Jahr 1758 die Grenze nach Böhmen markierte. Dahinter halten wir uns links und gelangen Schritt für Schritt zurück zum Ausgangspunkt.

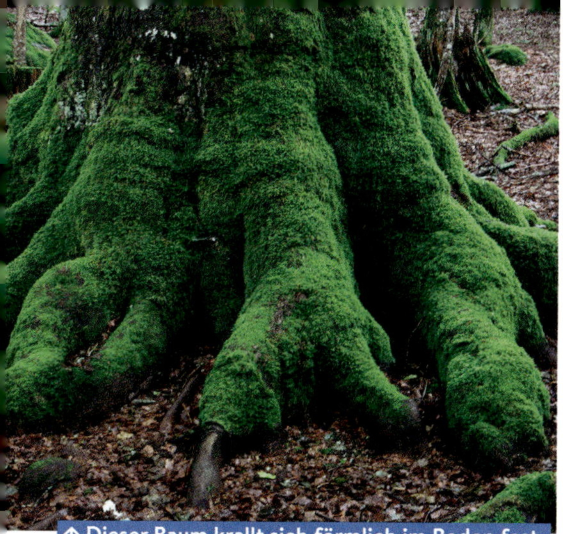

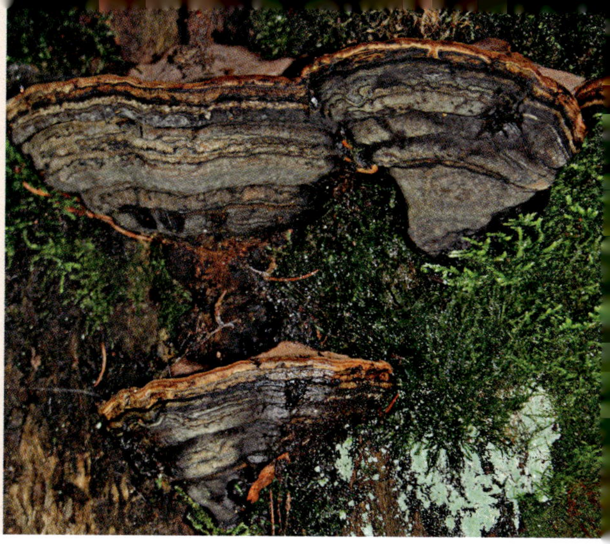

↑ Dieser Baum krallt sich förmlich im Boden fest.
↗ Wie eine Einheit wirken Stamm und Schwamm.

INFO

TOURENCHARAKTER
Abgesehen von der Deffernik-Senke weitgehend ebene Schleife am Rande des Nationalparks auf schattigen Urwaldpfaden, Wegen und Forststraße; Wochenendtrubel möglichst meiden!

AUSGANGS-/ENDPUNKT
Parkplatz Zwieslerwaldhaus hinterm Ortseingang links (GPS: 49.088079, 13.246505)

ANFAHRT
Zwischen Zwiesel und Bayerisch Eisenstein von der B 11 nach Zwieslerwaldhaus abbiegen; Bus: Falkenstein-Bus 7150 bis Abzweigung Wildniscamp kurz vorm Ort

GEHZEITEN
Parkplatz Zwieslerwaldhaus (695 m) – Urwald Mittelsteighütte – Parkplatz Brechhäuselau (685 m) – Schwellsteig – Schwellhäusl 1.15 Std. (knapp 4,25 km); Schwellhäusl (675 m) – Hans-Watzlik-Hain – Parkplatz Brechhäuselau – Parkplatz Zollhausstraße (690 m) – Parkplatz Zwieslerwaldhaus gut 1 Std. (knapp 3,75 km)

leicht | 8 km | 2.15 Std. | 140 Hm

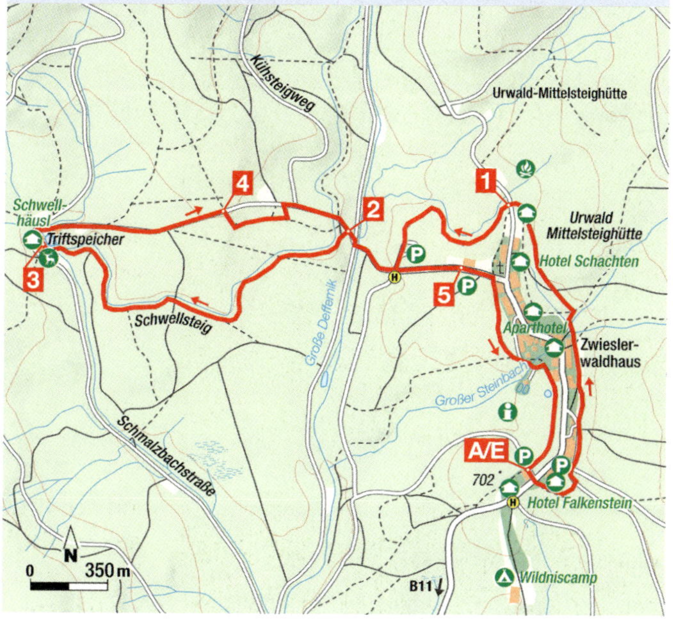

EINKEHR
Schwellhäusl, Zwieseler Waldhaus

KARTE
Kompass 195 Nördlicher Bayerischer Wald, 1:50 000

Zum neuen Schutzhaus

Von Zwieslerwaldhaus auf den Großen Falkenstein

Im Norden des Nationalparks thront der Große Falkenstein. Mit dem Wandersymbol »Eibe« geht es vom Talort Zwieslerwaldhaus weitgehend geradlinig auf den 1315 Meter hohen Gipfel. Während wir beim Aufstieg dem Kleinen Falkenstein einen Besuch abstatten, kommen wir talwärts am Ahornriegel vorbei.

Beim Abstieg bietet der eingewachsene Ahornriegel einen kleinen Ausblick.

12

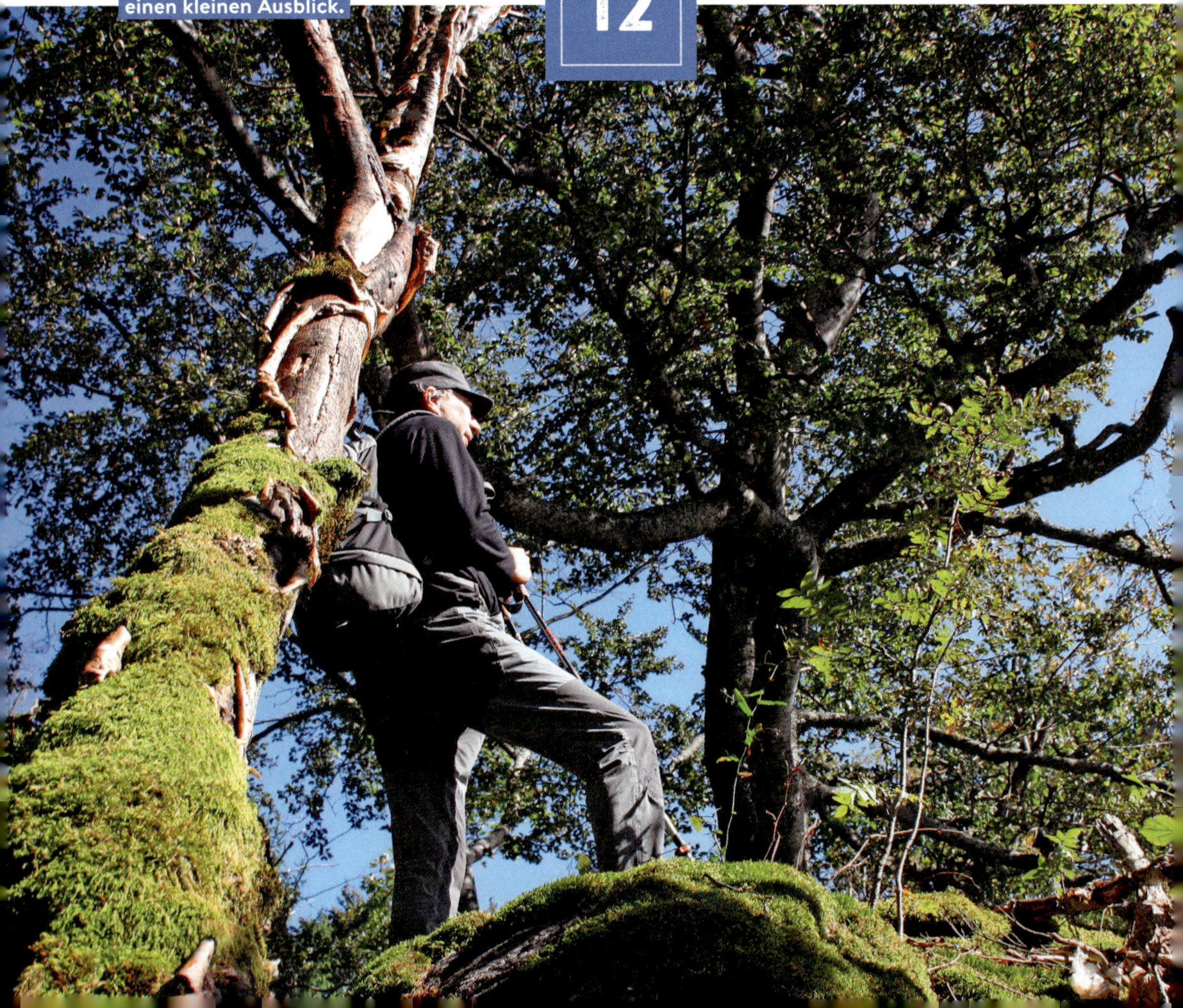

WIE IM PARADIES Egal wohin Wanderfans aufbrechen – vom hübschen Straßendorf Zwieslerwaldhaus aus erreichen wir in jeder Richtung Natur pur. Seit 2014 verläuft die Markierung »Eibe« nicht mehr direkt an den Steinbachfällen vorbei, sondern vom Ortsbeginn empor zum »Foikastoa«, wie Einheimische sagen. Oben erwartet uns einen Steinwurf vom Gipfel entfernt seit 2019 die neue Schutzhütte, die den Vorgängerbau komplett ersetzt und Tradition und Moderne gekonnt vereint.

EINSTIEG Ab Parkplatz Schillerstraße oder vom Parkplatz Zwieslerwaldhaus über die Straße hinweg folgen wir der »Eibe« in Richtung Gipfel. Auf dem breiten Schillerweg marschieren wir geradlinig bergan. Nach rund zehn Gehminuten leitet unsere Markierung scharf nach links auf einen Pfad sowie durch eine 1 **Spitzkehre** himmelwärts. Sodann treffen wir auf eine Forststraße, auf der wir nur 40 Meter nach links marschieren, bis uns rechts der alte Adamsteig durch Bergmischwald stetig bergan führt. In Richtung Großer Steinbach queren wir Asphalt, es folgt eine Rechtskehre, noch bevor wir das Wildwasser erreichen.

KLEINER FALKENSTEIN Sportlich bergan geht es ein Stück weiter um den markanten Seitengipfel herum, bis wir eine Art Wendeplatte erreichen. Auf den 2 **Kleinen Falkenstein** führt ein kurzer, fordernder Stichweg. Trittsichere erfreut das zauberhafte Panorama, das sich über den Kronen des majestätischen Urwalds auftut. In der überraschend steil abfallenden Wand brütet im Frühjahr gern ein Wanderfalkenpaar. Diese Greifvögel bauen keine Nester, sondern nutzen Felsnischen und verteidigen ihr Revier vor Artgenossen. Mit Glück sehen Aufmerksame die pfeilschnellen Tiere über sich kreisen. Auf alle Fälle trägt der Berg seinen Namen zu Recht.

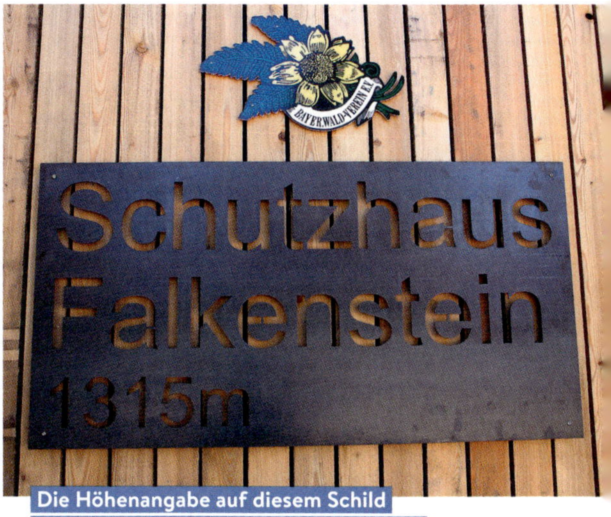

Die Höhenangabe auf diesem Schild bezieht sich auf den versteckten Gipfel.

GROSSER FALKENSTEIN Beim Aufstieg vom Fuß des Kleinen Bruders zum Großen orientieren wir uns erneut an der »Eibe« und fädeln zuletzt im Bergfichtenwald auf den Forstweg ein. Oben am 3 **Wanderstern** geht es nach rechts. Die Kapelle am Wegesrand ehrt den Heiligen Franziskus, den Patron der Natur. Das heutige Falkensteinschutzhaus mit seinem atemberaubenden Panoramafenster drinnen und der einladenden Sonnenterrasse draußen entwickelt sich zum beliebten Treffpunkt. Zu den servierten Speisen zählt der Pichelsteiner, ein herzhafter Bayerwald-Eintopf. Einen Steinwurf über der Einkehr des Bayerischen Wald-Vereins reckt sich das dezente Gipfelkreuz aus Eisen mit Glaskugel gen Himmel. Der Rundblick reicht vom Großen Rachel im Südosten über den benachbarten Großen Arber im Westen bis gerade noch zum Osser-Doppelgipfel, der vom Kleinen Falkenstein aus nicht auszumachen ist. Felsenfest zeigt sich etwa der passionierte Wanderer Franz Gilg davon überzeugt, dass es sich bei der Gipfelkreuz-Aussicht gar nicht um den höchsten Punkt handelt. Vielmehr verortet er diesen auf der anderen Seite der

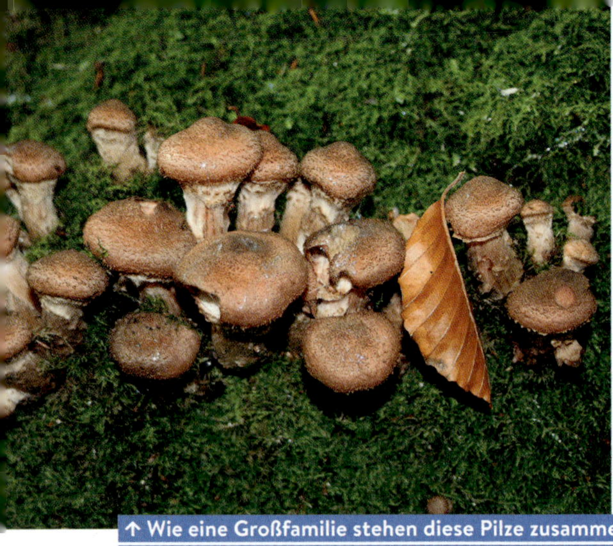

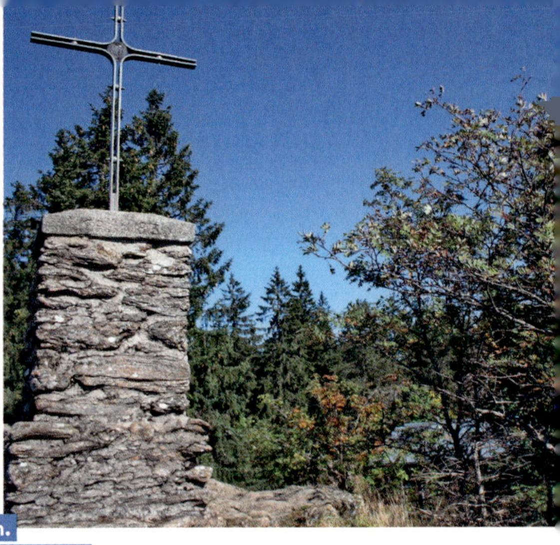

↑ Wie eine Großfamilie stehen diese Pilze zusammen.
↗ Das Gipfelkreuz schließt in seiner Mitte eine Glaskugel ein.

Einkehrstation, und zwar 3 Meter höher. Und damit hat er natürlich recht.

AHORNRIEGEL Zurück ins Tal setzen wir zurück zum **3 Wanderstern**. Dort halten wir uns zweimal rechts, wechseln also talwärts zur »Esche«. Im nahen Wald erspähen wir beim Blick zurück das Schutzhaus von einer anderen Seite. Stetig schlängelt sich unser steiniger und teils verwurzelter Pfad talwärts. Wiederholt schreiten wir über alte Schlittenziehbahnen. Die von Menschenhand geschaffenen Steinwälle dienten einst dem Abtransport von geschlagenem Holz. Nachdem der Weg deutlich breiter wird, landen wir zur Halbzeit unseres Abstiegs an einer **4 Wanderkreuzung**. Von dort folgen wir der »Heidelbeere« nach rechts. Jetzt geht es leicht aufwärts, bis wir 250 Meter weiter beim Rechtsknick den Ahornriegel passieren. Die teils eingewachsenen Felsen lassen einen Blick zum Brotjacklriegel zu, dessen Gipfelkuppe ein Sendemast markiert.

ZURÜCK NACH ZWIESLERWALDHAUS Vom beschaulichen Ahornriegel geht es geradlinig hinab. Die folgende Forststraße wird gequert. Auf Forststraße Nummer zwei, der Zufahrt für die Schutzhauspächter, fädeln wir talwärts ein. Zum Glück endet der Asphalt gleich hinter der Kehre. Die Schillerstraße gleichmäßig hinab, landen wir zuletzt an den Wasserbehältern und der **1 Spitzkehre** vorbei auf bekannter Strecke beim Parkplatz am Ortseingang.

Tipp

ALTERNATIVER ABSTIEG

Eine beliebte, belebte sowie lichtere Strecke beschreitet talwärts, wer beim Gipfel-Wanderstern geradewegs dem Fernwanderweg (grünes Dreieck) folgt und nach rund 15 Gehminuten nach links in Richtung Ruckowitzschachten abbiegt. Hinter dieser Hochweide queren wir wiederholt Forststraßen und erreichen im Urwald Mittelsteighütte eine Wanderkreuzung. Von dort bringt uns die »Ameise« nach links zurück zum Ausgangspunkt (alternativer Abstieg 2.15 Std., 6 km). Wer bei der Wanderkreuzung geradeaus weiterläuft, landet bei der altehrwürdigen Gaststätte Zwieseler Waldhaus samt Biergarten mitten im gleichnamigen Ort.

INFO

TOURENCHARAKTER

Großenteils fordernde, steinige Pfade durch schattigen Laubwald, wenige lichte Momente, Start/Ende/Mittelstück Forstweg, erster Teil Abstieg unübliche Variante

AUSGANGS-/ENDPUNKT

Kleiner Parkplatz Schillerstraße am Ortseingang rechts hinterm Waldgasthof, alternativ großer P1 Zwieslerwaldhaus direkt an der Straße (GPS: 49.088370, 13.248677 bzw. 49.088792, 13.247836)

ANFAHRT

Zwischen Zwiesel und Bayerisch Eisenstein von der B 11 nach Zwieslerwaldhaus abbiegen; Bus: Falkenstein-Bus 7150 bis Abzweigung Wildniscamp kurz vorm Ort

GEHZEITEN

Zwieslerwaldhaus/Schillerstraße (700 m) – Kleiner Falkenstein (1070 m) – Großer Falkenstein 2.15 Std. (4,5 km); Gr. Falkenstein (1315 m) – Ahornriegel (1050 m) – Zwieslerwaldhaus 2 Std. (5,5 km)

EINKEHR

Falkensteinschutzhaus, in Zwieslerwaldhaus Waldhaus-Alm, Waldgasthof und Zwieseler Waldhaus

schwer | 10 km | 4.15 Std. | 630 Hm

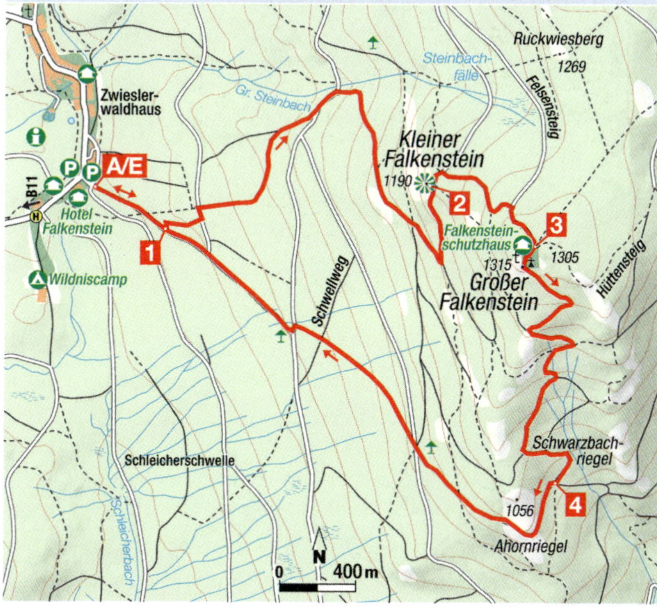

KARTE

Kompass 195 Nördlicher Bayerischer Wald, 1:50 000

Seit 2019 ersetzt das neue, erweiterte Schutzhaus das alte Gebäude.

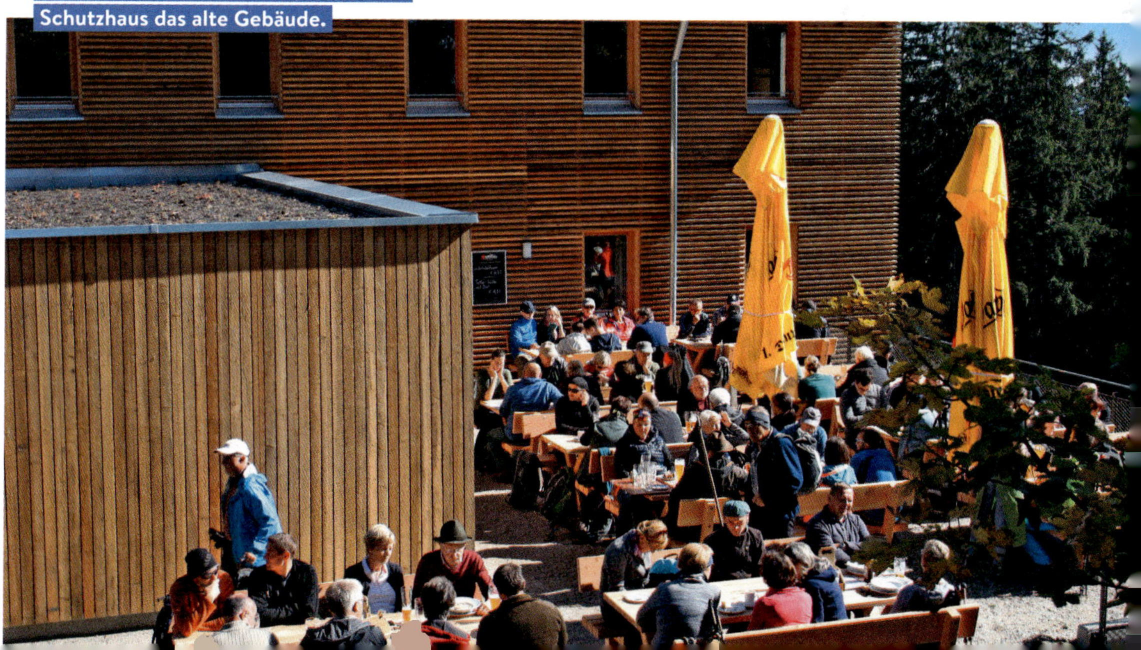

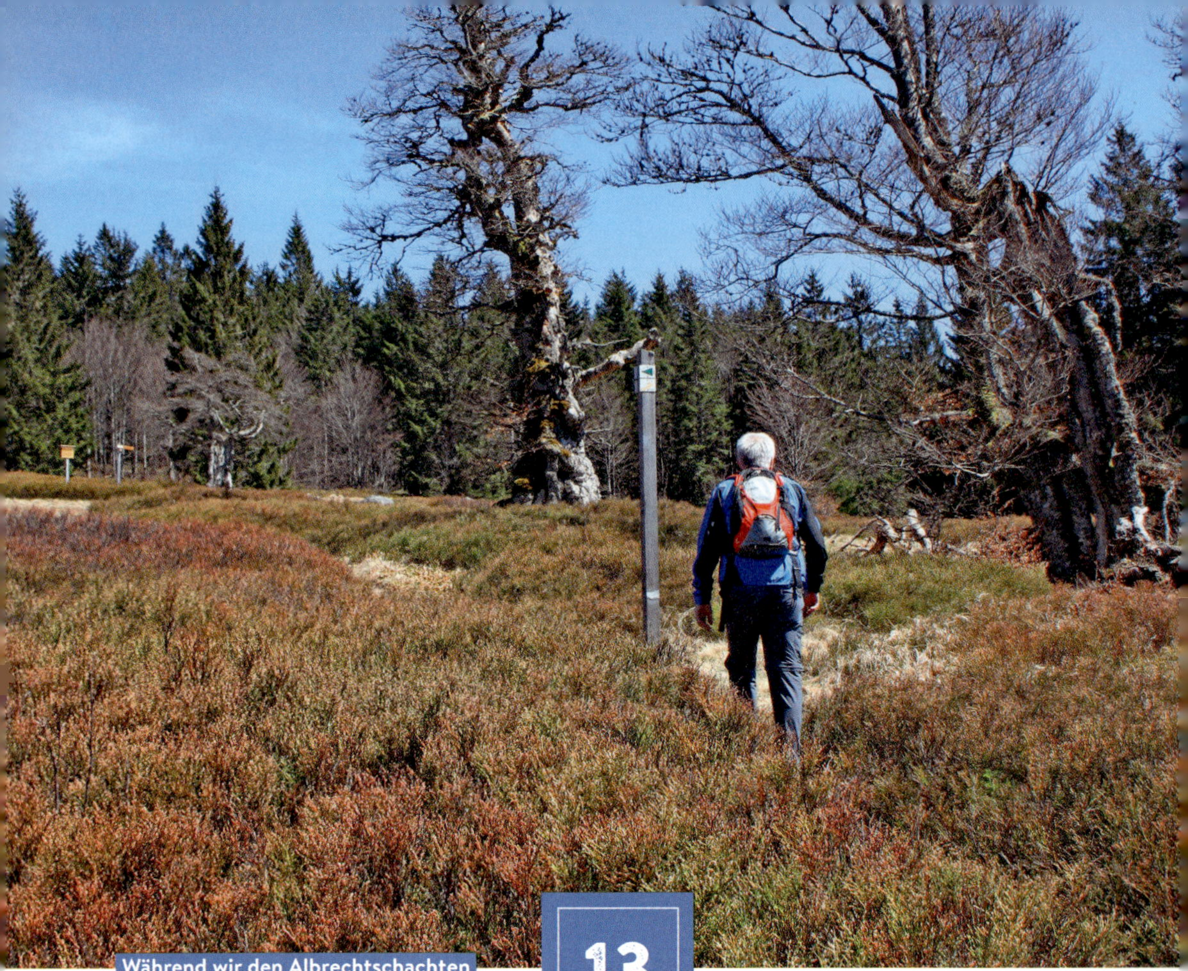

Während wir den Albrechtschachten nur streifen, geht es beim Rindlschachten mittendurch.

13

Drei alte Schachten auf einen Streich

Ab Scheuereck übern Höllbach hinaus

Bereits bei der Anfahrt zum Hirschgehege in Scheuereck dringen wir tief in den Nationalpark vor. Auf den Spuren von Waldarbeitern und Hirten erreichen wir über das Höllbachtal hinaus drei verwunschene alte Hochweiden, der Reihe nach Albrecht-, Rindl- und Jährlingsschachten.

KOLBERSBACH Oberhalb der (voraussichtlich dauerhaft geschlossenen) alten Waldgaststätte gehen wir auf der Forststraße geradewegs in Pfeilrichtung Falkenstein (Fernwanderweg/grünes Dreieck). In der folgenden Senke queren wir den Kolbersbach, in manchen Karten als Kleine Deffernik verzeichnet. Dahinter weist unsere Markierung auf Asphalt bergwärts. Erst bei der **1 Gabelung**, an der die Straße zu einer deutlichen Rechtskehre ansetzt, wechseln wir mit dem grünen Dreieck halb links auf den Waldweg, sodann in ähnlicher Art und Weise auf einen Pfad. Anschließend tauchen wir zum Großen Höllbach hinab.

Tipp

KÜRZER, ABER ...

Sinnvollerweise gilt im Nationalpark-Herzen ein Wegegebot. Eine Ausnahmeregelung erlaubt es Ortskundigen, ab 15. Juli vier Monate lang einige wenige unmarkierte Wege zu nutzen. Dazu zählt der historische Steig, der unmittelbar hinter der Brücke über den Kolbersbach an dessen Westufer bergwärts führt. An der Defernikschwelle vorbei und am Rindelbach entlang erreichen Einheimische eine Forststraße und schwenken beim Holzsteg in die beschriebene Tour ein.

HÖLLBACH Erhöht führt am Ostufer der reizvolle Waldpfad stromaufwärts. In zunehmend steinigem Gelände erreichen wir die idyllische Höllbachschwelle. Die unbewirtschaftete Hütte nutzten der Reihe nach Schleusenwärter, Waldarbeiter und Revierförster als Unterschlupf. Heute kümmert sich der Bayerische Wald-Verein um ihren Erhalt. Das aufgestaute Wasser diente einst der Trift, also dem Schwemmen von Holz. Beim Rasten können wir uns in Ruhe ausmalen, wie das Nass einst aus der gerade geöffneten Klause herausschoss. Vereint mit dem Schwall aus der Defernikschwelle am Kolbersbach riss es die ein Stück weiter talwärts eingesetzten Sägeblochen (zurechtgeschnittene Stammteile) mit. Zu guter Letzt landete das Holz in den Städten im Unterlauf.

Typisch: Alte Schachten zieren einzelne Bäume.

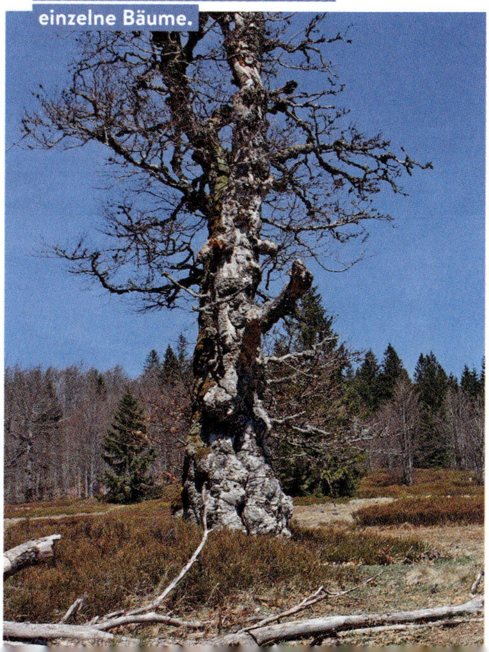

WASSERFÄLLE Von der Höllbachschwelle weiter stromaufwärts folgt der sportlichste Teil der Tour. Bei der **2 T-Kreuzung** vor der mächtigsten Kaskadenreihe wechseln wir zur Markierung »Silberblatt«, bleiben also zunächst auf dem aus unserer Sicht rechten Ufer. Sogleich lassen wir das urwüchsige Höllbachgspreng links liegen. Einst vermuteten die »Waidler« dort das Tor zur Hölle. Sagenhaft wirken bis heute jahrhundertealte Rotbuchen, Fichten, Weißtannen und Bergahorne. Ein Stück stromaufwärts queren wir zweimal ohne Steg den Höllbach, ein drittes Mal einen Zulauf.

ALBRECHTSCHACHTEN Einen Katzensprung weiter landen wir an einer **3 Forststraßenkreuzung** und schwenken nach rechts

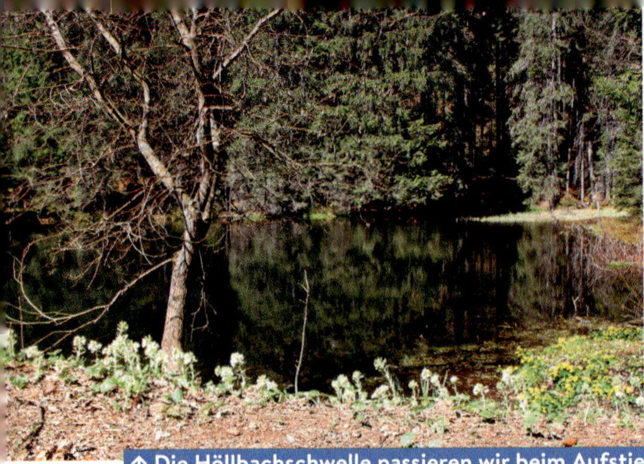

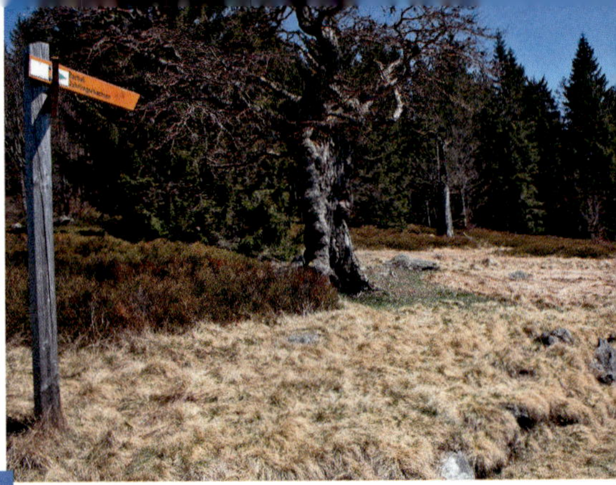

↑ Die Höllbachschwelle passieren wir beim Aufstieg.
↗ Goldsteig und Fernwanderweg weisen zum Jährlingsschachten.

auf den breiten und bequemen Goldsteig ein. In diesem Abschnitt dürfen auch Mountainbiker die Trasse nutzen. Jenseits des Quellgebiets queren wir den Albrechtschachten. Da das an einer schmalen sowie nach unten hin verwachsenen Stelle geschieht, lässt sich dessen ursprüngliches Ausmaß nur erahnen. Vor 200 Jahren betrug die Fläche der Hochweide nämlich rund 13 Hektar, was 20 Fußballplätzen entspricht. Mit Sorge sieht der Wald-Verein, dass Vogelbeeren und Buchen das heutige Kulturdenkmal weiter schmälern. Indes lassen wir am Ende der Linkskurve Schachten Nummer eins zurück.

RINDLSCHACHTEN Im von Buchen dominierten Laubwald fädelt der Goldsteig nach links in eine weitere Forststraße ein. Vereint geht es in einem Bogen bergauf, sodann hinunter zum Rindelbach. In der Senke verabschieden wir uns von der Forststraße. Nach links führt der Goldsteig über den **4 Holzsteg** hoch zum Rindlschachten. Auf der Lichtung angekommen, nutzen Durstige und Hungrige die daniederliegenden Stämme als naturnahen Rastplatz. Das Beweiden stellten die Lindberger Bauern vor gut 60 Jahren ein. An den letzten Hirten, Max Winter, erinnert ein verstecktes Totenbrett. Als der Naturbursche im Hochsommer die Jungrinder hütete, genoss er den Blick in den Vorderen Bayerwald so wie wir heute.

JÄHRLINGSSCHACHTEN Auf dem für Biker gesperrten Forstweg geht es hurtigen Schrittes weiter. Bergfichten gesellen sich zu den Laubbäumen. Auf halber Strecke zum dritten Schachten kreuzen wir an einer Schutzhütte den Böhmweg. Erst 200 Meter geradewegs weiter weist ein **5 Pfeil** nach rechts den Pfad zum Jährlingsschachten. Leicht schlängelnd geht es in dichten Baumbestand hinein. An der einstigen Hochweide biegen wir bei der Schutzhütte nach links ab. Wer will, macht vorher einen Abstecher (100 m) der Nase nach zum kleinen, sichtbaren Kreuz am Scheuereckberg (1193 m). Auf dem Weg dorthin blitzt links der Rachel-Doppelgipfel hervor. Vom Felskopf samt Kruzifix sticht einmal mehr der Aussichtsturm in der benachbarten Tschechischen Republik auf dem Mittagsberg (Poledník) ins Auge. Einst diente das Bauwerk dem »Ostblock« als militärischer Horchposten.

ABSTIEG Ein kleines Stück hinter dem gegenüberliegenden, unteren Schachten-Ende trifft unser Pfad auf eine Forststraße. Nach rechts folgen wir ein letztes Mal der Goldsteig-Markierung. Am folgenden **6 Knoten mit Schutzhütte** biegen wir nach rechts in Pfeilrichtung Spiegelhütte ab. Aufgepasst: Das dazugehörige »Sauerklee«-Schild weist nur einen Steinwurf entfernt erneut nach rechts, dann nach links zum

Einstieg in den Pfad ins Tal. Zwei Forststraßen werden beim sportlichen Abstieg gequert. Bei **7 Forststraße Nummer drei** wandern wir nach rechts mit der Markierung »Rothirsch« in Richtung Scheuereck.

ENDSPURT Hinter dem Vorderscheuereckbach geht es erneut nach rechts auf einem Pfad weiter. Sanft bergan fädelt dieser nach links in einen Waldweg, sodann in eine Forststraße ein. Darauf passieren wir eine überraschenderweise noch bis 2007 beweidete Waldwiese. Ihr erschreckender Name, Totenschädel, deutet einen Fund an, der hier einmal gemacht wurde. Frisch und munter gehen wir hinab zum vorderen Parkplatz in Scheuereck. Auf Asphalt lassen wir den Aussichtspunkt zum großflächigen Hirschgehege links zurück und erreichen an den Gebäuden vorbei den hinteren Parkplatz.

INFO

TOURENCHARAKTER
Längere, äußerst vielseitige Runde auf Forststraßen, Waldwegen und Pfaden mit schattigen wie lichten Passagen; Brotzeit und reichlich zu trinken mitnehmen

AUSGANGS-/ENDPUNKT
Scheuereck, hinterer Parkplatz am Asphaltende (GPS: 49.064679, 13.306276)

ANFAHRT
Von B 11 hinter Zwiesel sowie aus Frauenau via Lindberg in Richtung Spiegelhütte, zuletzt Pfeil Scheuereck folgen; aus Nordwesten via Ludwigsthal; Bus: Falkenstein-Bus 7149

GEHZEITEN
Scheuereck (770 m) – Höllbachschwelle gut 1 Std. (2,75 km); Höllbachschwelle (972 m) – Albrechtschachten (1115 m) – Rindlschachten gut 1.30 Std. (3,75 km); Rindlschachten (1140 m) – Jährlingsschachten knapp 1.30 Std. (4 km); Jährlingsschachten (1150 m) – Totenschädel (800 m) – Scheuereck 1.45 Std. (4,75 km)

EINKEHR
Keine unterwegs; da Waldgaststätte Scheuereck voraussichtlich geschlossen bleibt, wohl auch keine am Start-/Endpunkt

schwer | 15,25 km | 5.45 Std. | 650 Hm

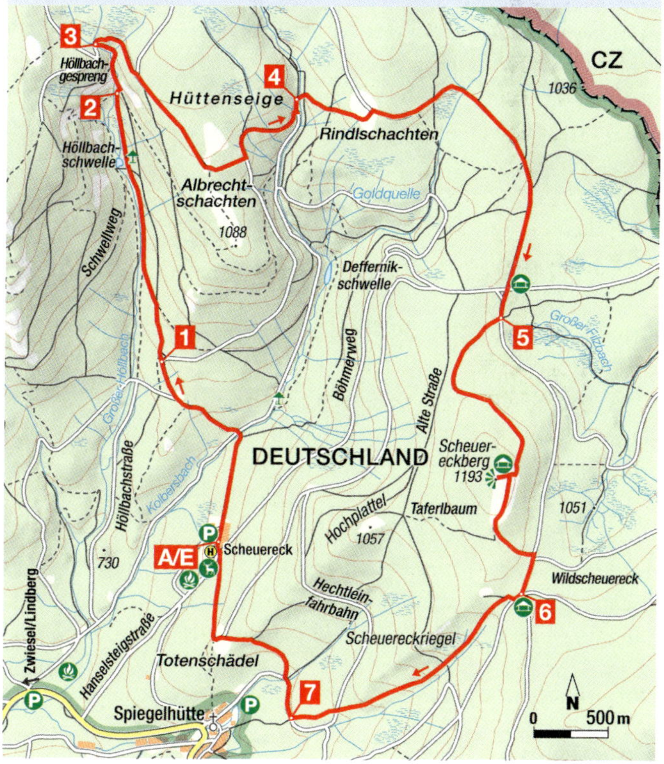

KARTE
Kompass 195 Nördlicher Bayerischer Wald, 1:50 000

Direttissima zum Nationalpark-König

Auf dem Klingenbrunner Rachelsteig

Wer ab Klingenbrunn Bahnhof an der wilden Flanitz entlang den Großen Rachel anvisiert, wählt die kürzestmögliche Variante auf den höchsten Berg im Nationalpark, ohne den Bus nehmen zu müssen. Zu den naturnahen Pfaden bieten – ganz nach Wunsch – drei Forststraßen beim Abstieg Alternativen.

Kurz nach dem Start marschieren wir am Ufer der Flanitz entlang sanft bergwärts.

14

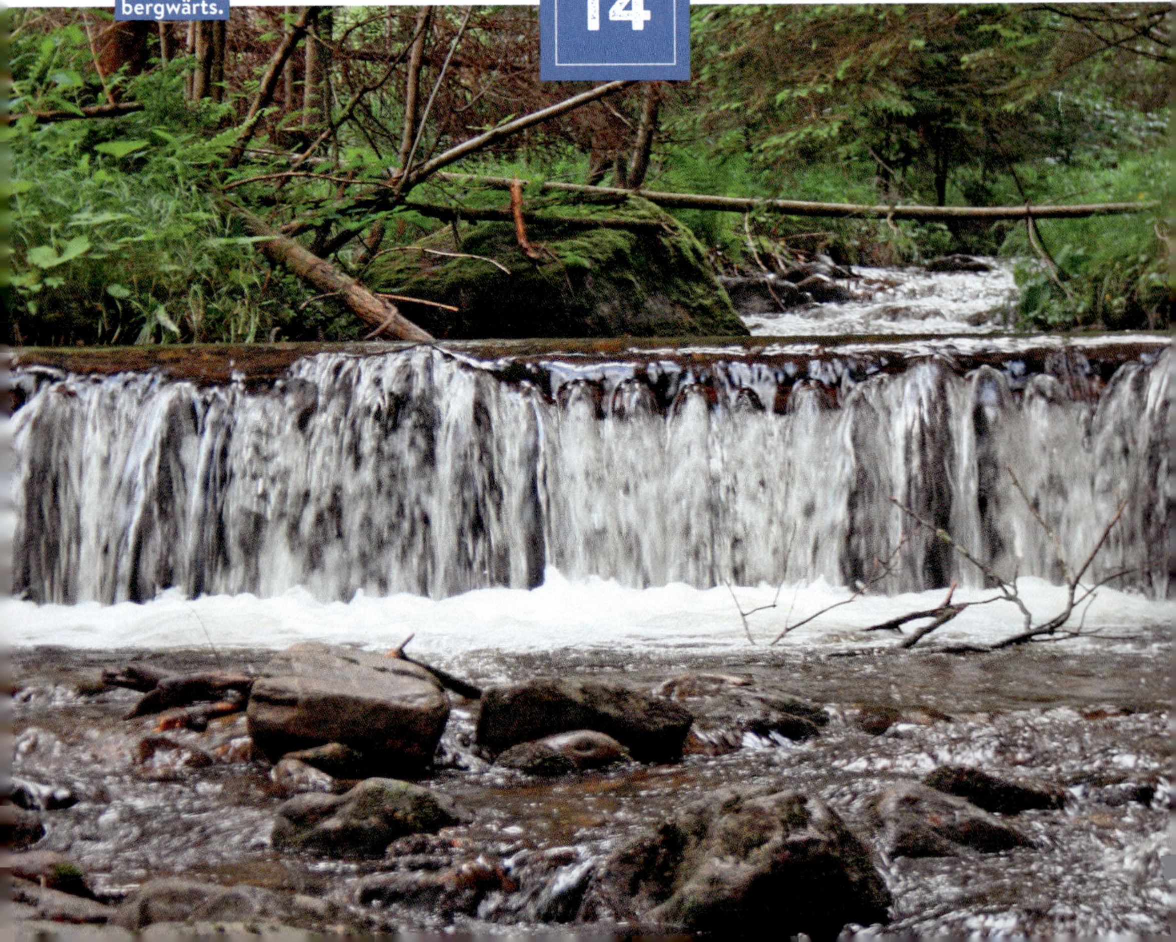

ZUM GELEIT Was vor rund 150 Jahren der Philosoph Friedrich Nietzsche beim Besuch der Gegend um Klingenbrunn pries, kennzeichnet den abgelegenen Gemeindeteil von Spiegelau noch heute: die selige Stille. Das gefällt auch dem Biber, dessen Dämme neugierige Tierfans mit Glück an der Flanitz zu Gesicht bekommen. Der Biberbau selbst befindet sich wohl am benachbarten Rot(h)-bach versteckt. Übrigens: Auch an weiteren Fließgewässern im Nationalpark lässt sich das Werk der standortreuen Nagetiere sichten. Weichholz wie Weide und Birke lieben die in der Dämmerung und in der Nacht aktiven Vegetarier besonders, um mit ihren bekannt harten Zähnen artenreiche Feuchtbiotope zu schaffen.

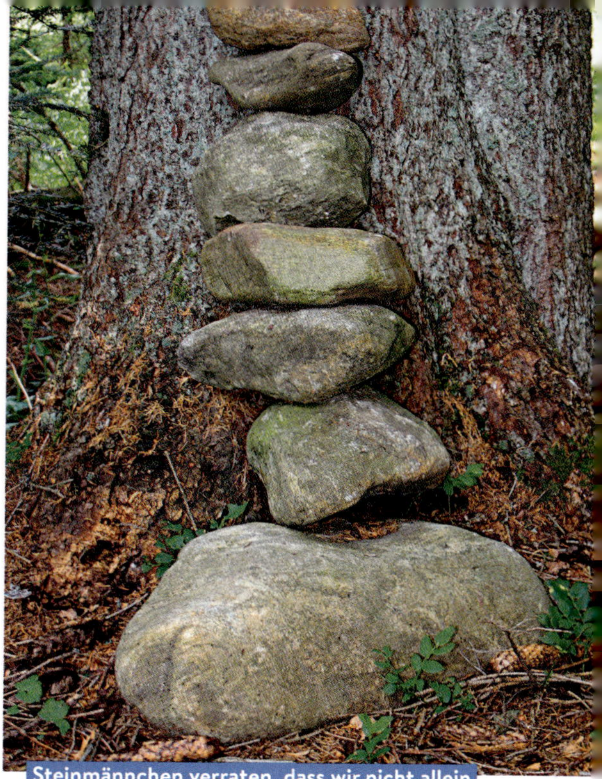

Steinmännchen verraten, dass wir nicht allein auf der Welt sind.

START AM WILDWASSER Zielgerichtet folgen wir vom Wanderparkplatz im Weiler namens Klingenbrunn Bahnhof dem »Bärlapp« in Pfeilrichtung Rachel. Einen Steinwurf weiter beginnt der markierte Pfad links neben der Forststraße. Nach rund zehn Gehminuten halten wir uns bei der **1 Forststraßen-Gabelung** halb links. Wenige Schritte weiter weist der »Bärlapp« nach rechts. Sogleich beschreiten wir am östlichen Ufer der Flanitz einen bezaubernden Pfad. Jenseits des Wildwassers endet der Nationalpark. Treffen wir auf verästelte Dämme, stellt sich die Frage: Schwemmholz oder Biberwerk?

SCHUTZHÜTTE EMEIRIEGEL Nachdem sich der Pfad fünf Gehminuten lang mit einer Forststraße vereint, entfernt sich unser »Bärlapp« nach rechts Stück für Stück von der Flanitz. In steilerem Terrain gelangen wir zur **2 Kreuzung Rachelsteig/Gfäll-Forststraße**. Himmelwärts kommen wir an der Schutzhütte Emeiriegel vorbei. Zwischen Buchen und Fichten verläuft der sportliche Aufstieg teils auf einem Hohlweg. Im lichten Gelände fädeln wir an einer **3 Gabelung** auf den beliebten wie breiten »Auerhahn« ein und erreichen das hübsche Waldschmidthaus. Der Nationalpark erwarb die offiziell Rachelschutzhaus genannte Einkehrstation im Jahr 2017. Es folgte 2021 der Startschuss zum einjährigen Renovieren und Erweitern. Benannt ist das Berghaus nach Maximilian Schmidt (1832–1919). Seinen ungewöhnlichen Namen erhielt der Heimatdichter im Königreich Bayern von höchster Stelle zuerkannt. Aus dem von ihm organisierten Volkstrachtenfest entwickelte sich der allseits beliebte jährliche »Einzug der Wiesnwirte« auf dem Oktoberfest in München.

GIPFELGLÜCK Vom Waldschmidthaus führt ein fordernder Pfad geradewegs zum höchsten Punkt der Tour. Den zerklüfteten Gneisfelsen mit dem **4 Gipfelkreuz** erreichen wir einen Steinwurf hinter der Bergwachthütte. Nur um 3 Meter niedriger ist

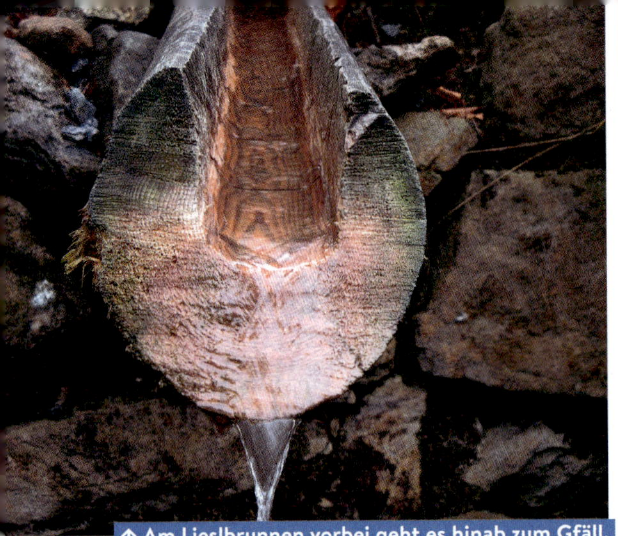

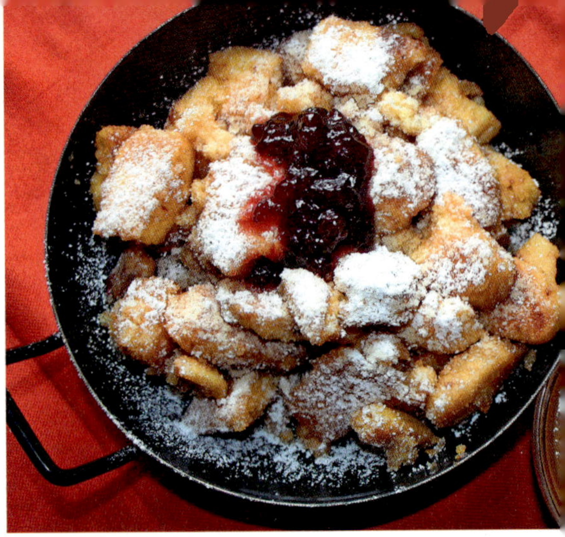

↑ Am Lieslbrunnen vorbei geht es hinab zum Gfäll.

↗ Pächter-Generationen im Waldschmidthaus servieren den legendären Kaiserschmarrn.

der Große Rachel im Vergleich zum Großen Arber, der aber nicht im Nationalpark liegt. Der Staatsgrenze entlang grüßt im Norden von tschechischer Seite der Mittagsberg (Poledník, 1315 m). Sein heutiger Aussichtsturm diente zu Zeiten des Kalten Krieges demselben militärischen Zweck wie die kugelförmigen Radarstationen auf dem Arber auf deutscher Seite im Nordwesten. Wer sich sattgesehen hat, steigt auf der bekannten Strecke zurück zum Waldschmidthaus. Womöglich kommt eine Rast nun gerade recht. Auf alle Fälle sollte sich niemand den Abstecher (100 m) zur Aussichtskanzel mit »Seeblick« zum Rachelsee entgehen lassen.

RÜCKMARSCH VIA GFÄLL Der Abstieg beginnt sanft. An der **3 Gabelung** folgen wir dem »Auerhahn«. Obgleich sich die Forststraße, welche die Wirtsleute nutzen, im weiteren Verlauf talwärts schlängelt, geht es rund um den Lieslbrunnen überraschend steil hinab. Schließlich landen wir am **5 Gfäll** (Bus-Anschluss nach Spiegelau). Nach rechts gibt erneut der »Bärlapp« in Richtung Klingenbrunn Bahnhof die Stoßrichtung vor. Hurtig geht es auf dieser Forststraße voran, ja sogar ein paar Meter hinauf. Sodann erreichen wir die **2 Kreuzung Gfäll-Forststraße/Rachelsteig**. Dort wenden wir uns scharf nach links und wandern den bekannten »Bärlapp« hinab. Talwärts wird nahe der Flanitz in die Forststraße eingefädelt. Ganz nach Lust und Laune bleiben wir dem »Bärlapp« treu oder lassen zuletzt – wie auf der Karte verzeichnet – die Tour auf der Forststraße auslaufen. In diesem Fall behalten wir vor und hinter der **1 Forststraßen-Gabelung** die Mountainbiker im Auge.

Tipp

DIREKT HIN UND ZURÜCK

Ohne die Gfäll-Variante beim Abstieg verkürzt sich unser Gipfelsturm hin und zurück auf 12,5 Kilometer (knapp 5 Std., 700 Hm). Die beim Rückmarsch eingebauten Forststraßen-Passagen übertrumpfen die vom Aufstieg bekannte Strecke sicher nicht, sorgen jedoch für Abwechslung. Übrigens: Den allerkürzesten Auf-/Abstieg meistert, wer mit dem Bus u. a. ab Spiegelau P+R zum Gfäll fährt. Von dort bleiben hin und zurück nur noch 7 Kilometer zu meistern (knapp 3 Std., 500 Hm).

INFO

TOURENCHARAKTER
Ruhiger, naturnaher Steig, der sich kurz vor dem Waldschmidthaus mit dem beliebten »Auerhahn« vereint; Gipfelpassage sehr steinig

AUSGANGS-/ENDPUNKT
Klingenbrunn Bahnhof, Wanderparkplatz Flanitzebene 400 m hinter unbeschranktem Bahnübergang (GPS: 48.947984, 13.338373)

ANFAHRT
Von der Nationalparkstraße zwischen Frauenau und Spiegelau nordwestlich von Klingenbrunn nach Klingenbrunn Bahnhof abbiegen, dort angekommen an der Gabelung links; Waldbahn: Klingenbrunn Bahnhof (Anmarsch +400 m)

GEHZEITEN
Parkplatz (765 m) – Schutzhütte Emeiriegel (1040 m) – Waldschmidthaus (1360 m) – Rachelgipfel 2.45 Std. (6,25 km); Gipfel (1453 m) – Waldschmidthaus 0.15 Std. (0,5 km); Waldschmidthaus – Gfäll (950 m) – Parkplatz 2.15 Std. (7,5 km)

schwer | 14,25 km | 5.15 Std. | 725 Hm

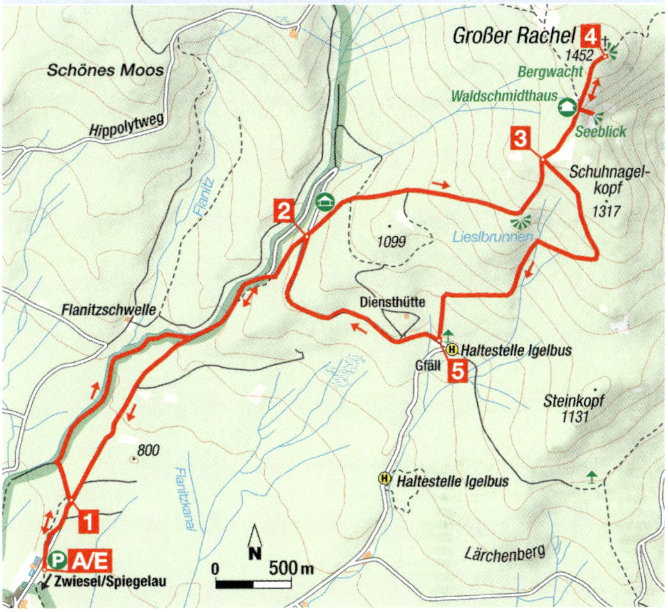

EINKEHR
Waldschmidthaus

KARTE
Kompass 196 Mittlerer Bayerischer Wald, 1:50 000

Von der Flanitz kommen wir, zurück zum Wildwasser gehen wir.

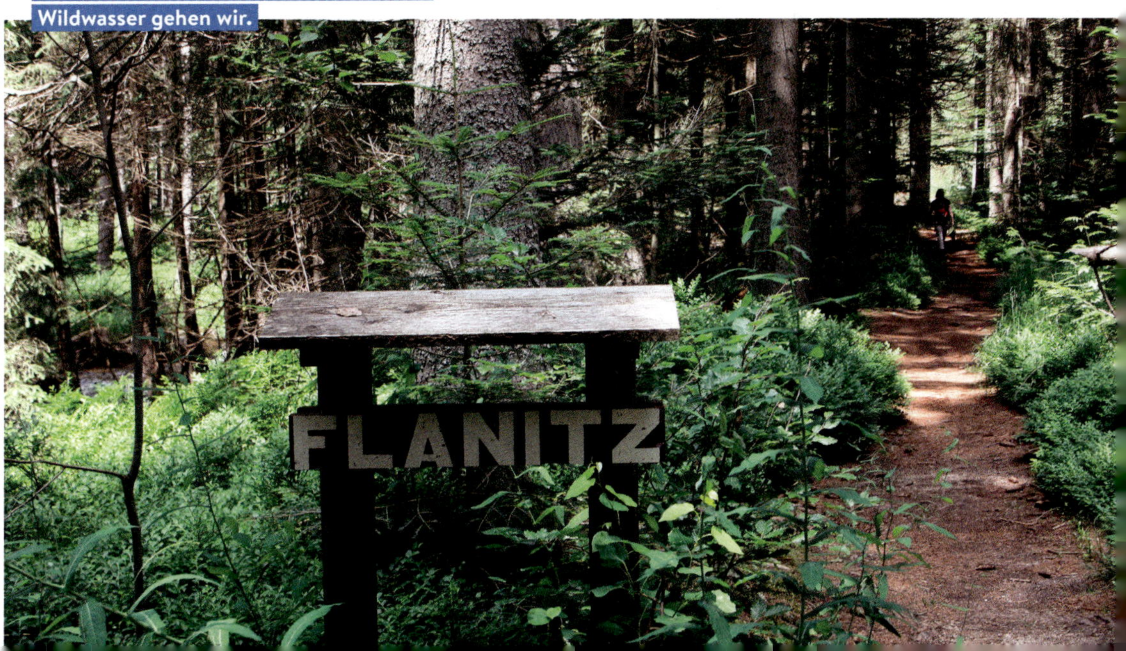

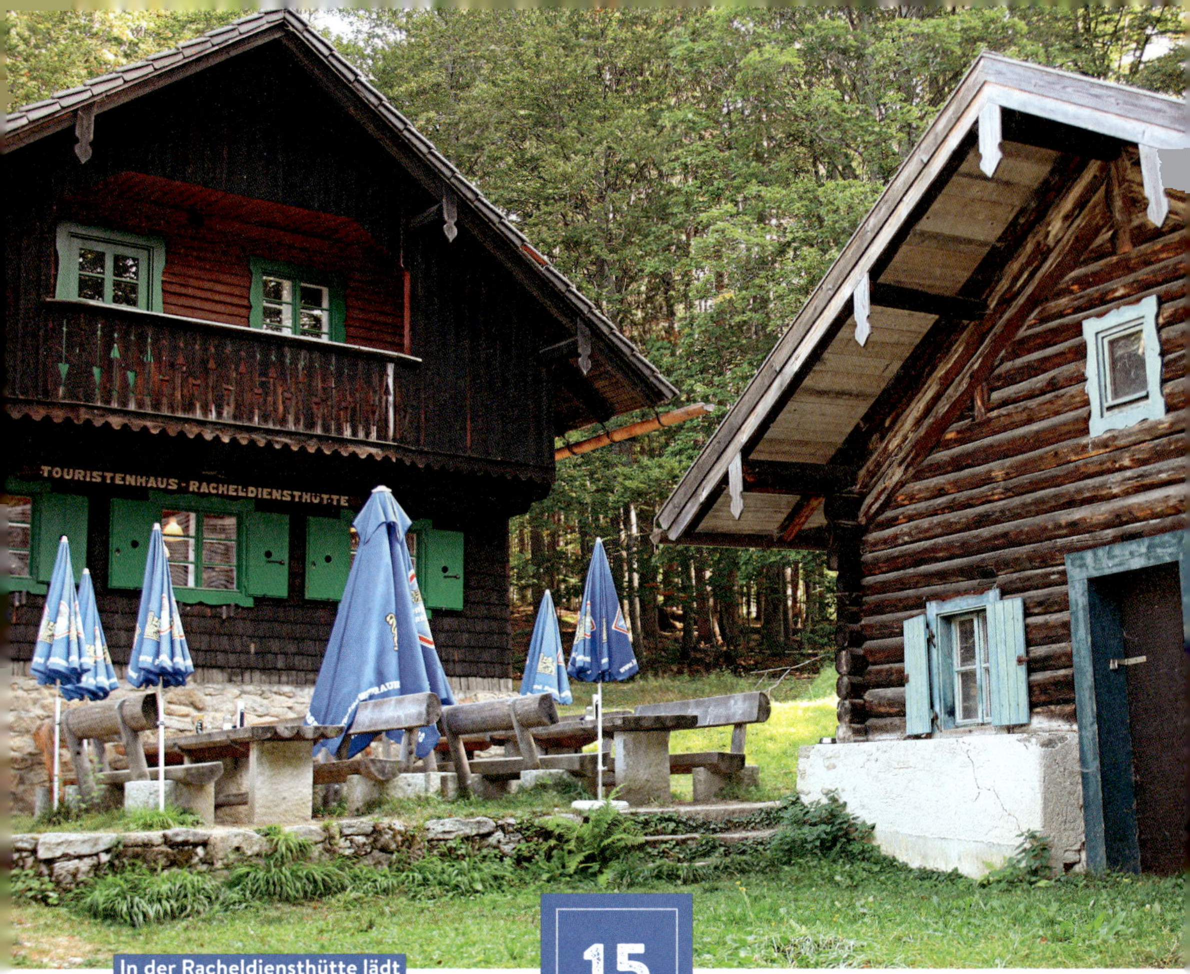

In der Racheldiensthütte lädt eine kleine Stube zur Rast ein, davor eine große Freifläche.

15

Eiszeitlicher Rachelsee

Von der Diensthütte über die Felsenkanzel hinweg

Still und starr ruht der Rachelsee, das einzige eiszeitliche Gewässer seiner Art im Nationalpark Bayerischer Wald. Unser Marsch dorthin führt von der bewirtschafteten Racheldiensthütte über die Felsenkanzel hinweg. Wer die Runde vollendet, rastet zum Abschluss gut und gerne in der Einkehrstation.

SCHWARZES NASS Vereint sich in der hübschen Dreiflüssestadt Passau die schwarze Ilz mit der braunblauen Donau und dem grünen Inn, trägt der Rachelsee seinen kleinen Teil dazu bei. Sein Abfluss, der Seebach, speist nämlich die Große Ohe, den wasserreicheren der beiden Quellflüsse der Ilz. Ihre dunkle Farbe verdankt sie den Mooren im Oberlauf. Hinter Passau durchströmt das vereinte Nass die vier Hauptstädte Wien, Bratislava, Budapest und Belgrad und mündet zu guter Letzt – passend zur Farbe der Ilz – ins Schwarze Meer.

IGELBUS Um zur Racheldiensthütte zu gelangen, nehmen wir am Parkplatz Diensthüttenstraße den Rachel-Bus 601 (Abfahrt bei Druck des Buches 8.26 Uhr sowie ab 9.06 Uhr stündlich, einfach Erw. 2,70 €, 6–14 und ab 65 Jahre 1,40 €, www.bayerwaldticket.com). Der Haltepunkt für unsere Fahrtrichtung befindet sich von der Nationalparkstraße abgewandt auf der rechten Seite hinter der Holzhütten-Toilette. In zwölf Minuten erreichen wir die Endhaltestelle. Von dort folgen wir dem Pfeil zur Racheldiensthütte, welche nach weniger als fünf Gehminuten vor uns auftaucht.

Tipp

GLASKLARE SACHE

Die Glasstraße von Passau nach Waldsassen verläuft auch durch den benachbarten Ort Riedlhütte. Zu den Stationen, die das traditionelle Handwerk aufrechterhalten, zählt dort Glasscherben Köck in der Forsthausstraße 2. Glänzende Einblicke erleben Besucher in der Wandersaison wochentags 10–18 Uhr sowie samstags 9–14 Uhr; www.glasscherben-koeck.de.

ZUR FELSENKANZEL Unmittelbar bevor wir die malerisch gelegene Einkehrstation erreichen, folgen wir dem zweiten Forstweg nach rechts, um den Rundweg »Buntspecht« gegen den Uhrzeigersinn via Felsenkanzel zu meistern. Die Holzhütten noch im Blick,

Am höchsten Punkt der Wandertour erwartet uns die Felsenkanzel.

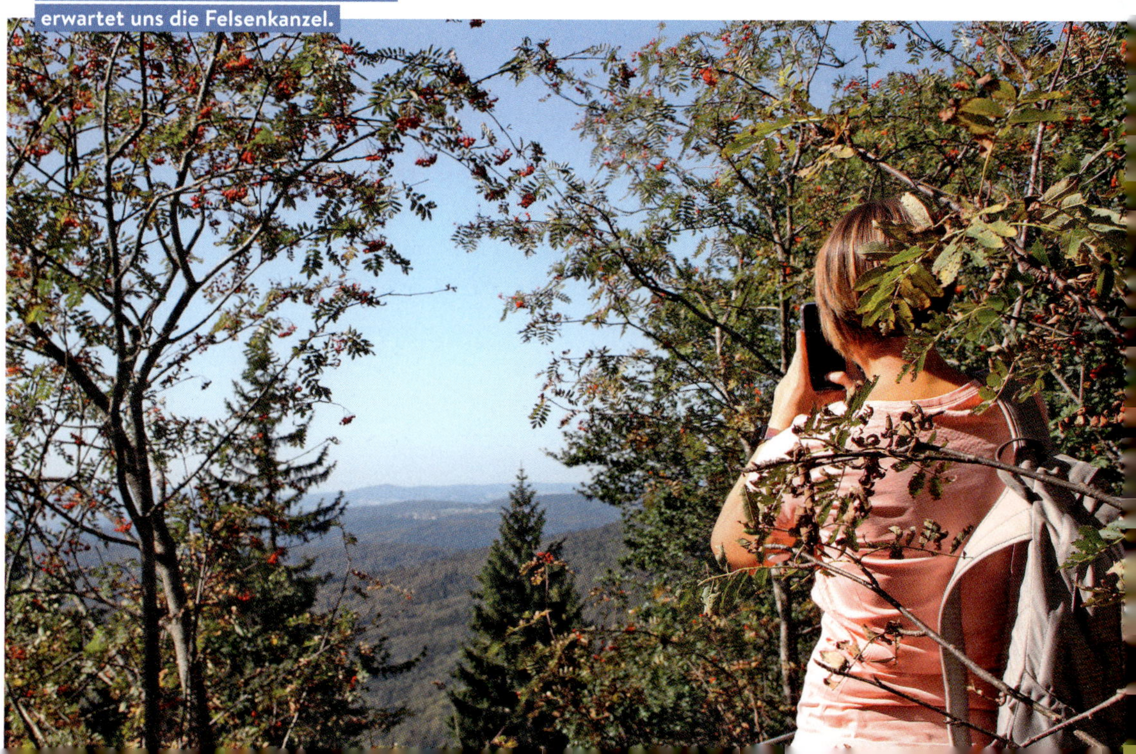

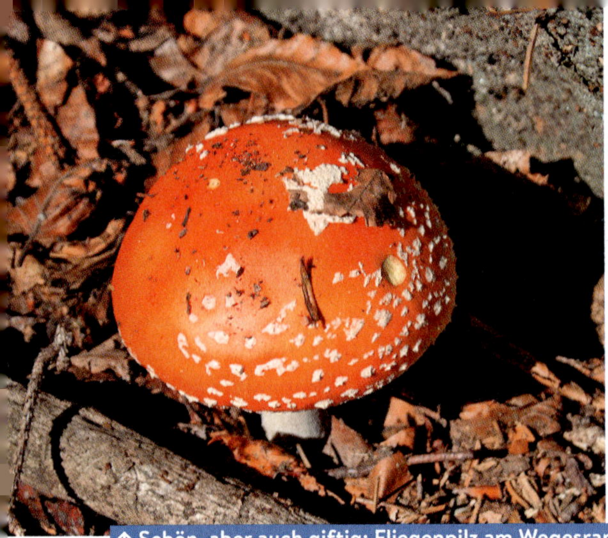

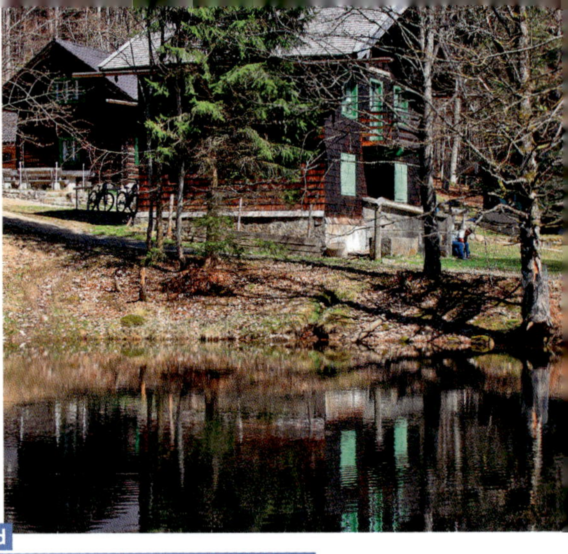

↑ Schön, aber auch giftig: Fliegenpilz am Wegesrand

↗ Die Schachtenbachklause entlang kehren wir zum Diensthütten-Ensemble zurück.

geht der Weg in einen Pfad über. Unter dichtem Blätterdach fädeln wir in eine breite Passage mit feinem Schotter ein. Aufgepasst: Wo dieser Forstweg sanft bergan eine scharfe 1 **Rechtskehre** macht, gehen wir geradewegs weiter (zurückversetzte »Buntspecht«-Markierung beachten). Auf dem nun teils steinigen Pfad queren wir eine Reihe von Rinnsalen, darunter die Kaltenbrunnenseige. Zwischen Buchen, Bergahorn, Vogelbeere & Co. blinzelt die Sonne durchs Blätterdach. Nur wenige Bergfichten verdunkeln unseren Pfad. Vereint mit Goldsteig und Fernwanderweg (grünes Dreieck) geht es zuletzt scharf nach rechts sowie deutlich bergan zur 2 **Felsenkanzel**. Diese befindet sich am höchsten Punkt der Tour am Ende der Lichtung auf der linken Seite leicht zurückversetzt. Das natürliche Wachstum schränkt die dortige Aussicht zwar ein, doch der Brotjacklriegel samt Sendemast lässt sich in südwestlicher Richtung gut ausmachen.

ZUM RACHELSEE Beim Weitermarsch lassen wir die Schutzhütte rechts liegen. Fast durchgehend geht es sanft bergab, schließlich erreichen wir einen aufstrebenden Jungwald. Im wasserreichen, lichten Gelände zeigt sich der Große Rachel vor uns in seiner ganzen Pracht. An der Kreuzung, an der Gipfelstürmer auf dem Goldsteig in Richtung Großer Rachel abbiegen, gehen wir allerdings geradewegs weiter. Zuletzt bringt uns von der folgenden 3 **T-Kreuzung** ein Stichweg nach rechts zum Rachelsee (Markierung »Ahorn«). Unter der gut 300 Meter hohen Seewand verbirgt sich das rund 13 Meter tiefe Gewässer. Rund um den ufernahen Schwingrasen tummeln sich quietschfidele Enten. Um stille Orte wie diesen ranken sich vielerlei Geschichten. So seien im Rachelsee verwunschene Seelen daheim, deren Totenruhe man besser nicht störe. Auch wenn es sich um einen natürlichen Karsee handelt, diente auch er einst der Trift. Das heißt, das darin gestaute Nass nutzten die Waldarbeiter dazu, passgenaue Baumstämme (Sägeblochen) mithilfe der Kraft des Wassers schwallweise talwärts zu schwemmen.

RÜCKMARSCH Vom Rachelsee setzen wir ein kleines Stück zurück. An der vom Anmarsch bekannten 3 **T-Kreuzung** marschieren wir geradeaus auf dem breiten Weg weiter, folgen also dem »Buntspecht« auf dem kürzeren der beiden Varianten in Richtung Racheldiensthütte. Talwärts wechseln wir am munteren Seebach-Zulauf die Ufer. Einst trieben sich hier in der Gegend Goldwäscher herum. Nach rund zehn Gehminuten folgen wir dem »Buntspecht« gemäß **4 Pfeil nach links**. Hinter dem Steg geht es im weiteren Verlauf sehr sanft bergab. Zudem sorgen auf dem Rückweg Buche, Ahorn, Tanne und Fichte für Schatten.

EINKEHR Zu guter Letzt fädeln wir halb links in die Forststraße ein, ehe hinter der Schachtenbachklause, einem ehemaligen rein von Menschenhand geschaffenen Triftspeicher, die alte Racheldiensthütte und das bewirtschaftete Touristenhaus samt beschirmter Terrasse auftauchen. Wo früher Waldarbeiter einen Unterschlupf fanden, werden heute Rachelbrotzeit, Bratenteller, Käsespätzle oder Kaiserschmarrn hungrigen Wandersleuten draußen auf der geräumigen Terrasse oder drinnen in der kleinen Stube serviert. Wohl bekomm's!

ABSCHLUSS Zurück zur Bushaltestelle dauert es von der Diensthütte keine fünf Minuten, wobei wir in der Rechtskurve von der Straße geradeaus auf den markierten Pfad wechseln. Zu guter Letzt bringt uns der von der Hinfahrt bekannte Igelbus 601 zurück zur Diensthüttenstraße, der übernächsten Haltestelle (Abfahrt bei Druck des Buches bis 18.41 Uhr im Stundentakt).

INFO

TOURENCHARAKTER

Angenehm zu gehende Tour in teils schattigem Gelände, weit ruhiger als der Marsch auf den Gipfel, nach Regen passagenweise matschig; An-/Rückfahrt mit Rachel-Bus

AUSGANGS-/ENDPUNKT

Wanderparkplatz Diensthüttenstraße direkt an Nationalparkstraße (GPS: 48.922879, 13.410632) bzw. Bushaltestelle Racheldiensthütte

ANFAHRT

Via Spiegelau od. Neu-/Altschönau; Bus: Rachel-Bus 601

GEHZEITEN

Bus-Halt (860 m) – Racheldiensthütte (873 m) – Felsenkanzel (1151 m) – Rachelsee 1.30 Std. (4 km); See (1070 m) – Diensthütte – Bushaltestelle 1.15 Std. (3,5 km)

EINKEHR

Racheldiensthütte, Der Wieshof in Riedlhütte (bis 13.30 und ab 17 Uhr)

KARTE

Kompass 196 Mittlerer Bayerischer Wald, 1:50 000

mittel | 7,5 km | 2.45 Std. | 300 Hm

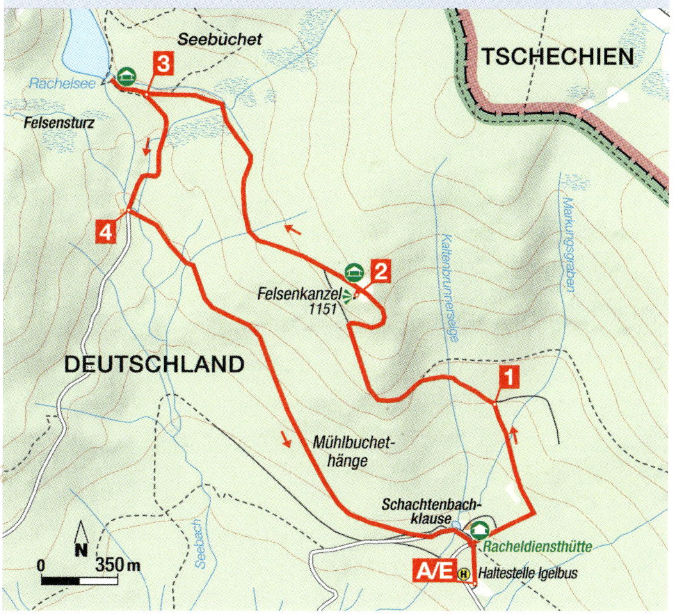

Im ruhigen Waldhäuserwald

Feuchtfröhliche Pfade zwischen Lusen und Rachel

Los geht es via Martinsklause in Richtung Lusen. Wer wie wir kurz vor dem Teufelsloch auf den Goldsteig in Richtung Rachel wechselt, genießt die Ruhe zwischen den zwei belebten Gipfeln. Im Hangwald erreichen wir über Bergbäche hinweg die idyllisch gelegene Racheldiensthütte.

Dieser traditionelle Wasserspeicher namens Martinsklause diente einst zum Triften von Holz.

16

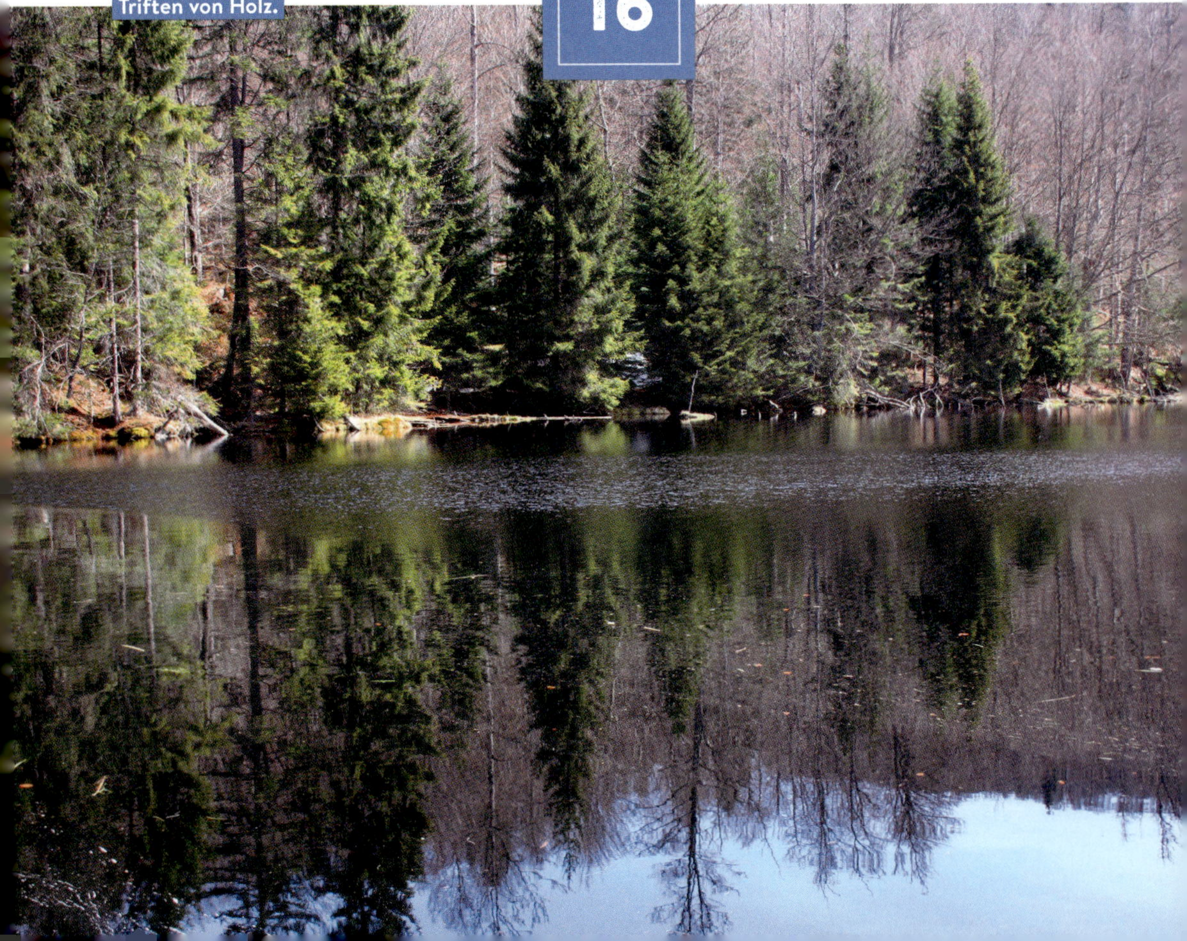

ZUM TRIFTSPEICHER Zusammen mit denjenigen, die den Lusen anpeilen, folgen wir am unteren Parkplatzende der »Ranne«. Über zwei Holzbrücken geht es am linken Ufer der munteren Kleinen Ohe über zahlreiche Zuflüsse hinweg stromaufwärts. Stets nahe am Wasser erreichen wir nach maximal 45 Gehminuten einen traditionellen Triftspeicher. Das renovierte Kulturdenkmal, das wie ein Bergsee wirkt, heißt **1 Martinsklause.** Von dort schwemmte einst die Kraft des Wassers das geschlagene Holz talwärts.

BAYERISCHER BEELZEBUB Weiter in Richtung Teufelsloch beginnt die »Ranne« erhöht zu verlaufen. Die Kleine Ohe versteckt sich hingegen unter dem Granit, in den sie sich hineingrub. Dieses Verschwinden im Untergrund betrachteten die »Waidler« lange Zeit als Teufelswerk. In der Tat ist das Wasser in diesem Teil der Klamm zu hören, aber nicht zu sehen. Bergwärts landen wir nach dem sportlichsten Teil der Runde über Steinstufen an der **2 Teufelsbach-Kreuzung**. Dort verabschieden wir uns von der großen Mehrheit, die durch das nahe Teufelsloch zum Lusen strebt.

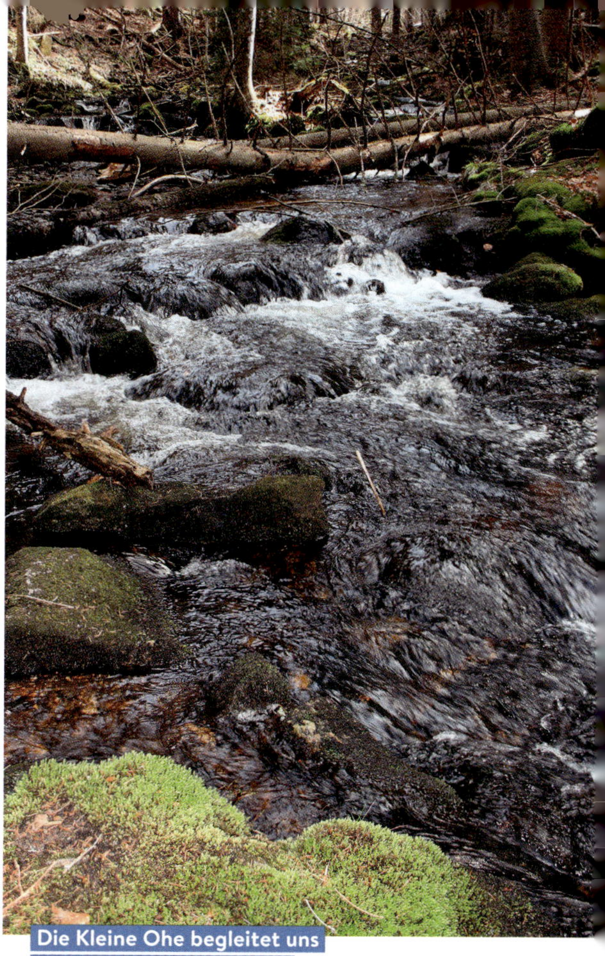

Die Kleine Ohe begleitet uns gleich zu Beginn der Tour.

RICHTUNG RACHEL Vom höchsten Punkt der Tour geht es nach links auf dem Goldsteig in Pfeilrichtung Rachel weiter. Auf wesentlich angenehmerer Strecke queren wir Oberläufe des Brückenbachs und befreien uns vom Hangwald. Teils geht es flach dahin, teils ein wenig hinab. Nach weniger als 30 Gehminuten fädeln wir in einen Forstweg ein, den unser Goldsteig nur einen Katzensprung weiter wieder verlässt. Der folgende Holzsteg führt uns über eines der zahlreichen Wildwasser, ein gutes Stück weiter in einem Fichtenhain bringt uns der zweite Steg über den **3 Schreyerbach**. Gleichzeitig wechseln wir vom Waldhäuserwald ins ebenso gemeindefreie Gebiet St. Oswald, bleiben dabei stets im Herzen des Nationalparks. Wer an lichten Stellen nach links blickt, bekommt für kurze Zeit den Lusengipfel zu Gesicht.

DIENSTHÜTTE ANVISIEREN Die Bergbäche, die nun gequert werden, speisen nicht mehr die Kleine, sondern die Große Ohe. Beide vereinen sich bei Schönberg zur Ilz und streben als dunkles Nass in der Dreiflüssestadt Passau der braunblauen Donau und dem grünen Inn entgegen. Zu guter Letzt treffen wir an einer **4 Gabelung** auf die Markierung »Buntspecht«. Dort wenden wir uns scharf nach links, verlassen den Goldsteig (Anschluss/Abstecher zur Felsenkanzel,

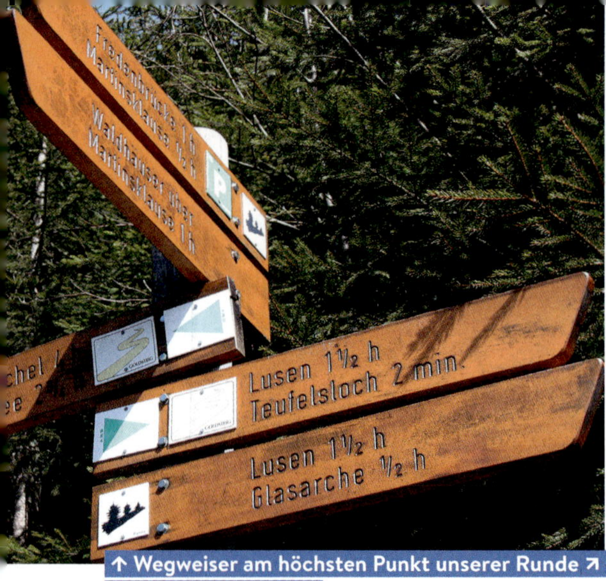

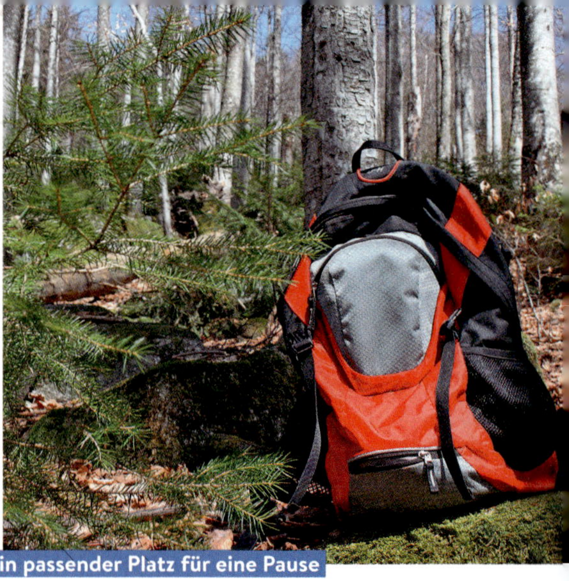

↑ Wegweiser am höchsten Punkt unserer Runde ↗ Ein passender Platz für eine Pause findet sich vielerorts.

siehe Tour 15) und gehen in rund 20 Minuten hinunter zum beliebten Touristenhaus **5 Racheldiensthütte**. Den Forstweg, auf den wir einfädeln, verlassen wir zu guter Letzt gemäß »Buntspecht« halb rechts, um nicht an der Einkehrstation vorbeizulaufen. Auf der geräumigen Terrasse oder nötigenfalls in der kleinen Stube lässt es sich gut aushalten. Daneben verzaubert ein weiterer Triftspeicher, die Schachtenbachklause.

ZURÜCK ZUR FREDENBRÜCKE Von der Racheldiensthütte gehen wir ein paar Schritte auf der Forststraße hinab. Wo die Rechtskurve beginnt, wechseln wir halb links auf den Fernwanderweg (grüner Pfeil), wobei wir uns nicht von den Steinblöcken irritieren lassen dürfen. Was den Weg zu versperren scheint, verdeutlicht lediglich Bikern, die wenig frequentierte Strecke den Wanderern zu überlassen. Es geht flott dahin, wenn Rinnsale wie Bäche erneut gequert werden. Zudem lässt der jüngere Bergwald

Den Schreyerbach queren wir auf unserem Hin- und Rückweg.

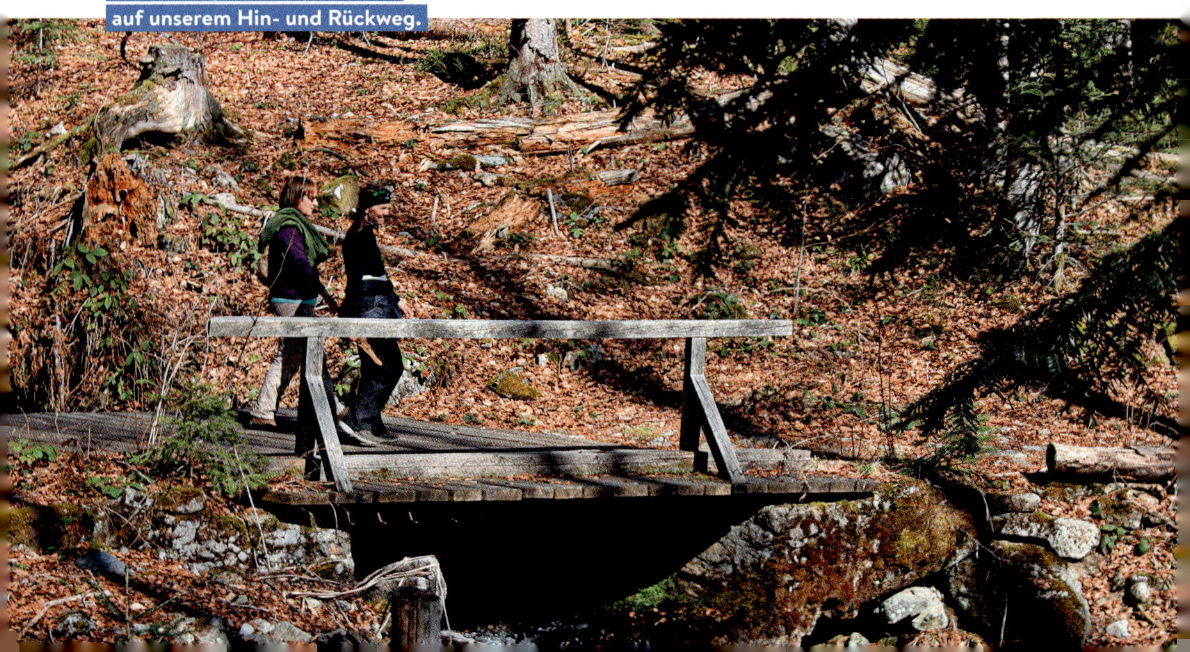

INFO

TOURENCHARAKTER
Naturnahe, nur mitunter verwurzelte und steinige Pfade durch teils dichten, teils lichten Bergwald, nahe Bächen punktuell matschig; ideal im Frühjahr, Herbst oder an heißen Sommertagen

AUSGANGS-/ENDPUNKT
Waldrastplatz Fredenbrücke (GPS: 48.937738, 13.454151)

ANFAHRT
Von der Nationalparkstraße zwischen Spiegelau und Neu-/Altschönau nach Waldhäuser abbiegen, der Parkplatz befindet sich 2 km weiter in der Rechtskehre; Bus: Lusen-Bus 602

GEHZEITEN
Fredenbrücke (835 m) – Martinsklause (975 m) – Teufelsloch-Kreuzung gut 1 Std. (2,5 km); Kreuzung (1100 m) – Buntspecht-Gabelung (990 m) – Racheldiensthütte 2.30 Std. (7,25 km); Racheldiensthütte (873 m) – Fredenbrücke gut 1 Std. (3,25 km)

mittel | 13 km | 4.30 Std. | 425 Hm

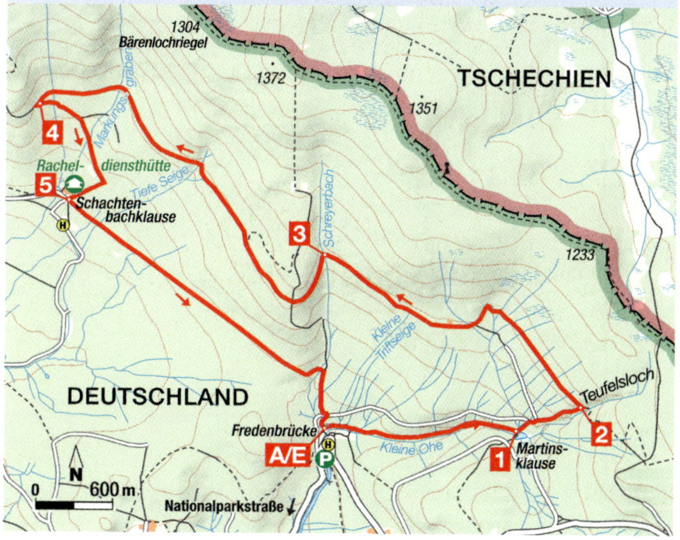

EINKEHR
Racheldiensthütte

KARTE
Kompass Nr. 196, Mittlerer Bayerischer Wald, 1:50 000

der Sonne mehr Spielraum. Im zweiten Abschnitt zeigt sich älterer Baumbestand. Am Ende des geradlinigen Pfades führt ein kleiner Haken über den Schreyerbach zurück in den Waldhäuserwald.

DAS ENDE NAHT Nach der Holzbrücke geht es bergab, dennoch weiter angenehm dahin. Ein Forstweg wird gequert. Zwischen den zwei folgenden Holzbrücken erinnert rechts zurückversetzt ein Kreuz an das traurige Schicksal von Sepp Jemetz. Im Unterschied zum legendären Wildschütz Jennerwein aus dem bayerischen Oberland erinnert aber kein Volkslied an den Bayerwald-Burschen. Doch auch auf ihn trifft zu, was Sangesbrüder für Jennerwein anstimmen: »Es war ein Schütz, in seinen besten Jahren, der wurde weggeputzt, von dieser Erd.« Zum Glück kehren wir über die Kleine Ohe hinweg wohlbehalten zu unserem Startpunkt zurück.

Tipp

BEQUEM PER BUS RETOUR
Wanderer, die an der Racheldiensthütte die Müdigkeit überfällt, gehen einfach zur ausgeschilderten Igelbus-Haltestelle (200 m, keine 5 Min.), nehmen den stündlich verkehrenden Rachel-Bus 601 bis Graupsäge und steigen dort auf den wartenden Lusen-Bus 602 zur Fredenbrücke um (www.bayerwald-ticket.com).

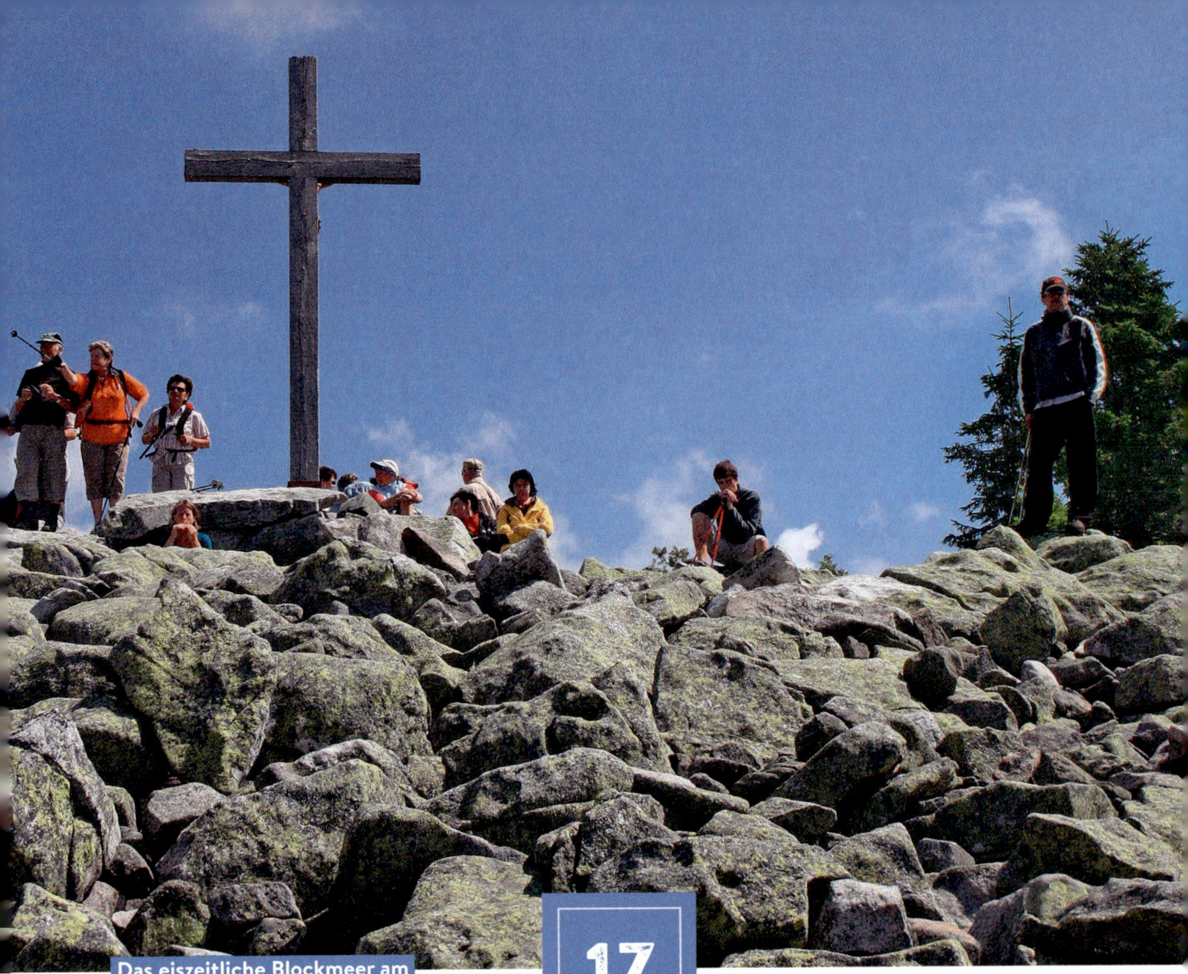

Das eiszeitliche Blockmeer am Gipfel zählt zu den hundert schönsten Geotopen in Bayern.

17

Die stille Südflanke

Vom schattigen Sagwasser zum Blockmeer am Lusen

Im urwüchsigen Bergwald am rauschenden Sagwasser entlang nehmen Wanderer den Lusen mit seinem steinreichen Gipfelkegel ins Visier. Da der Aufstieg zur beliebten Berghütte auf vergleichsweise schwach frequentierten Pfaden erfolgt, handelt es sich um einen kleinen Geheimtipp.

DER ALTE FLÖSSERSTEIG Über die Holztreppe hinab und den Holzsteg hinweg gehen wir vom Parkplatz in Pfeilrichtung Lusen. Aufgepasst: Nur einen Steinwurf hinter dem Steg ignorieren wir den nächsten Pfeil und wenden uns nach rechts, um auf dem unmarkierten, einstigen Flößersteig direkt am linken Sagwasser-Ufer stromaufwärts zu marschieren (der ausgewiesene Weg führt zunächst in Richtung Nationalparkzentrum, ehe sich der »Rippenfarn« nach einem kleinen Haken mit unserem Waldweg vereint).

SCHATTIGER BERGWALD Die anfangs dominierenden Fichtennadeln lösen vor allem Buchenblätter ab. Es geht angenehm bergan, während uns der Gebirgsbach munter entgegenplätschert. Hinter einer kleinen Lichtung mündet der Waldweg in einen Pfad, der sich vereinzelt steinig und verwurzelt zeigt. Aufmerksame entdecken rechter Hand am Ende eines kurzen Stichwegs das Wildererkreuz, das an das traurige Schicksal von Franz Kubitschek erinnert. Einen Katzensprung weiter erreichen wir mit dem »Rippenfarn« die Schutzhütte an der verwilderten **1 Sagwasserklause**. Einst stauten hier die Waldarbeiter das Wasser für den waghalsigen Holztransport, die Trift.

GIPFELSTURM Weiter himmelwärts queren wir Rinnsale, die das Sagwasser speisen. Meere aus Farnen tauchen auf. Kurz hinter dem Holzsteg knickt der Pfad nach rechts. Fortan geht es sportlicher bergauf. Schließlich erreichen wir einen **2 Wanderstern**. Vereint mit dem Goldsteig und dem grünen Dreieck (Fernwanderweg) steigen wir nach links weiter in Richtung Lusen. Das Blätterdach lichtet sich, wenn wir an einer **3 T-Kreuzung** auf den beliebten, breiten Winterweg treffen. Nach rechts erreichen wir auf dieser ehemaligen Schlittenziehbahn am Lusenschutzhaus vorbei den **4 Gipfel** samt Kreuz mit Corpus Christi.

Einen Steinwurf unterhalb des Gipfelkegels erwartet uns das Schutzhaus.

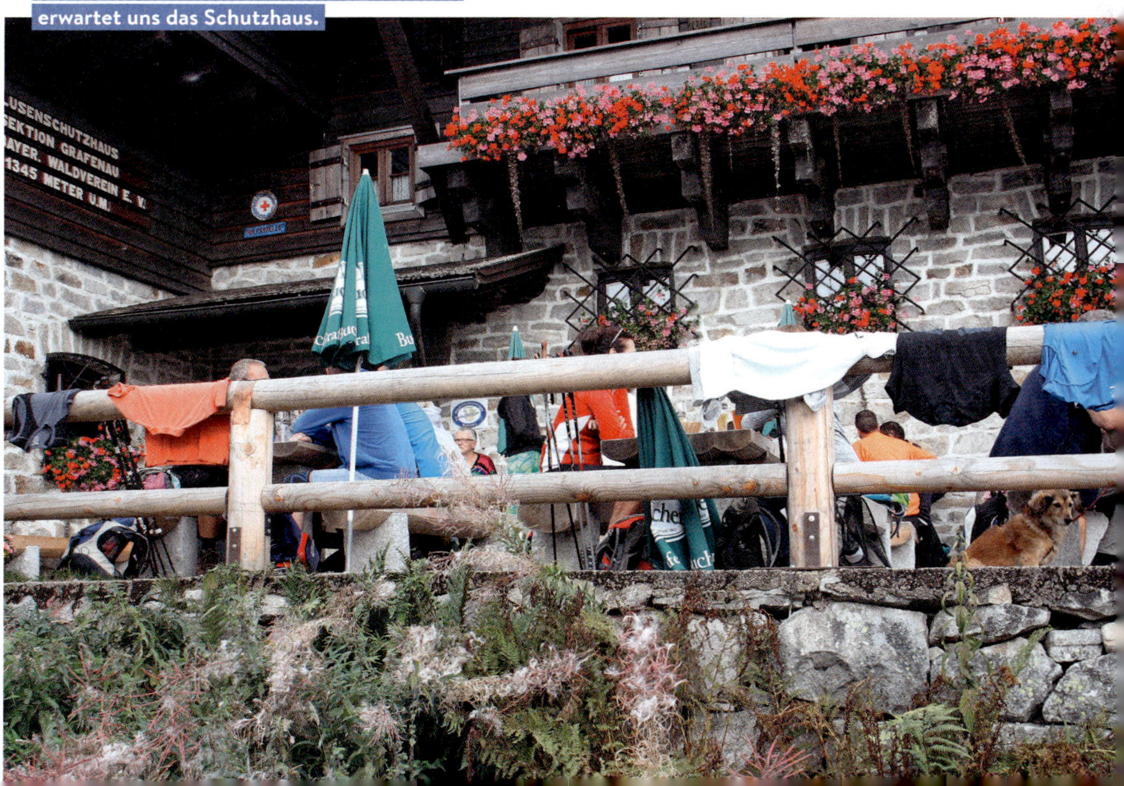

Tipp

WEST- UND OSTFLANKE

Ein besonders beliebter Aufstieg erfolgt von Westen ab Waldhäuser via Waldhausreibe, dann über den sonnigen Sommerweg hoch sowie auf dem breiten Winterweg runter (Auftakt/Ende Fernwanderweg/grünes Dreieck, dann »Luchs« im Uhrzeigersinn; 3,5 Std., 9 km, 400 Hm). Alternativ kürzt die Fahrt mit dem Lusen-Bus 602 zur Waldhausreibe ab (www.bayerwald-ticket.com), es bleibt die Luchsrunde (knapp 2 Std., 4,75 km, 260 Hm). Lichtes und schattiges Terrain bietet der Aufstieg von Osten ab Parkplatz Schwarzbachbrücke seitlich zwischen Mauth und Finsterau (13 km, 5 Std., 550 Hm; »Soldanelle« zum Lusen, Goldsteig bis Tummelplatz, zurück »Arnika« Richtung Reschbachtal).

Flott voran geht es vom Sagwasser in Marschrichtung Tummelplatz.

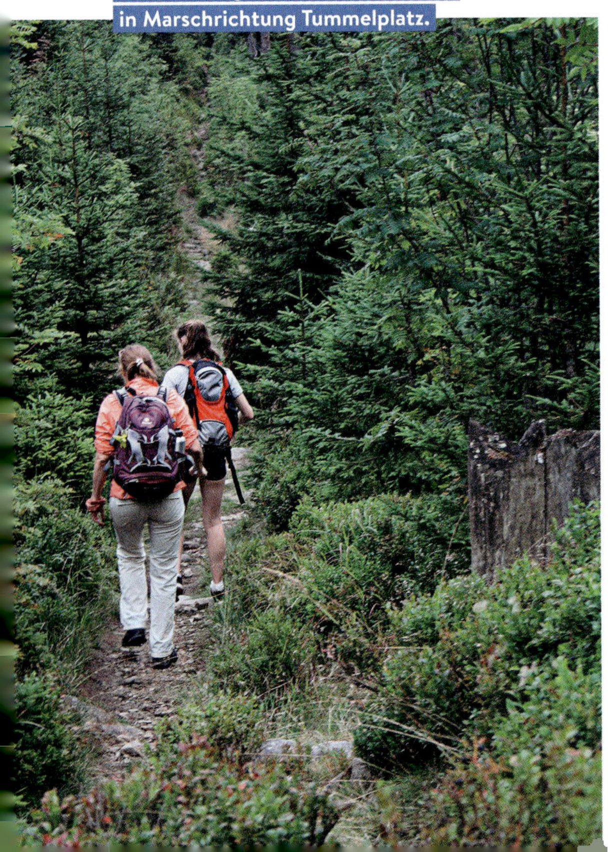

BLOCKMEER UND EINKEHR Einer Sage nach schleuderte der Teufel die unzähligen Steine hierher. Geologen sprechen beim Ergebnis jahrtausendelanger Verwitterung von einem eiszeitlichen Blockmeer und zählen den Gipfelkegel zu den 100 schönsten Geotopen in Bayern. Zurück im Schutzhaus des Wald-Vereins lassen sich Wanderfans auf der Sonnenterrasse oder in der Gaststube mit urig-schwerer Holzdecke und Kachelofen nieder. Getränke und Essen bestellen können wir am Aufgang an der hinteren Theke, an der vorderen holen wir die Speisen ab.

ZUM TUMMELPLATZ Den Rückmarsch ins Tal treten wir erneut auf dem Winterweg an. Aufgepasst: Bei der vom Hinweg bekannten **3 T-Kreuzung** biegen wir links ab in Richtung Sagwasser und tauchen in den Blätterwald ein. Am folgenden **2 Wanderstern** beschreiten wir Neuland und marschieren auf dem Goldsteig in Richtung Tummelplatz. Sogleich queren wir den Steinsteg. Immer wieder säumen Heidelbeeren den weitgehend eben verlaufenden Pfad. Ein gutes Stück weiter ignorieren wir zunächst die **5 Abzweigung**, an der die »Arnika« nach rechts zur Sagwassersäge weist. Sogleich erreichen wir geradewegs an der Schutzhütte vorbei eine ehemalige Viehweide mit unbewirtschaftetem Forsthaus aus dem 19. Jahrhundert, den großflächigen Tummelplatz.

DER SEITENGIPFEL Ein Abstecher vom Tummelplatz in Richtung Süden führt zum Hohlstein. Einheimische nennen diese teils steil abfallende Felsformation **6 Großalmeyerschloss**. Dieser Name erinnert an eine in der Nähe gelegene, alte Hofstelle namens Almeyer. Im selben Atemzug wird die natürliche Felsenburg zum mächtigen Schloss aufgewertet. Auf alle Fälle reicht der Blick vom Seitengipfel zurück zum Lusen. Variante: Wer Kräfte schonen will, lässt Tummelplatz und Großalmeyerschloss links liegen und marschiert direkt zur Sagwassersäge (spart 1,25 km, knapp 0.30 Std., 60 Hm).

DAS FINALE Vom Großalmeyerschloss setzen wir via Tummelplatz kurz in Richtung Lusen zurück. Gleich nach der Schutzhütte folgen wir bei der **5 Abzweigung** der »Arnika« in Richtung Sagwassersäge. Der von Menschenhand geschotterte Forstweg passt eigentlich nicht zum Nationalpark-Motto »Natur Natur sein lassen«, ist jedoch notwendigen Arbeiten im dortigen Wasserschutzgebiet geschuldet. Auf alle Fälle geht es Schritt für Schritt sanft und geradlinig bergab. Wo die »Arnika« zu guter Letzt auf die »Tanne« trifft, wenden wir uns nach rechts und streben zusammen mit dem Seebach zum Sagwasser. Auf Steinstufen geht es hinab zum Parkplatz.

INFO

TOURENCHARAKTER

Längerer Auf- und Abstieg durch dichten Bergwald, ideal für heiße Tage; Gipfelpassage licht, steinig und oft belebt; Abstecher Großalmeyerschloss optional

AUSGANGS-/ENDPUNKT

Wanderparkplatz Sagwassersäge (GPS: 48.896848, 13.508835)

ANFAHRT

Die Sagwassersäge liegt an der Nationalparkstraße zwischen Neuschönau (3 km) und Mauth (8 km); aus Freyung (B 533) in Reschmühle Pfeil »Nationalpark« folgen; Bus: Finsterau-Bus 603

GEHZEITEN

Sagwassersäge (770 m) – Sagwasserklause (940 m) – Lusenschutzhaus (1345 m) – Lusen knapp 3 Std. (6,5 km); Gipfel (1373 m) – Lusenschutzhaus – Tummelplatz knapp 1.30 Std. (4 km); Tummelplatz (1140 m) – Großalmeyerschloss (1196 m) – Tummelplatz gut 0.15 Std. (0,75 km); Tummelplatz – Sagwassersäge 1 Std. (3,25 km)

EINKEHR

Lusenschutzhaus, Gasthof Euler in Neuschönau (Di Ruhetag)

KARTE

Kompass Nr. 196, Mittlerer Bayerischer Wald, 1:50 000

schwer | 14,5 km | 5.45 Std. | 675 Hm

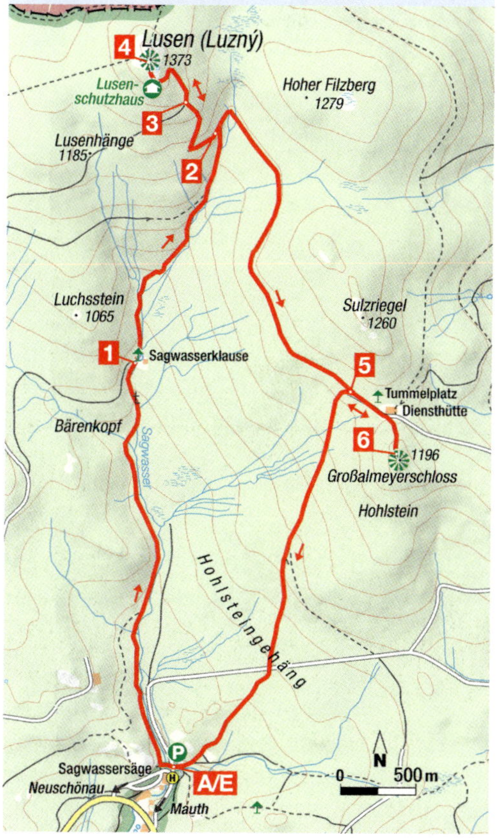

Altschönau und Kleine Au

Bärig ans Moor und das Tier-Freigelände rantasten

Eine bezaubernde und weitgehend ruhige Erkundungstour markiert der »Rehbock«. Mit dem Geweihträger streifen Wanderfans die Kleine Au und erreichen die Knottenbachklause. Zudem schmeckt unsere Variante nicht nur ins beliebte Tier-Freigelände hinein, sondern kommt auch noch bei den Braunbären vorbei.

18

Ein zauberhafter Bohlenweg bringt uns trockenen Fußes durch die Kleine Au.

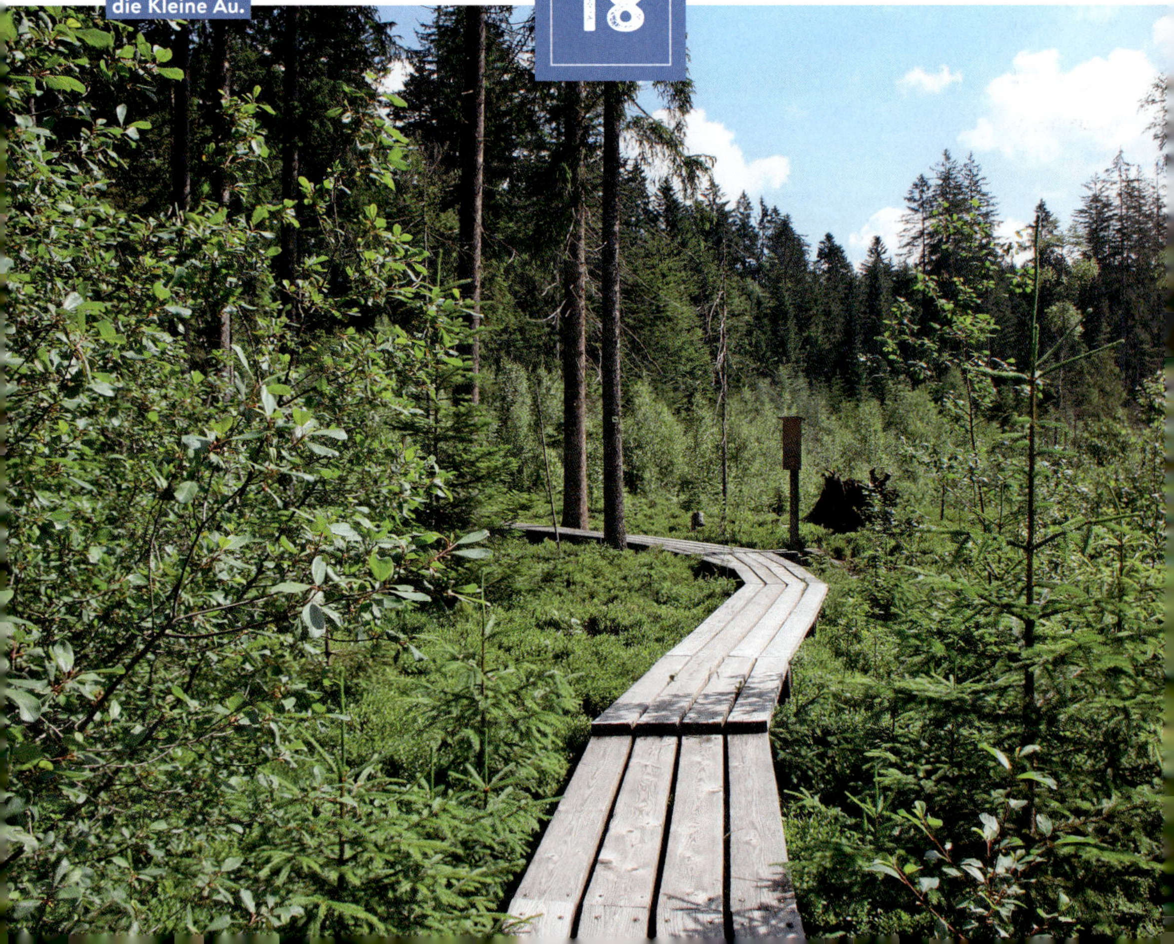

FEUCHTE ANGELEGENHEIT Vom Rastplatz folgen wir dem »Rehbock« in Richtung Knottenbachklause. Auf der anderen Straßenseite weist die Markierung am Waldrand in den Forst hinein, sodann nach links (bis 2016 ging es geradewegs durch die Kleine Au, doch durch das Wiederbeleben des Moores würden sich Wanderer dort mittlerweile nasse Füße holen). Auf dem Forstweg, auf den wir einschwenken, umgehen wir das Filz, wie im Bayerwald Moore heißen, trockenen Fußes. Zum Ausgleich führt uns der »Rehbock« ein Stück weiter nach rechts auf (bei Nässe rutschigen) Bohlen durch die nördlichen Ausläufer des Feuchtgebiets. Vom lichten Niedermoor blicken wir in Richtung Süden in das Hochmoor hinein, in dem sich Fichten nicht mehr halten. Einst entwässert, hilft Menschenhand nun beim Renaturieren. So wird der natürliche Zustand schrittweise wiederhergestellt. Dadurch wird Kohlendioxid gespeichert, was dem Klima hilft.

ZUM TRIFTSPEICHER Im erneut dichten Märchenwald schlängeln wir uns mit dem »Rehbock« gemütlich ein paar Meter hinauf und blicken vom Waldrand über Altschönau hinweg. Am Horizont hinausspitzen sehen Aufmerksame bei Neuschönau den Turm des Baumwipfelpfads, auch »Baum-Ei« genannt. An der **1 Wanderkreuzung vor der Nationalparkstraße** biegen wir nach rechts ab. Den Waldweg zur Knottenbachklause legen wir schneller zurück als in der angegebenen Viertelstunde. Im ehemaligen Triftspeicher spiegeln sich die Nadelbäume im Wasser. Das Kulturdenkmal geht auf eine Zeit zurück, in der die Waldbauern das Holz mittels selbst erzeugter Hochwässer schwemmten. Leider schmälert der Verkehr das Idyll. Über den Damm und mit Bedacht über die Nationalparkstraße hinweg geht es in Pfeilrichtung Tier-Freigelände weiter.

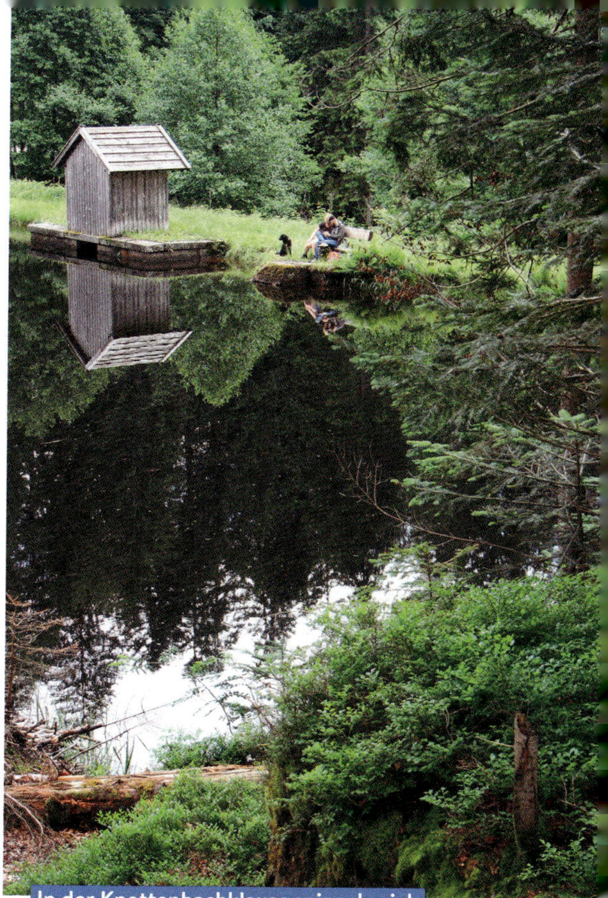
In der Knottenbachklause spiegeln sich Bergfichten im Wasser.

INS TIER-FREIGELÄNDE Nachdem wir den Bärenlochbach auf einem Holzsteg gequert haben, steigen wir nach links am südlichen Wildwasserufer hinauf. Es folgt eine **2 T-Kreuzung**. Nach rechts wird ins beliebte Tier-Freigelände hineinspaziert. Falls ihr Gehege betreten werden kann, marschieren wir erneut nach rechts direkt bei den Rothirschen hindurch. Höchstwahrscheinlich bekommen wir die größte Tierart in unseren Wäldern auch zu Gesicht. Hinter dem Durchlass am anderen Ende des eingezäunten Areals vereint sich unser Weg mit der Umgehung, die Hundebesitzer immer nehmen und dabei den Fischottern einen Besuch abstatten (siehe gestrichelte Linie auf der Karte).

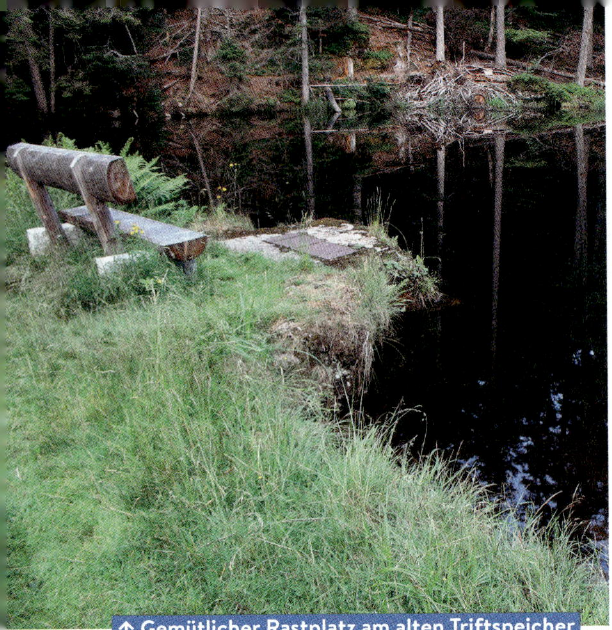

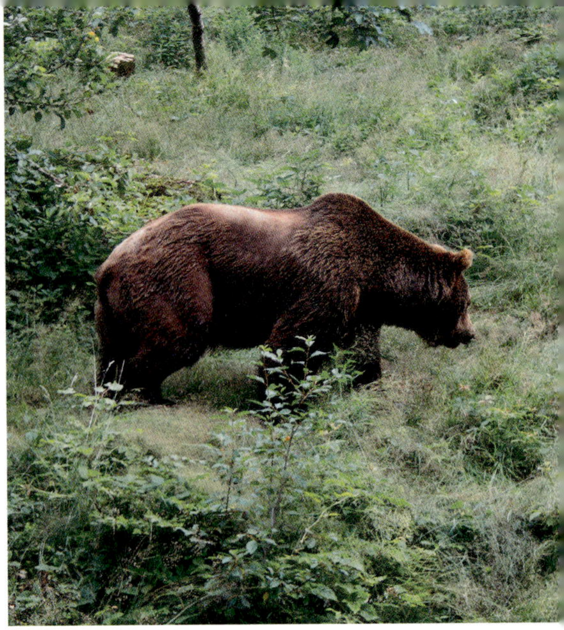

↑ Gemütlicher Rastplatz am alten Triftspeicher
↗ Mit Glück sehen wir im Tier-Freigelände Meister Petz.

BÄRENSPASS Erst gehen wir weiter in Pfeilrichtung Parkplatz Altschönau. Sogleich werden wir dem »Rehbock« untreu und folgen stattdessen halb links der »Tanne«. Auf diese Weise marschieren wir zunächst zwischen den Wildschweinen und den Braunbären hindurch. Aufgepasst: Vor den Greifvögeln verlassen wir die »Tanne« schon wieder, indem wir bei der 3 **Kreuzung hinter den Bären** scharf nach rechts in Richtung Parkplatz Altschönau abbiegen. Dergestalt finden wir heraus, was Meister Petz so treibt, ohne eine Strecke zweimal zu gehen. Sanft bergab kommen wir als Nächstes bei den Käuzen vorbei. Dann wird von hinten wieder in den »Rehbock« eingefädelt und nach links hinuntermarschiert.

Tipp

TIERISCHE VERLÄNGERUNG

Bei der Kreuzung hinter den Bären geht es alternativ tiefer in das rund 350 Fußballplätze große Tier-Freigelände hinein. Der gesamte, mit dem stilisierten Hirsch, Wolf und Luchs markierte »Gehegerundweg« ist 7 Kilometer lang (auch Teilstücke möglich, etwa nur bis zu den Elchen). In seiner vollen Länge führt die Runde am umtriebigen Nationalparkzentrum Lusen mit dem Infocenter Hans-Eisenmann-Haus vorbei. Dort lockt Schwindelfreie zusätzlich der gebührenpflichtige Baumwipfelpfad (Erw. 10 €, 6–14 Jahre 8 €, Familien 26 €).

DAS FINALE Zwischen den Parkplätzen Nr. 7 und Nr. 6 (alternativer Start, 2 € Parkgebühr) queren wir die Nationalparkstraße sowie die 4 **Zufahrt nach Altschönau**. Am südlichen Dorfrand kreuzt der »Rehbock« den Tempelweg. Unterm Nadel- und Blätterdach tauchen wir erneut in ruhiges Terrain ein. Schritt für Schritt nähern wir uns dem Knottenbach. Ein Holzsteg bringt uns über das Wildwasser, das im Oberlauf die Klause speist. Entspannt schlängeln wir uns dem Rastplatz Kleine Au entgegen. Wer einen Bärenhunger verspürt, stillt diesen womöglich im Landhotel-Restaurant Moorhof, das in Sichtweite liegt.

INFO

TOURENCHARAKTER
Äußerst vielschichtige Runde auf Waldwegen und Pfaden, im Tier-Freigelände gekiest

AUSGANGS-/ENDPUNKT
Rastplatz Kleine Au im Westen von Altschönau (GPS: 48.905463, 13.453718)

ANFAHRT
Aus westlicher und östlicher Richtung via Nationalparkstraße, aus Süden/Grafenau via St. Oswald (Vorlauf Pfeile Richtung Spiegelau, dann Neuschönau, dann Waldhäuser); Bus: Lusen-Bus 602 bis Altschönau/Tier-Freigelände

GEHZEITEN
Rastplatz (725 m) – Kleine Au (725 m) – Knottenbachklause 0.45 Std. (knapp 2,75 km); Klause (730 m) – Rothirsche Eingang (760 m) – Braunbären (775 m) – Käuze (760 m) – Parkplatz Altschönau (730 m) – Rastplatz Kleine Au knapp 1.30 Std. (gut 4 km)

leicht | 6,75 km | 2.15 Std. | 125 Hm

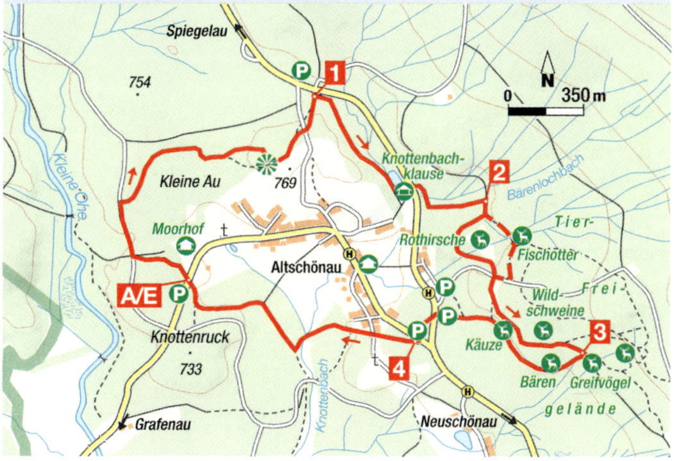

EINKEHR
Landhotel-Restaurant Moorhof (200 m schräg gegenüber Rastplatz; So ab 11 Uhr warme Küche; kalte Küche Mi–Sa ab 14 Uhr, Di ab 17 Uhr), Landgasthof Euler Neuschönau (4 km; Di Ruhetag)

KARTE
Kompass Nr. 196, Mittlerer Bayerischer Wald, 1:50 000

Dieser Holzsteg bringt uns über den Bärenlochbach.

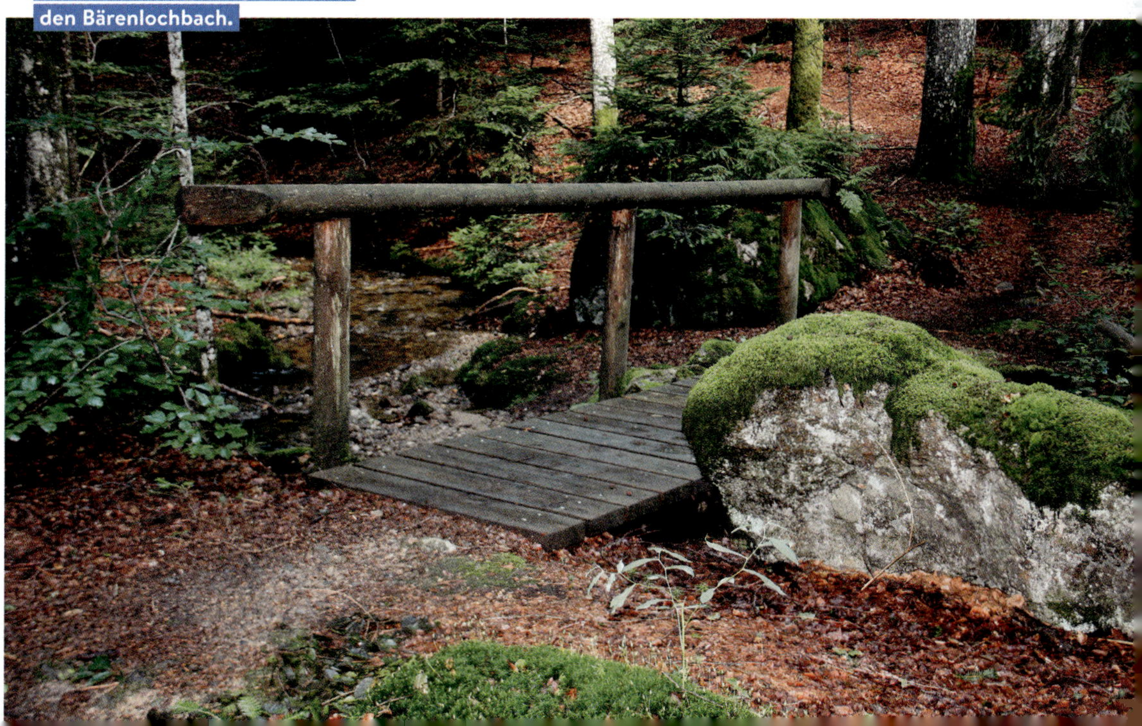

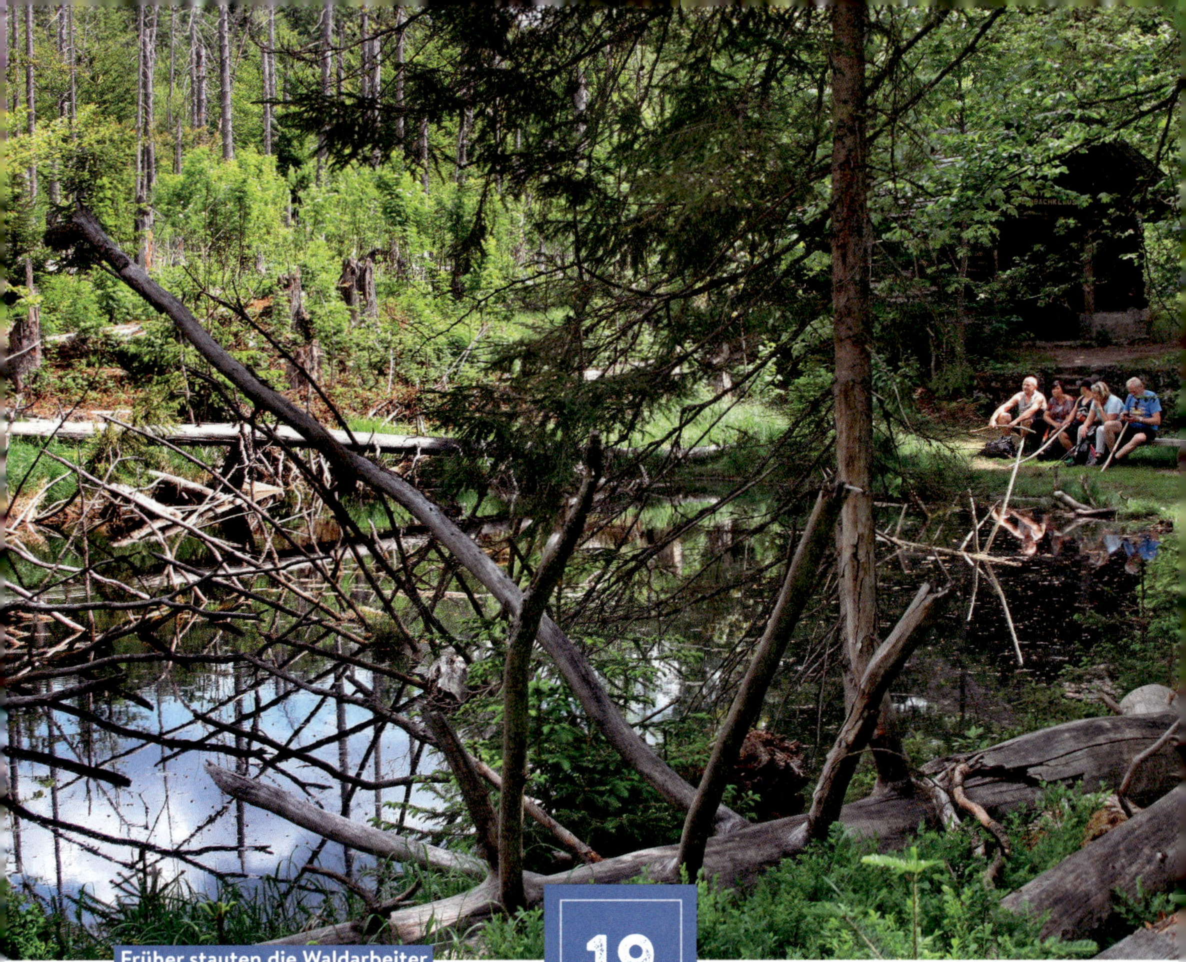

Früher stauten die Waldarbeiter an der Steinbachklause das Nass für die Holztrift.

19

Im Reich der Biber

Vom Steinbach zur Großen Kanzel

In der ruhigen südöstlichen Ecke des Nationalparks begrüßt die Gemeinde Mauth aktive Wanderfans. Auf dem Marsch mit der Markierung »Eisvogel« wird klar, wie sich der Holztransport einst gestaltete und was der Biber heute vollbringt. Von der Großen Kanzel schweift der Blick in die Ferne.

WILDWASSER IM HOLZLAND Um unsere Runde gegen den Uhrzeigersinn zu meistern, folgen wir der Markierung »Eisvogel« halb rechts in den Wald hinein, zu Beginn vereint mit dem Goldsteig und dem Fernwanderweg (grünes Dreieck). Rasch queren wir Rinnsale, die den Reschbach speisen, und erreichen an zwei alternativen Einstiegen vorbei nach knapp 20 Gehminuten den **1 Steinbach**. Dass der Marsch bis hierher sanft verläuft, hat einen guten Grund. Unsere Wanderstrecke liegt auf einer aufgelassenen Trasse, einst Teil der Spiegelauer Waldbahn im deutschlandweit größten Netz seiner Art. Bis in die Nachkriegszeit transportierten die Güterwaggons der Schmalspurbahn jede Menge Holz, ehe Lkw den Loks den Rang abliefen und die Gleise rückgebaut wurden. Heutzutage übernehmen im Nationalpark der Biber sowie heftige Stürme das Fällen der Bäume.

Tipp

EINE WAHRE ERFRISCHUNG

Einen Katzensprung vom Rastplatz Jägerstraßl entfernt liegt der Naturbadesee samt Sandstrand. Gerade im Hochsommer kühlt das Reschbachwasser bestens. Der offizielle Parkplatz befindet sich am anderen Ufer.

Der Borkenkäfer (Buchdrucker) setzt alleine seiner Wirtspflanze zu: den Fichten.

AM ALTEN TRIFTSPEICHER Am Steinbach lassen wir den ersten Steg rechts liegen, marschieren also am linken Ufer stromaufwärts. Wo der dämmerungs- und nachtaktive Biber seinen Platz einfordert, werden Wanderer umsichtig umgeleitet. Auf einer lichten Passage queren wir auf Steg Nummer zwei das Wildwasser und erreichen ein Stück weiter die

Natürlich kein wilder Biber, sondern ein vorbildlich angeleinter Hund

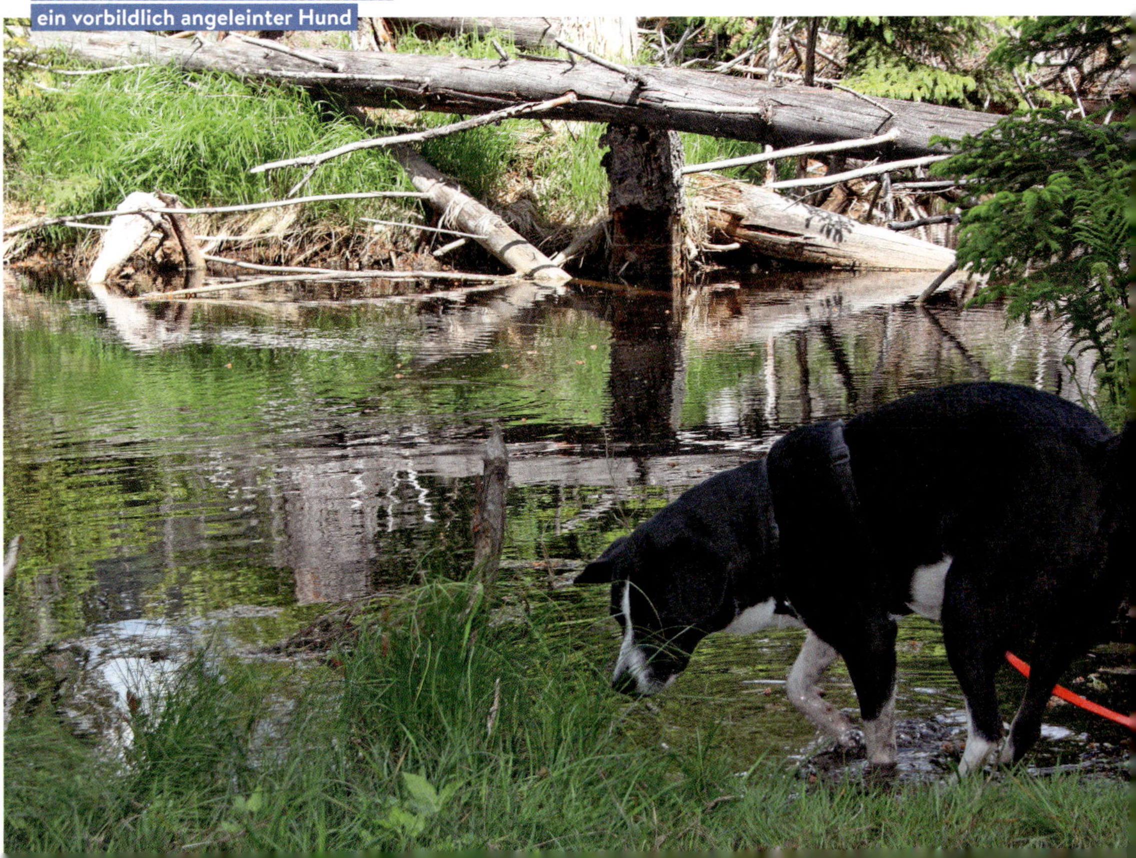

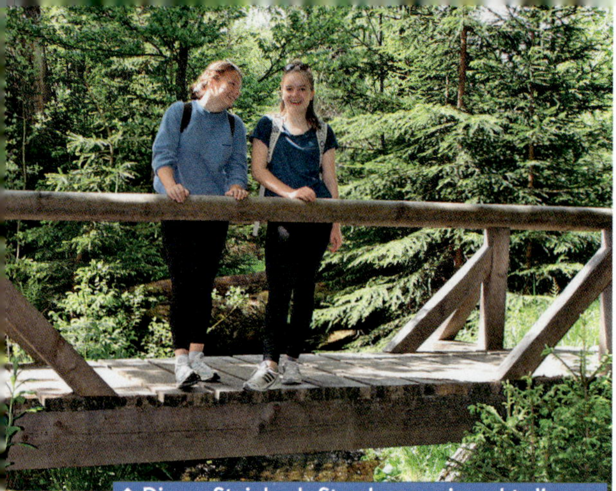

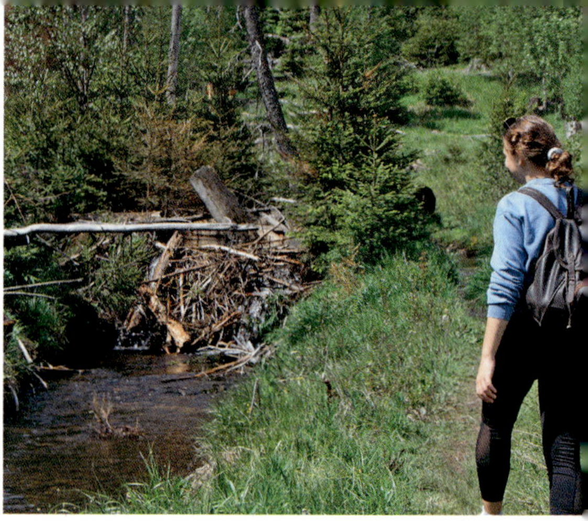

↑ Diesen Steinbach-Steg lassen wir rechts liegen.
↗ Mit etwas Glück entdecken wir einen Biberdamm.

2 Steinbachklause. Einst stauten hier Waldarbeiter das Nass, um zurechtgeschnittene Teile von Baumstämmen, sogenannte Sägeblochen, mit einem Schwall talwärts zu triften in der Hoffnung, dass sich nichts verkeilt.

ABSCHIED VOM STEINBACH Nicht umsonst markiert der Eisvogel diese Tour. Mit seinem schillernden Gefieder steigt dieser nämlich gerne in der Nähe gesunder Gewässer in die Lüfte. Aus dessen Reich am Steinbach verabschieden wir uns, indem wir an der Klause auf dem Steg zurück ans andere Ufer wechseln. Im dichten Wald werden sowohl das breite Jägerstraßl als auch die schmale Seefilzseige gequert. Sodann vernehmen unsere Ohren statt dem munteren Plätschern des Wassers das fröhliche Zwitschern der Vögel – auch das naturnahe Musik. Die Zapfen am Boden verraten, dass neben den Blättern der Laubbäume, darunter alte Buchen, auch mächtige Fichten für Schatten sorgen.

ZUR GROSSEN KANZEL Am Rand des Moores, Seefilz genannt, erreichen Wanderer eine **3 Kreuzung**. Dort biegt der »Eisvogel« nach links ab und vereint sich mit der »Tanne«. Ein Stück weiter sanft bergan biegen wir bei der **4 Kammkreuzung** erneut links ab. Genau genommen nur die »Eberesche« weist uns den Abstecher zur Großen Kanzel. Der schmale Pfad führt in einem Bogen auf die ungesicherte, schroffe Felsformation. Vom Gipfelkreuz des Gneiskopfs erblicken Schwindelfreie den kegelförmigen Kreuzberg vor Freyung mit der Wallfahrtskirche Sankt Anna. In entgegengesetzter, nördlicher Richtung liegt der Lusen.

Tipp

IM REICH DER BIBER

Untertags lassen sich Biber selten sehen. Doch Dämme aus Stämmen und Ästen zeugen von ihrem Fleiß. Zum Schutz liegt der Eingang der Biberburgen unter Wasser. Bis zu 20 Minuten lang können die Nagetiere tauchen. Während ihr Wohnkessel im Trockenen liegt, finden im aufgestauten Nass heimische Fische passende Laichreviere, Wasservögel geeignete Nistplätze sowie Frösche und Libellen reichhaltige Nahrung. Der Biber selbst ernährt sich als reiner Veganer von Gräsern, Stauden, Kräutern sowie vor allem im Winter von der Baumrinde von Weichhölzern wie Weide oder Pappel.

OH MARIA, HILF Mit Bedacht steigen wir auf dem bekannten Pfad von der Großen Kanzel hinunter. Auf halber Strecke zurück führt auf Höhe des mit Schwefelflechten übersäten Felsens eine Steintreppe rechts hinab (wer diese Abzweigung nicht klar ausmachen kann, setzt besser komplett bis zum Einstieg in den Abstecher zurück). So oder so bringen uns »Eisvogel« und »Tanne« vom Fuß des Felsens weitgehend sanft bergab in Richtung Mauth. Nachdem wir die Forststraße mit dem daneben postierten Marienbild, **5 Taferl** genannt, schräg queren, geht es auf rund 50 Stufen noch einmal himmelwärts. Wer diese Steinerne Stiege erklimmt, sollte oben einen Blick zurück in den Nationalpark werfen. Nähern wir uns Mauth, umgibt uns sehr alter Baumbestand. Zu guter Letzt führt unser Pfad über zwei Forststraßen hinweg bergab zum Rastplatz Jägerstraßl. Am nahen Naturbadesee regieren Wasserratten und nicht Biber.

INFO

mittel	8,5 km	3 Std.	250 Hm

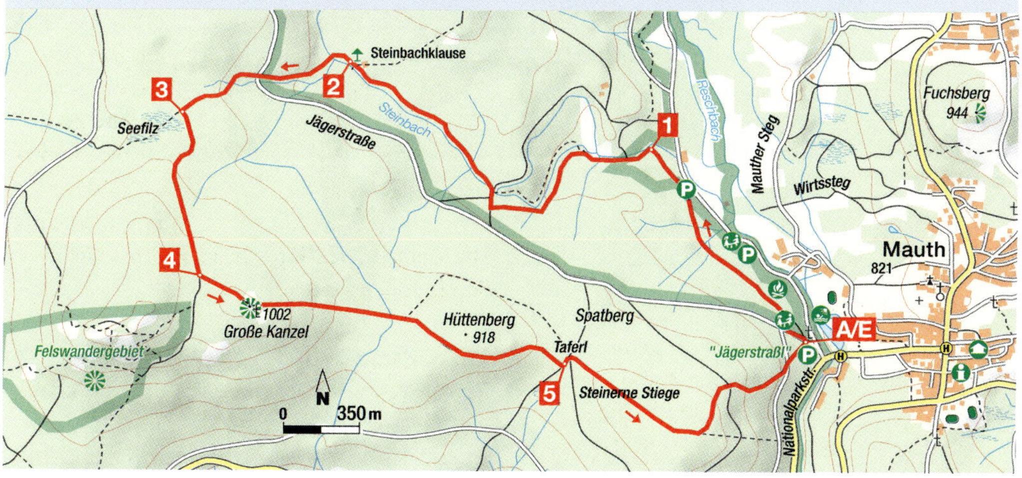

TOURENCHARAKTER
Moderat verwurzelte Pfade durch urwüchsigen Wald mit lichten Momenten, am Bach wetterabhängig matschige Stellen

AUSGANGS-/ENDPUNKT
Rastplatz Jägerstraßl (GPS: 48.887184, 13.575197)

ANFAHRT
Aus Osten via Philippsreut, aus Süden via Freyung, in Mauth Richtung Spiegelau abbiegen und gleich hinter der Brücke ins Reschbachtal (Parkplatz folgt zurückversetzt), aus Westen via Nationalparkstraße; Bus: Finsterau-Bus 603 bis Mauth P+R

GEHZEITEN
Rastplatz Jägerstraßl (775 m) – Steinbachklause knapp 1.15 Std. (3 km); Klause (850 m) – Große Kanzel 0.45 Std. (2 km); Kanzel (1002 m) – Jägerstraßl gut 1 Std. (3,5 km)

EINKEHR
Unterwegs keine; Gasthaus Fuchs Mauth, Landgasthof Euler Neuschönau (10 km; Di Ruhetag)

KARTE
Kompass 196 Mittlerer Bayerischer Wald, 1:50 000

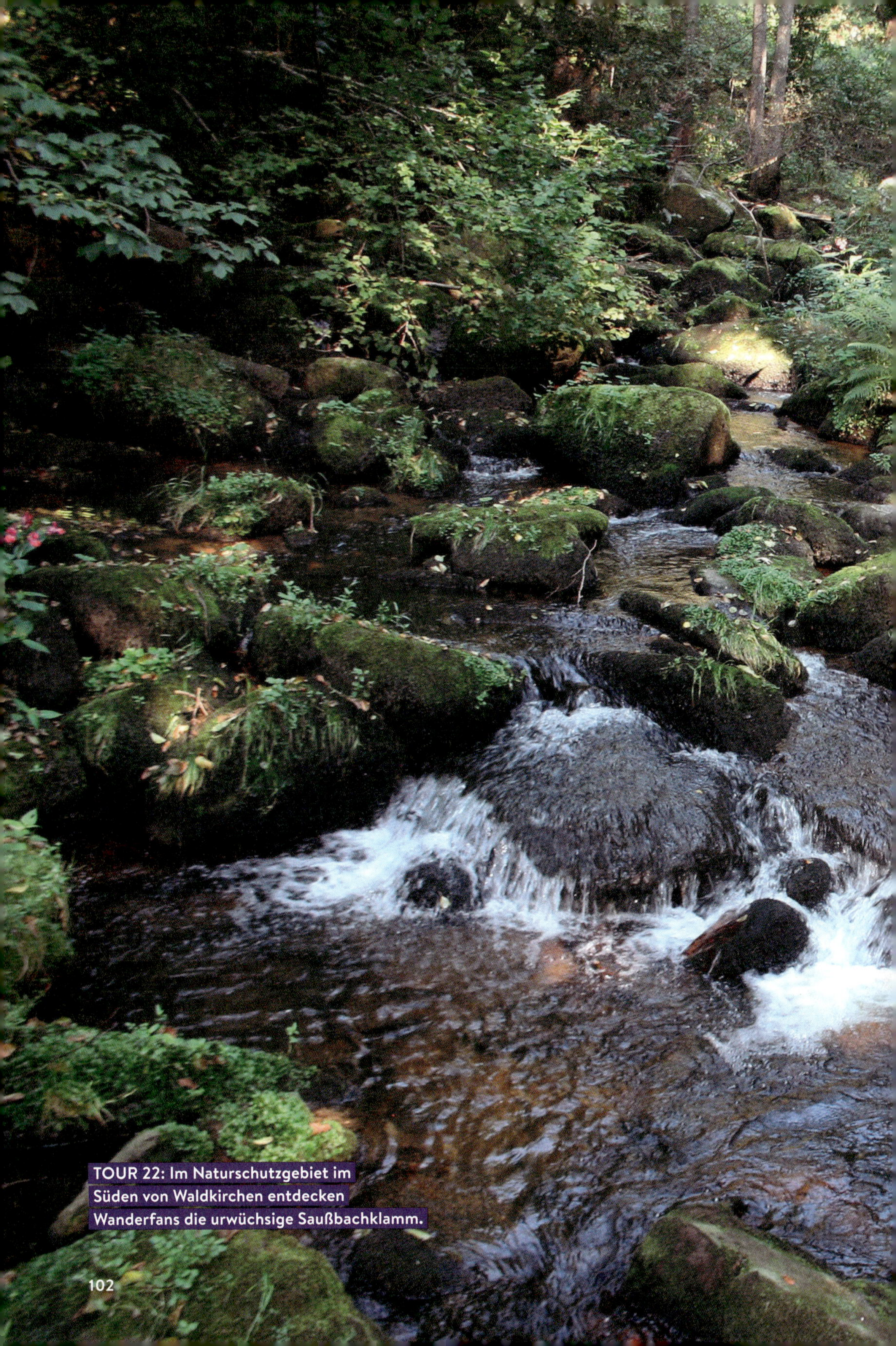

TOUR 22: Im Naturschutzgebiet im Süden von Waldkirchen entdecken Wanderfans die urwüchsige Saußbachklamm.

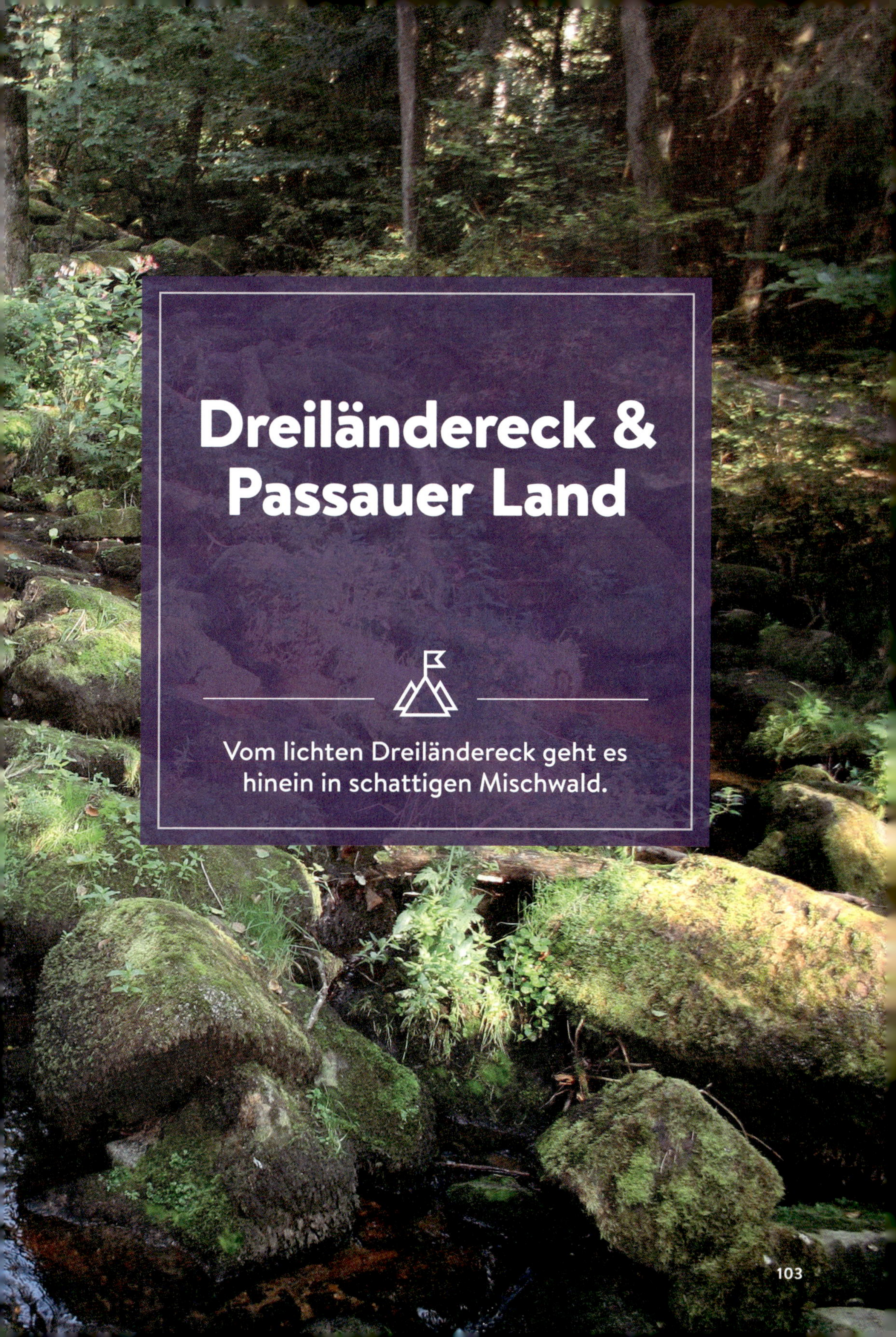

Dreiländereck & Passauer Land

Vom lichten Dreiländereck geht es hinein in schattigen Mischwald.

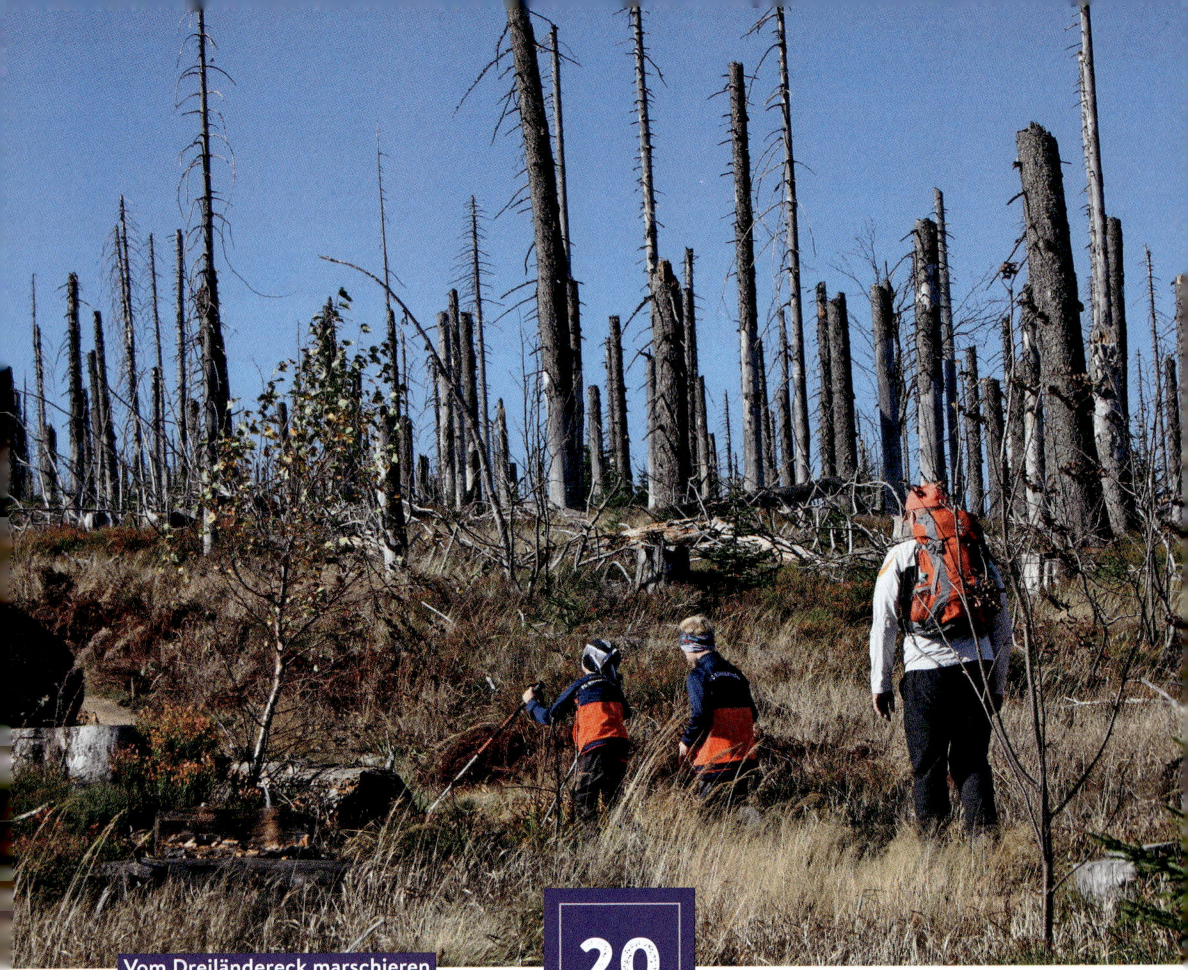

Vom Dreiländereck marschieren wir über den sichtbar gelichteten Grenzkamm.

20

Rund ums Dreiländereck

Von Lackenhäuser zum Hochstein

Um den Dreisesselberg zu erkunden, nutzen viele Ausflügler den Parkplatz am oberen Ende der Bergstraße. Im Unterschied dazu meistert einen richtigen Gipfelsturm, wer im Talort Lackenhäuser wie einst der Poet Adalbert Stifter auf dem Steig startet, der nach seinem Roman »Witiko« benannt ist.

AUF GEHT'S Vom Parkplatz folgen wir dem Witikosteig in Richtung Dreisessel (grünes Dreieck) und lassen am Mühlbach das Böhmerwäldler-Mahnmal rechts liegen. In dem von Nadelbäumen dominierten Forst geht es sportlich bergauf. Nach bis zu 15 Gehminuten halten wir uns beim **1 Findling** halb links. Vereint mit dem Goldsteig bleibt der Granit unser treuer Begleiter. Nirgendwo im Bayerwald tritt das Urgestein markanter geschichtet zutage als in der folgenden Gipfelregion. Darüber hielt der Biedermeier-Dichter Adalbert Stifter in der Mitte des 19. Jahrhunderts fest: »Meine ganze Seele hängt an dieser Gegend.«

EINE HELLE FREUDE Eine Forststraße wird gequert, ehe nach rund 30 Minuten eine große **2 Wanderkreuzung** auftaucht. Hier verlassen wir den Witikosteig und folgen dem grünen Pfeil nach rechts in Richtung Dreiländereck. Den schattigen Wald lösen lichte Passagen ab. Teils verläuft unser Pfad auf von Menschenhand aufgeschichteten Granitdämmen. Zusehends erleben wir herrliche Ausblicke in Richtung Süden. Bei klarer Sicht erblicken Wanderer sogar die Alpen. Kurz bevor wir die österreichische Grenze am Gegenbach erreichen, wendet sich unser Pfad scharf nach links. Das Steinerne Meer, ein markanter eiszeitlicher Blockstrom, beginnen wir nach der folgenden Rechtskehre zu streifen. Gemäß grünem Pfeil marschieren wir geradlinig bergwärts sowie zuletzt durch eine almartige Kammsenke zum **3 Dreiländereck**. Wo Deutschland, Österreich und Tschechische Republik aufeinanderstoßen, erblicken wir ein beliebtes Fotomotiv, den Obelisk mit den Wappen der drei angrenzenden Länder.

AM HOCHKAMM Vom Dreiländereck folgen wir dem grünen Pfeil »Dreisessel über Hochkamm«, marschieren also an der deutsch-tschechischen Grenze entlang. Der höchste Punkt der Tour, der Bayerische Plöckenstein, wirkt unspektakulär. Am Kamm noch einmal so weit kommen wir an einem weiteren Mini-Gipfel vorbei mit typisch geschichtetem Granit. Danach machen wir aus

Tipp

HOPFEN UND MALZ

Wer 2,5 Kilometer in Richtung Neureichenau fährt, landet im »1. Bier- und Wohlfühlhotel Gut Riedelsbach« der Familie Sitter. In der angeschlossenen Gaststätte wird zum ehrlichen Essen nach Gusto Hausgebrautes serviert (Reservierung empfohlen: Tel. 08583/960 40; Mittagstisch nur für Hotelgäste).

Fotogener Obelisk mit den Wappen der drei angrenzenden Länder

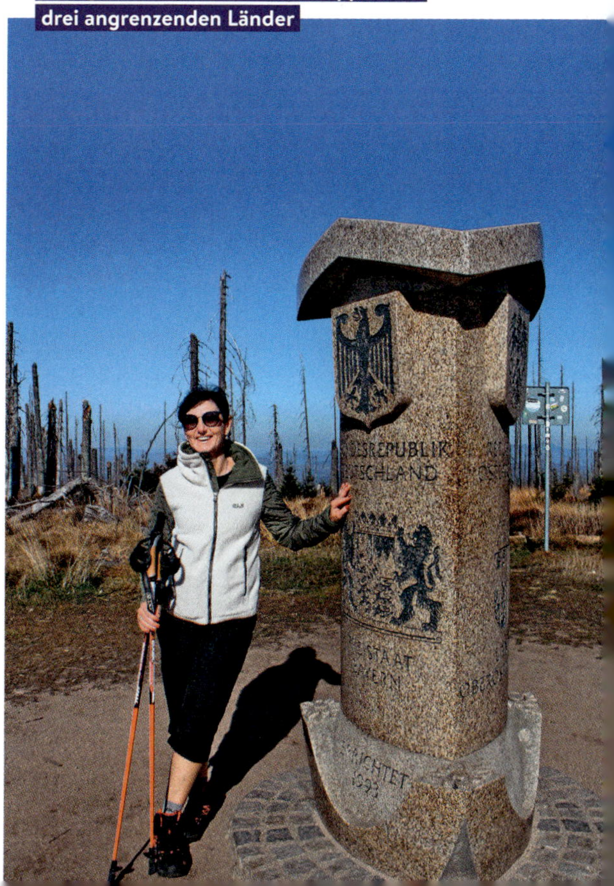

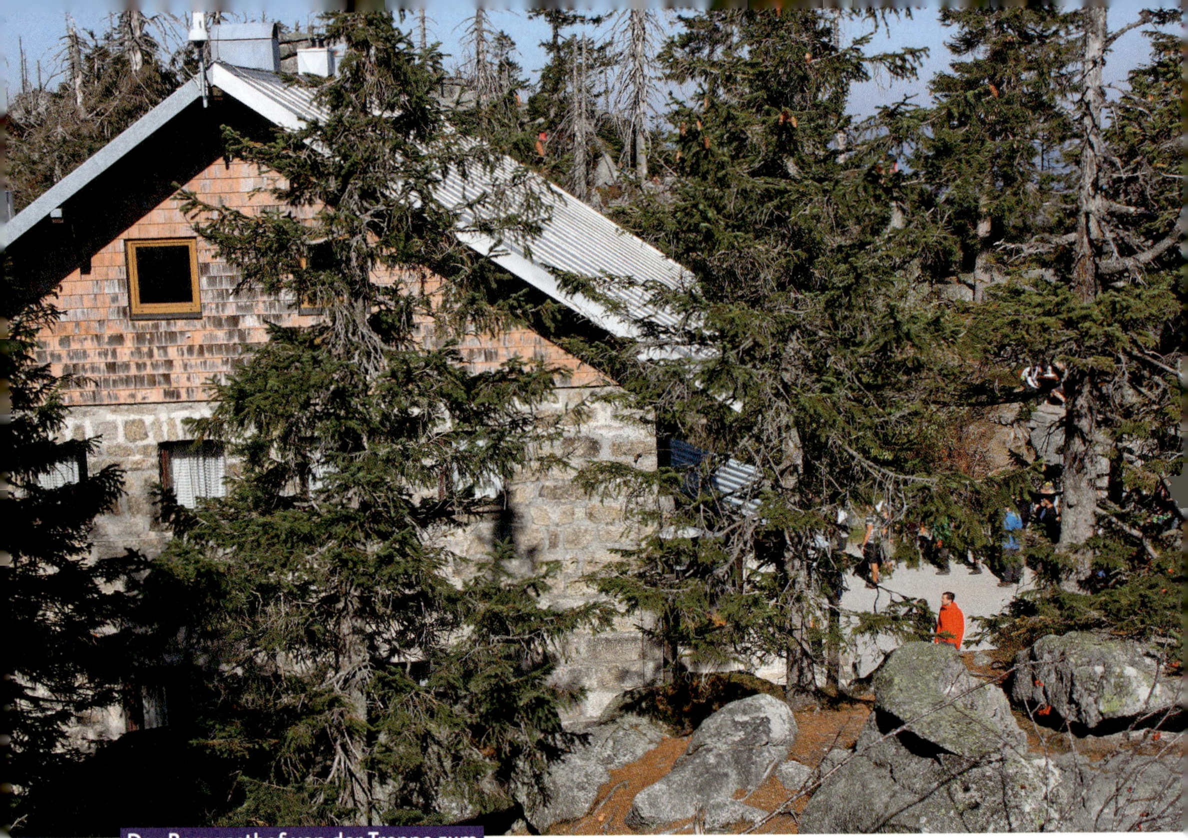

Der Berggasthof von der Treppe zum Dreisesselfels aus betrachtet

der Ferne das Berghaus und den rechts dahinter liegenden Hochstein gut aus. Nach der dritten Passage über Holzbohlen landen wir auf der Zufahrt zur Einkehrstation. Entweder steigen wir die letzten Meter auf Asphalt empor oder nutzen den steinigen Pfad rechts daneben direkt an der Grenze entlang.

SPEKTAKULÄRE AUSSICHTEN Wer den Berggasthof zunächst links liegen lässt, erreicht am Ende des geschotterten Weges die Steintreppen, die zum **4 Hochstein** emporführen. Am Holzkreuz erwartet uns der schönste Rundblick der Tour. Im Vordergrund fällt der benachbarte Haidel mit seinem Sendemast ins Auge, davor das bayerische Grenzdorf Haidmühle sowie im Hintergrund Wallern (Volary) auf tschechischer Seite. Beim Rückmarsch auf derselben Strecke zum Berggasthof können wir seitlich am Hochstein-Fuß die Bischof-Neumann-Kapelle aufspüren. Alternativ schont es Kräfte, den Abstecher zum Hochstein komplett wegzulassen.

VERDIENTE EINKEHR Im Berggasthof Dreisessel empfangen Servicekräfte in den geräumigen Gastzimmern durstige und hungrige Wanderer. Wer draußen Platz nimmt, bedient sich selbst. Die Karten neben der Theke listen Gerichte wie kräftige Eintöpfe, wahlweise vegan oder mit Wurst, oder würzige Gulaschsuppe und süße Germknödel auf. Tafeln verraten, ob Tagesgerichte wie Schweinebraten im Angebot stehen. Ab 16 Uhr bleibt die Küche kalt. Neben dem Gasthof führen 40 in Stein gehauene Stufen auf den Dreisesselfels. Einer Sage nach suchen jedes Jahr in der Dreikönigsnacht drei verwunschene

Prinzessinnen die Steinsitze auf dem Granitturm heim.

ZURÜCK ZUM WITIKO Zunächst marschieren wir auf oder direkt neben der bekannten Zufahrt vom Berggasthof hinab. Gegen Ende der scharfen Rechtskehre beachten wir halb links den **5 Einstieg in den Witikosteig** in Richtung Rosenberger Gut und Lackenhäuser. Ein Stück geradlinig bergab fädeln wir auf eine Forststraße ein und folgen dieser durch den Linksbogen, bis 150 Meter weiter ein schmaler Pfad halb rechts in den Wald hinabführt. Erneut geht es geradlinig talwärts, ehe eine weitere Forststraße auftaucht. Auf dieser marschieren wir rund 200 Meter nach links, bis erneut ein beschilderter Pfad halb rechts die Richtung vorgibt. Die dritte Forststraße wird gekreuzt. Wenige Schritte weiter treffen wir auf die vom Hinweg bekannte **2 Wanderkreuzung**. Von dort streben wir am **1 Findling** vorbei talwärts in Pfeilrichtung Rosenberger Gut und erreichen unseren Parkplatz. Gegenüber dem nahen Wirtshaus gelegen, veranschaulicht das Museum »Stifter und der Wald« das Leben und Werk des böhmischen Schriftstellers (Mi 10–13, Sa 13–17, So 11–18 Uhr; Erw. 4 €, 6–15 Jahre 2,50 €).

INFO

TOURENCHARAKTER

Unten teils dichter Bergwald, in Richtung Kamm lichtdurchflutet und sehr steinig, talwärts vergleichsweise angenehm zu gehen

AUSGANGS-/ENDPUNKT

Parkplatz vorm Böhmerwäldler-Mahnmal nördlich Lackenhäuser (GPS: 48.754444, 13.817451)

ANFAHRT

Aus Nordwesten via Neureichenau und Riedelsbach, aus Süden via Breitenberg und Klafferstrass zum Rosenberger Gut, dahinter 250 m halb links weiter

GEHZEITEN

Parkplatz Böhmerwäldler-Mahnmal (830 m) – Dreiländereck 2 Std. (4 km); Dreiländereck (1321 m) – Bayer. Plöckenstein (1365 m) – Berggasthof 1.30 Std. (3,25 km); Berggasthof (1302 m) – Hochstein (1333 m) – Berggasthof knapp 0.30 Std. (1 km); Berggasthof – Parkplatz 1.30 Std. (4,25 km)

schwer | 12 km | 5.30 Std. | 625 Hm

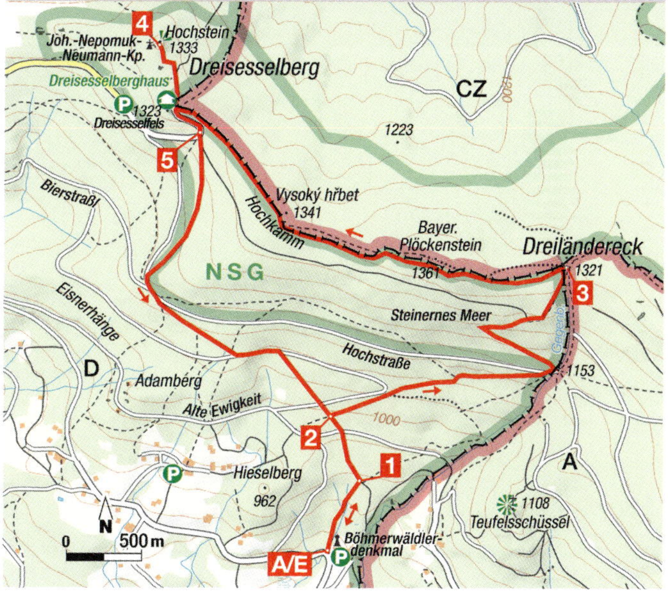

EINKEHR

Berggasthof Dreisessel, Wirtshaus zum Rosenberger Gut (Fr–So)

KARTE

Kompass Nr. 197, Südlicher Bayerischer Wald, 1:50 000

Gipfelglück am Bärnloch

Von der Grenze am Osterbach zum Eidenberger Lusen

Wo sich einst Meister Petz tummelte, marschieren wir dem tanzenden Wildwasser entgegen. Nachdem wir uns vom Bärnloch verabschiedet haben, startet der überschaubare Gipfelsturm auf den Eidenberger Lusen. Himmelwärts grüßt die Muttergottes.

Am Osterbach angekommen, wandern wir auf der deutschen Seite stromaufwärts.

21

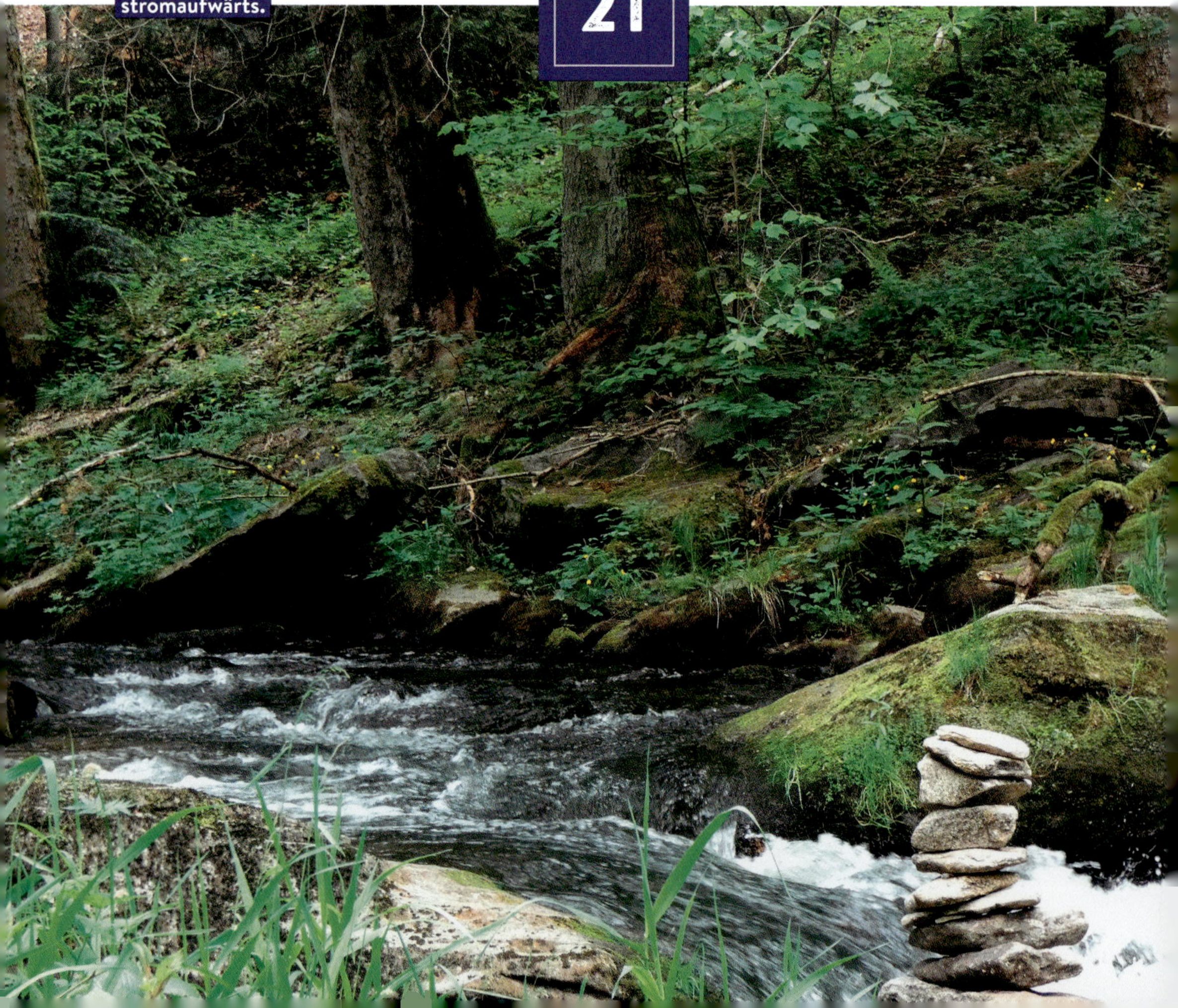

INFO

TOURENCHARAKTER
Angenehm ruhige Runde vom Wildbachtal zur Gipfelaussicht

AUSGANGS-/ ENDPUNKT
Wanderparkplatz Eidenberg (GPS: 48.562918, 13.775295)

ANFAHRT
Via B388, aus Norden über Wegscheid, aus Westen an Untergriesbach vorbei, am Rannasee-Nordufer in Richtung Oberkappel abbiegen, 1,5 km weiter nach Eidenberg

GEHZEITEN
Wanderparkplatz (550 m) – Bärnloch – Monigottsöd knapp 1 Std. (2,25 km), Monigottsöd (610 m) – Eidenberger Kapelle (690 m) – Eidenberger Lusen 0.45 Std. (1,75 km); Gipfel (733 m) – Kapelle – Parkplatz 0.45 Std. (2 km)

EINKEHR
Unterwegs keine, »Zur Wasserrutsch'n« am Rannasee, Hammerwirt auf deutscher Seite vor Oberkappel (Mo, Di Ruhetag)

mittel	6 km	2.30 Std.	250 Hm

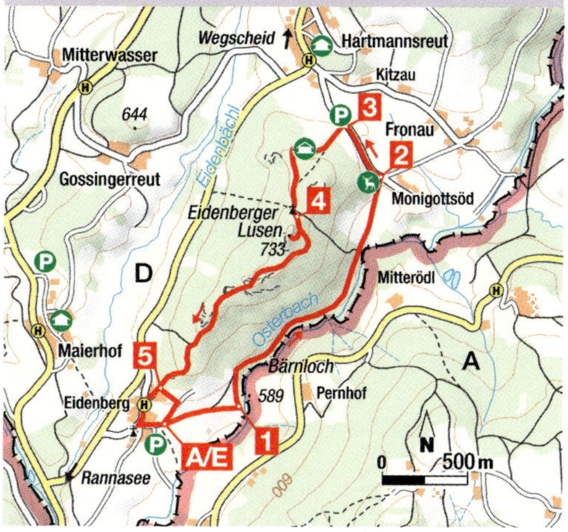

KARTE
Kompass 197 Südlicher Bayerischer Wald, 1:50 000

TAL DER BRAUNBÄREN Vom Wanderparkplatz folgen wir Nr. 1 sanft hinab zum Bärnloch. Am tiefsten Punkt der Runde landen wir an der Grenze am **1 Osterbach**. Nach links marschieren wir durch das urwüchsige Tal. Nach 45 Gehminuten knickt der Osterbach nach rechts. Wir marschieren halb links auf dem Forstweg sanft bergan. Das Zirpen der Grillen löst das Plätschern ab. Auf Asphalt landen wir in **2 Monigottsöd**. Weiter auf dem Bärnloch-Rundweg geht es auf Asphalt über die Kuppe. Am alternativen **3 Wanderparkplatz** biegen wir erneut links ab. Der Forstweg führt am Ferienhaus »Grillnhäusl« vorbei. Bergwärts erreichen wir hinter einer Senke die **4 Eidenberger Lusenkapelle** mit weinender Maria.

GIPFELBLICK Ein Pfeil weist den Abstecher zum Eidenberger Lusen, dessen Kreuz wir uns aus östlicher Richtung nähern. In Richtung Norden fällt die Formation schroff ab. Der Blick über Wegescheid hinweg reicht ins Dreiländereck.

RUNDE VOLLENDEN Zum Abstieg vom Vorwaldgipfel setzen wir auf bekannter Strecke zurück zur **4 Kapelle**. Dort geht es nach rechts sanft bergauf, dann am breiten Kamm entlang. Zuletzt verläuft der Weg halb links hinab. Am **5 Waldrand** angekommen, führen die Schilder halb rechts nach Eidenberg. An der von der Anfahrt bekannten Kreuzung geht es nach links zum Wanderparkplatz. Den Marsch durchs Dorf spart sich, wer bereits am Waldrand links abbiegt und so den Parkplatz flott erreicht. Nimmermüde steuern den nahen Rannasee an, das größte Badegewässer im Bayerwald (Rundweg 2,5 km, 0.45 Std.; Tretbootverleih).

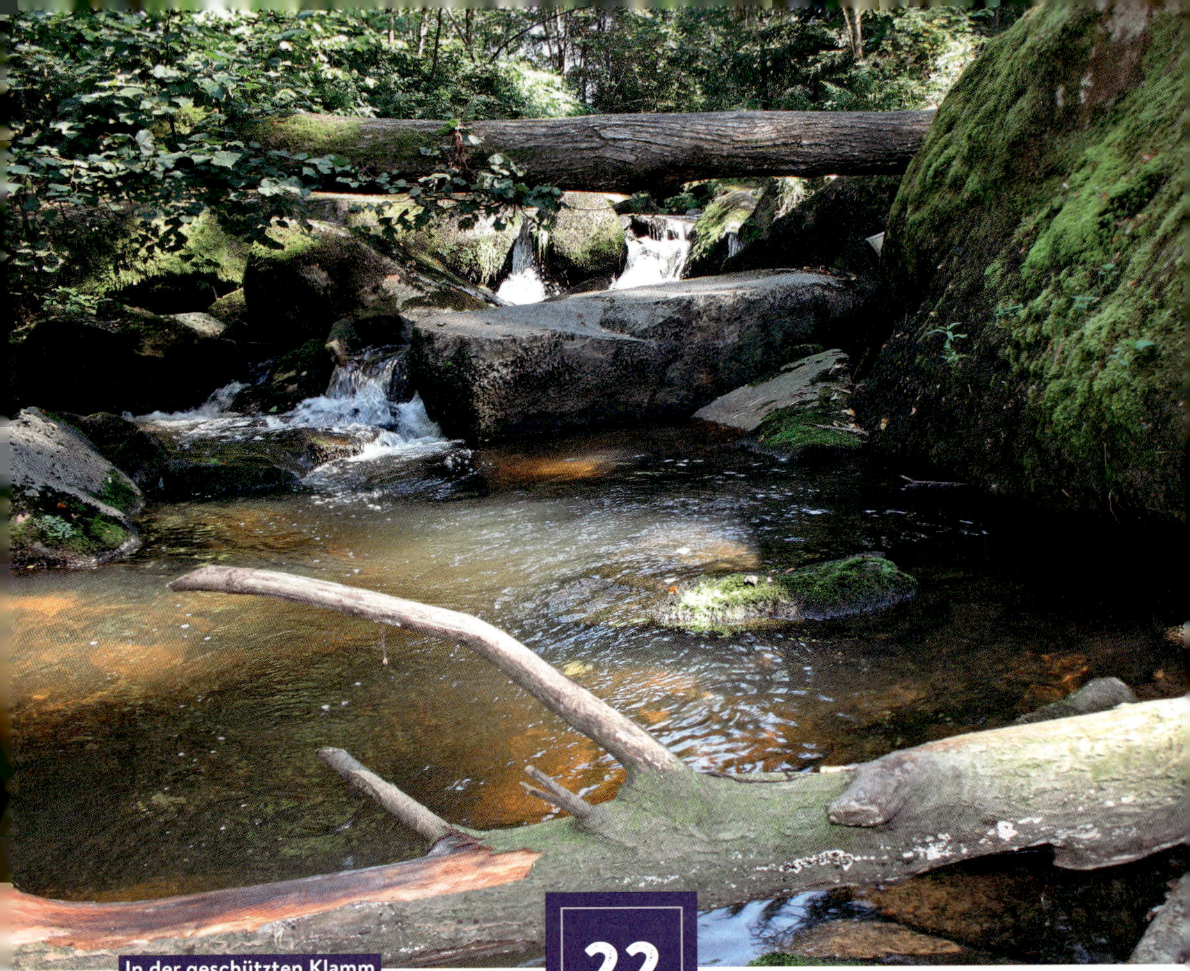

In der geschützten Klamm marschieren wir lange Zeit direkt am Wildwasser entlang.

22

Die vielen Gesichter des Saußbachs

Von der Klamm zum Erlauzwieseler See

Im Süden der hübschen Kleinstadt Waldkirchen führt diese Wanderung von der altehrwürdigen Saußmühle in die malerische Klamm. Über das Naturschutzgebiet hinaus geht es stromaufwärts zum Erlauzwieseler See. Weitgehend auf selber Strecke zurück, spüren wir am Marktbach die märchenhafte Haller Alm auf.

WILDER SAUSSBACH In der 300 Jahre alten, renovierten Saußmühle erfreut heute ein Biomarkt mit Bistro alle umwelt- und ernährungsbewussten Zeitgenossen. 50 Meter südlich weist Pfeil Nr. 1 in Richtung Saußbachklamm. Ein paar Schritte geht es hoch. Dann nähert sich unser Weg zwischen Fichten, Buchen und Tannen rasch dem Wildwasser. Stück für Stück bewegen wir uns in das zauberhafte Tal, in dem die weiße Gischt moosbewachsene Granitblöcke umspült.

KLAMMHEIMLICH Am rechten Ufer stromaufwärts lassen wir insgesamt fünf Stege links liegen. Zwischen Nummer eins und zwei wird der Karlsbrunnen passiert. Nummer drei hinüber zur Haller Alm sparen wir uns für den Rückweg auf, ebenso die folgende, vierte Möglichkeit über das Wehr. Aufgepasst: Bei Steg Nummer fünf ignorieren wir den Pfeil »zum Kurpark« und gehen unmarkiert geradeaus weiter (auch nicht halb rechts auf der Schotterpiste). Über zwei Rinnsale hinweg verlassen Aktive die östlichen Ausläufer der Klamm und stoßen auf Asphalt. Dort biegen wir wieder ohne Markierung nach links ab und erreichen über eine kaum befahrene Doppelbrücke flott das **1 Brücken-Nordufer.**

ZAHMER SAUSSBACH Nun wenden wir uns nach rechts und spazieren in Pfeilrichtung Kurpark. Gemütlich schlängelt sich der Weg mit dem sanft plätschernden Saußbach in Richtung Osten, was auch Radfahrer schätzen. In Ufernähe stehen ein paar Häuser. Passagen, in denen in der Vergangenheit Hochwasser auftrat, finden wir asphaltiert vor. Bevor wir geradewegs durch eine Mini-Unterführung spazieren, taucht im Hintergrund der Dreisesselberg auf. Erneut im Auwald wird über einen blauen Steg marschiert. Einen Katzensprung weiter geht es auf Asphalt auf der blauen Brücke nach links zurück ans andere Ufer sowie zur **2 Westspitze des Erlauzwieseler Sees.**

SEERUNDE MIT EINKEHR Mit dem Schauerbachtalweg (Nr. 10) beginnen wir, auf dem Damm zwischen See und Saußbach zu laufen. Erst hinter der Birkenzeile wird das ganze Ausmaß des Gewässers samt Vogelinsel sichtbar. Aus der Ferne grüßt das beliebte Ziel vieler Einheimischer: das **3 Restaurant am See**. Ein Holzsteg bringt uns auf Höhe der Saußbach-Kneippanlage hinüber in den Garten der Einkehrstation. Nach dem empfehlenswerten Stopp geht es über den Steg zurück. Um eine Runde zu kreieren, marschieren wir nun nach rechts in Pfeilrichtung Waldkirchen. Eine zweite, stattliche Kneippanalge erwartet uns im Kurpark. Mutige erfrischen sich im See (alternativ begeistert das Karoli-Frei-/Hallenbad, Anfahrt via Stadtplatz Waldkirchen; www.urlaub-in-waldkirchen.de/badepark). Hinter dem Birkendamm und an der Forellenzucht vorbei

Versteckt gelegene Einkehrstation: die urige Haller Alm

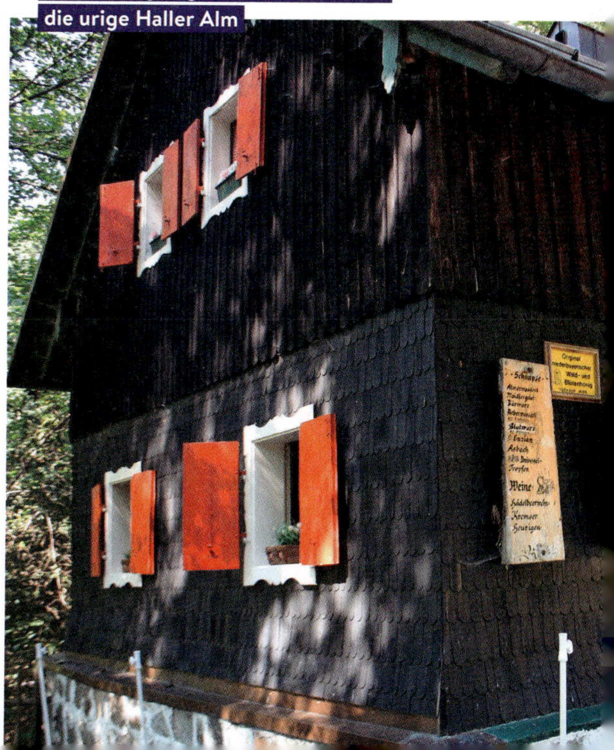

Tipp

DREI ZUGABEN IN WALDKIRCHEN

Tipp 1: Vor dem nahen Kreisverkehr buchen Fans von Hochprozentigem am Stammsitz der Hausbrennerei Penninger im Besucherzentrum eine einstündige Tour (Erw. 15 € mit Tasting, 6–18 Jahre 7 € ohne; www.penninger.de).
Tipp 2: Am hübschen Stadtplatz von Waldkirchen pilgern Modebewusste zum Garhammer. Regionale Gourmets schwören auf das angeschlossene Sterne-Restaurant Johanns in der obersten Etage; www.garhammer.de.
Tipp 3: Im Nordwesten von Waldkirchen in Fahrtrichtung Freyung lautet das Motto im ersten bayerischen Auswanderermuseum »Born in Schiefweg«. Das dortige Geburtshaus der Emerenz Meier dokumentiert am Dorfplatz 9 das Leben der 1874 geborenen Dichterin, die ihr Glück in der neuen Welt in Chicago suchte (Erw. 4 €, erm. 2 €, Zeiten ans angeschlossene, nette Wirtshaus gekoppelt; www.born-in-schiefweg.de). An der Donaupromenade in Passau erinnert übrigens auch eine Bronzebüste auf Granit an diese starke Frau.

geht es an der **2 Westspitze des Erlauzwieseler Sees** über die vom Hinweg bekannte blaue Brücke ans Südufer, dahinter zweimal rechts in Pfeilrichtung Waldkirchen. Über den blauen Steg hinweg spazieren wir Stück für Stück zurück bis zum **1 Brücken-Nordufer**. Dort laufen wir dieses Mal rechts in Pfeilrichtung Waldkirchen auf Asphalt den lang gezogenen Parkplatz entlang.

ZURÜCK ZUR KLAMM Bevor die Straße eine Rechtskurve einlegt, biegen wir nach links zur Saußbachklamm ab (Pfeil aus unserer Sicht verkehrt herum angebracht). Der folgende Pfad führt über einen Steg ans Saußbach-Südufer, dann nach rechts auf bekannter Strecke zum Wehr-Steg, den wir dieses Mal beschreiten. So überqueren wir den Saußbach sowie unmittelbar dahinter links den Marktbach. Zwischen den beiden Gewässern schreiten wir in Pfeilrichtung Waldkirchen, allerdings nur ein kleines Stück. Dann steigen wir nach links hinunter zur **4 Haller Alm**, entweder über eine kurze, sehr steile Passage, oder alternativ ein Stück weiter barrierefrei (beide Varianten sind ausgeschildert).

WIE EIN HEXENHÄUSCHEN Wer möchte, kehrt in der verträumt gelegenen Brotzeitstation ein. Einheimische bestellen gerne geräucherte Forelle. Das Jahr 2022 brachte für Wirtin Brigitte Auer das 50-jährige Jubiläum in dem Häuschen. Vorausgesetzt, es findet sich genügend Personal, soll die Haller Alm ihr zufolge bei schönem Wetter täglich öffnen bis zum sogenannten Almabtrieb am 3. Oktober. Früher grasten hier nämlich Rinder. Später waren beim Saisonfinale symbolisch Ziegen zugange, auf Bayerisch »Goaß« genannt, bis ein armes Tier sich einmal an einem Felsblock strangulierte.

GROSSES FINALE Einen Steinwurf von der Haller Alm stromabwärts erreichen wir über den 2020 ersatzweise errichteten Steg erneut das Saußbach-Südufer. Dahinter wandern wir nach rechts auf der bekannten Strecke am Fließgewässer entlang. Im Herzstück der Klamm zeigt sich der Saußbach nach der Schneeschmelze oder, wenn es heftig regnet, als reißender Wildbach, im Hochsommer eher beschaulich. Zu guter Letzt erreichen wir die Saußmühle. Im dortigen Bio-Bistro ist – im Unterschied zur Haller Alm – eine Tasse Kaffee zu haben. Übrigens: Ein kleines Stück stromabwärts vereint sich der Saußbach mit dem Pfeffermühlbach zur Erlau.

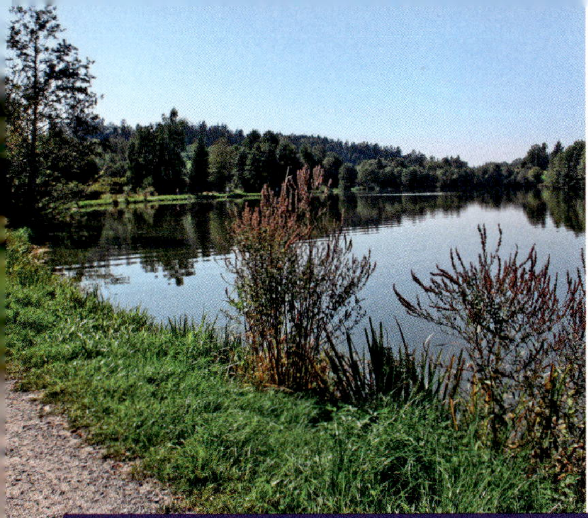

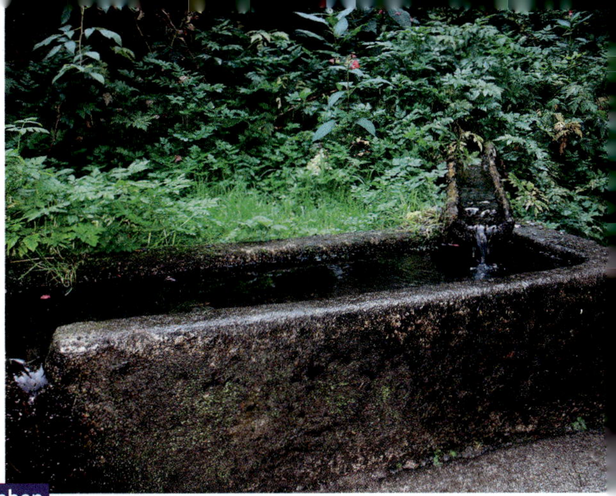

↑ Erlauzwieseler See vom Restaurantgarten aus gesehen
↗ Beim Hin- wie beim Rückmarsch passieren wir den Karlsbrunnen.

INFO

leicht	9,5 km	3.15 Std.	135 Hm

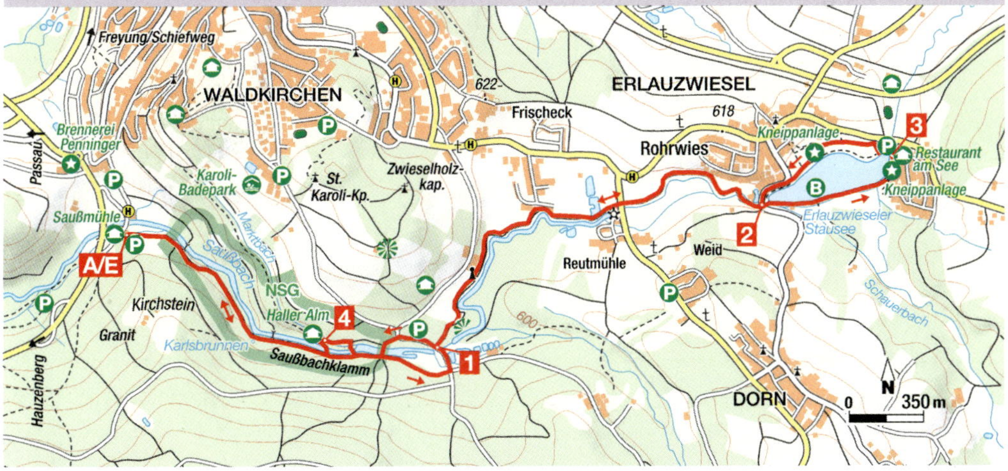

TOURENCHARAKTER

Anfang/Abschluss Wanderung durch Klamm, darüber hinaus Spaziergang am Saußbach entlang sowie um den See herum

AUSGANGS-/ENDPUNKT

Saußmühle, Seitenstreifen beim Einstieg (GPS: 48.718331, 13.594743); alternativ beim See

ANFAHRT

Sternförmig Zubringerstraßen nach Waldkirchen, dort weiter in Richtung Hauzenberg, hinterm Kreisverkehr links abbiegen gemäß Pfeil Saußmühle und Biomarkt

GEHZEITEN

Saußmühle (500 m) – Restaurant am See 1.30 Std. (4,75 km); Restaurant (595 m) – Haller Alm knapp 1.15 Std. (gut 3,5 km); Haller Alm (575 m) – Saußmühle knapp 0.30 Std. (1,25 km)

EINKEHR

Haller Alm (nur bei Schönwetter, bis 3. Okt.), Restaurant am See (Mo, Di Ruhetag), Bogners Bio-Bistro (Mo–Sa, Mi u. Sa nur bis 13 Uhr)

KARTE

Kompass 197 Südlicher Bayerischer Wald, 1:50 000

Kleiner Felsendom, große Laune der Natur

Steinernes Kirchlein und Wackelstein

Auf diesem überschaubaren Steig spüren wir im Saldenburger Granit eine Felsenkirche auf. Findige Wanderer versuchen, im schattigen Mischwald den mannshohen Wackelstein in Bewegung zu setzen. Eine geheimnisvolle Zugabe verrät Seite 154.

Wer findet die richtige Stelle, um den mächtigen Wackelstein in Bewegung zu setzen?

23

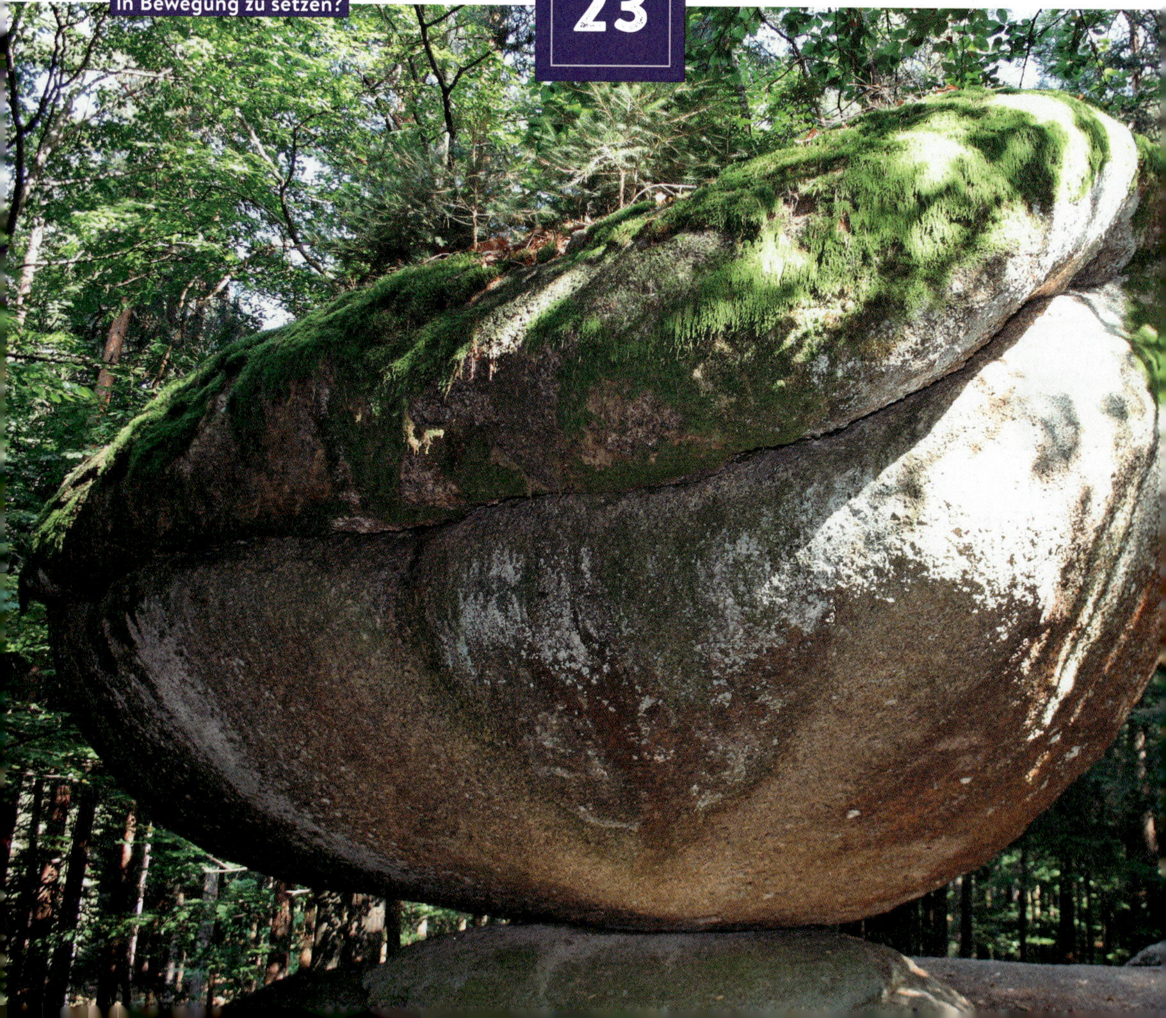

INFO

TOURENCHARAKTER

Bunte Runde zu Felsenkirche und wuchtigem Wackelstein, Anfang/Ende licht, sonst schattige Wege und Pfade

AUSGANGS-/ENDPUNKT

Wanderparkplatz Entschenreuth (GPS: 48.786121, 13.315906)

ANFAHRT

Dreieck zwischen Zenting, Saldenburg und Thurmansbang ansteuern, in Entschenreuth »Zum Wackelstein« einbiegen bis zum ausgeschilderten Parkplatz hinterm Asphaltende

GEHZEITEN

Wanderparkplatz (450 m) – Steinernes Kirchlein (530 m) – Wackelstein 1 Std. (2,5 km); Wackelstein (600 m) – Parkplatz 0.45 Std. (2 km)

EINKEHR

Gasthaus Klessinger Hundsruck (2 km Richtung Saldenburg; Mi–So zu Essenszeiten), Gasthof zur Post Thurmansbang (Di nur abends, Mo u. Mi Ruhetag), Kammbräu Zenting (Mo–Fr nur abends; nichts für Eilige)

leicht	4,5 km	1.45 Std.	200 Hm

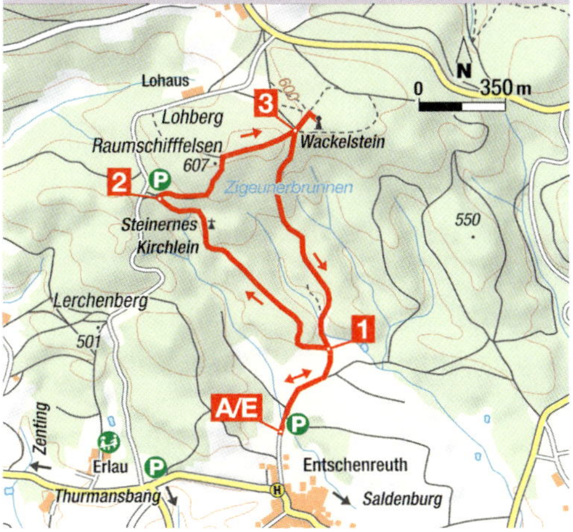

KARTE

Kompass 196 Mittlerer Bayerischer Wald, 1:50 000

LICHTBLICKE Vom Wanderparkplatz marschieren wir auf dem für Kfz gesperrten Feldweg über die erste Kreuzung hinweg. Nach dem Linksknick erwartet uns eine reich beschilderte **1 Kreuzung**. Hier folgen wir Nr. 84 nach links, absolvieren also die folgende Runde im Uhrzeigersinn. Hinter dem Rinnsal steigt der Pfad an. Rechter Hand zeigt sich der moosbewachsene Saldenburger Granit. Kurz hinter der Kuppe verraten zwei Pfeile, wo der zurückversetzte Durchschlupf zum Steinernen Kirchlein versteckt liegt. Hinter einem schmalen Durchlass verbirgt sich sein schwarzes Eisenkreuz.

AM DIEBSTEIN VORBEI Vom naturnahen Gotteshäuschen halten wir uns hinter den Pfeilen halb links und queren das Rinnsal sanft bergab. Bevor wir auf den **2 Rastplatz** nahe der Forststraße treffen, weist die Markierung Nr. 84 rechts bergan. Vor dem höchsten Punkt unserer Runde lassen wir die Lohberg-Kuppe links liegen, ehe in der folgenden Senke ein **3 Wanderstern** empfängt. Der grüne Pfeil verrät, wo der Wackelstein einen Katzensprung entfernt ruht.

LAUNE DER NATUR Ein Koloss dieser Art findet sich selten. Die gewölbte Unterseite des mindestens 50 Tonnen schweren Wackelsteins mit seinen bis zu 4 Meter langen Kanten deutet an, was ein starker Mensch an der richtigen Stelle zu tun vermag. Was sich über Jahrmillionen hinweg geformt hat, bezeichnen Geologen als Wollsackverwitterung.

RETOUR Vom Wackelkandidaten setzen wir zurück zum **3 Wanderstern**. Dort biegen wir nach links ab und streben auf sportlicher Strecke mit Nr. 84 talwärts. Hinter der lichten Senke liegt die uns bekannte **1 Kreuzung**. Von dort geht es zurück zum Ausgangspunkt.

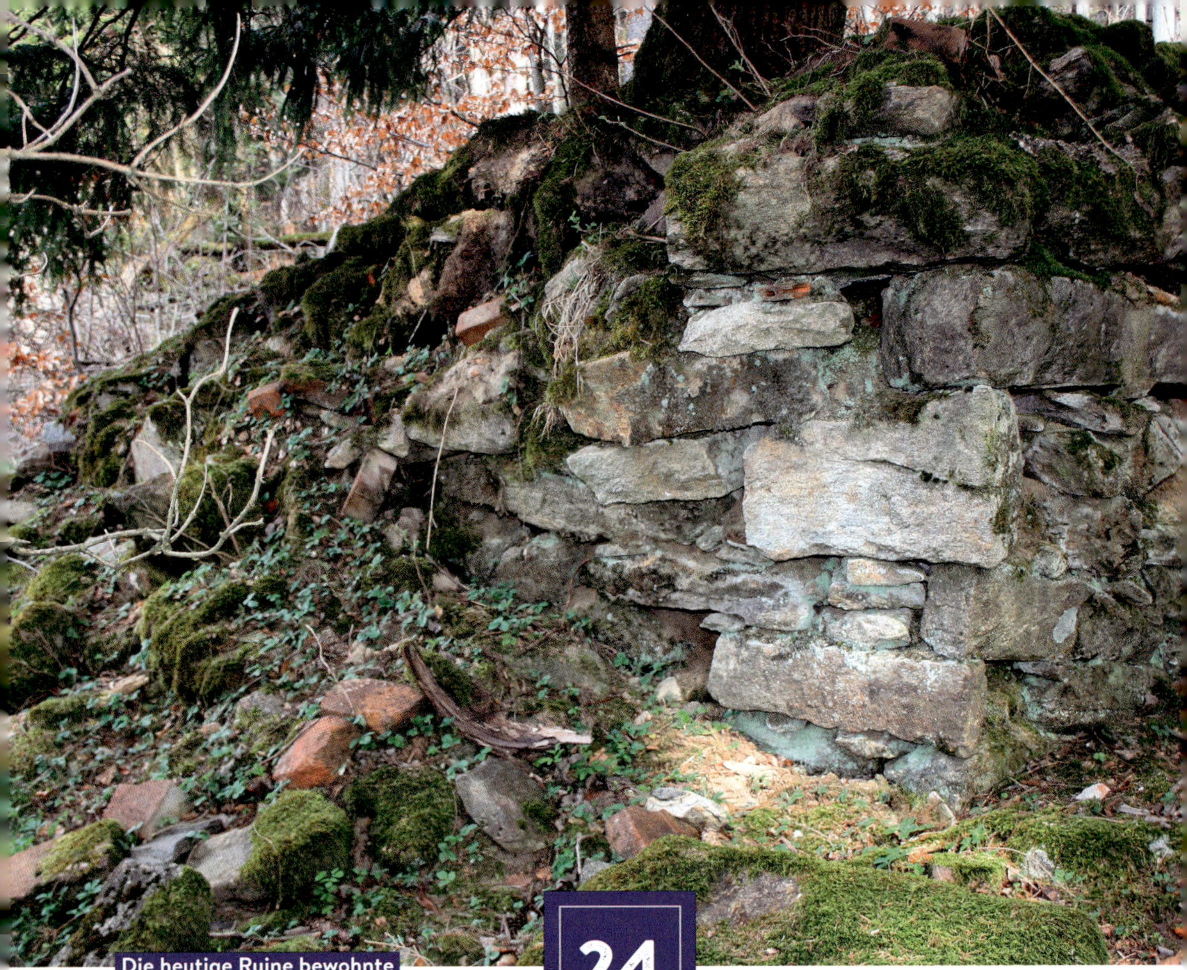

Die heutige Ruine bewohnte bis in die Nachkriegszeit hinein das Ehepaar Killinger.

24

»Steinzeit« im Sonnenwald

Von Langfurth übern Brotjacklriegel

Im sonst schattigen Sonnenwald spürt unsere schmucke Runde zahlreiche Relikte der Vergangenheit auf und verspricht mehr lichte Momente als jede andere Variante. Auf der Gipfelkuppe begeistert der Blick vom Aussichtsturm. Beim Rückweg lösen wir uns von den gängigen Turmwegen.

INFO

TOURENCHARAKTER
Durchgängig schöne Wanderwege und Pfade, zum Abschluss Asphalt

AUSGANGS-/ ENDPUNKT
Parkplatz am Feuerwehrhaus im Süden von Langfurth (GPS: 48.821205, 13.198712)

ANFAHRT
Von Westen via B 533 und Grattersdorf, von Norden via B 533 und Schöfweg, von Osten über Zenting, von Süden via Schöllnach

GEHZEITEN
Langfurth (825 m) – Neufang Nord – Brotjacklriegel 0.45 Std. (1,75 km); Brotjacklriegel (1011 m) – Neufang Süd – Langfurth 3,25 km (knapp 1.15 Std.)

leicht	5 km	2 Std.	225 Hm

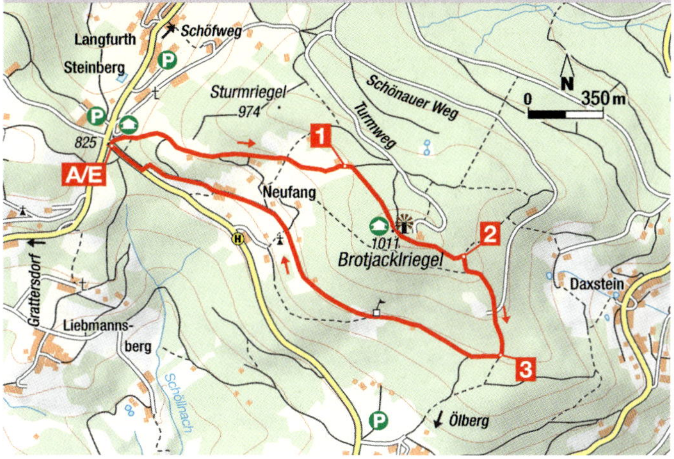

EINKEHR
Turmstüberl (Gipfel), Panorama-Landgasthof Ranzinger Langfurth (Do Ruhetag), Gasthof zum Sonnenwald Schöfweg (Mi Ruhetag)

KARTE
Kompass 196 Mittlerer Bayerischer Wald, 1:50 000

HÖHEPUNKTE Aus der Ferne lässt sich der Brotjacklriegel an seinem 125 Meter hohen Sendemast ausmachen. Wer hinaufsteigt, entdeckt den 25 Meter hohen Aussichtsturm. Der ungewöhnliche Name der Anhöhe stammt wohl von einem Vermesser, der des Bairischen nicht mächtig war und den »Broaden Jagariegel« (Breiter Jägerriegel) einfach seinem Gehör nach umbenannte.

ALTES IN NEUFANG Auf der Kuppe queren wir die Straße mit Bedacht in Richtung Hotel. Der Goldsteig, Nr. 18, und der stilisierte Turm führen zunächst am linken Waldrand empor. Hinter der Bergstation des Skilifts gehen wir durch ein Stück Wald. In der folgenden Streusiedlung wird es erneut licht. Am **1 Haus Nr. 10** kommen wir an einem Baumskelett vorbei. Dahinter führt der markierte Weg halb rechts in den Forst.

ÜBERSCHREITUNG Nach Stock und Stein erblicken wir das holzvertäfelte Stüberl samt Aussichtsturm (ab 6 Jahre 50 ct., ab 14 Jahre 1 €). Beim Weitermarsch lässt unser Pfad in Richtung Daxstein den Sendemast links liegen. Wenig später wechseln wir an der **2 Kreuzung** vom Turmweg Daxstein nach rechts auf den Turmweg Ölberg.

KILLINGER-RUINE Wo eine Wendeplatte rechts liegen gelassen wird, folgen wir Nr. 17 in Pfeilrichtung Langfurth. Bei der folgenden **3 Gabelung** geht es nach rechts. Ein kleines Stück bergan erspähen wir die Ruine eines Steinhauses. Hinter einem Gemäuer neueren Datums mündet unser Pfad auf Höhe einer Kapelle auf Asphalt. Wo die Zufahrt der Neufanger Anwohner auf die vorfahrtsberechtigte Straße nach Ölberg trifft, halten wir uns rechts und erreichen den Parkplatz.

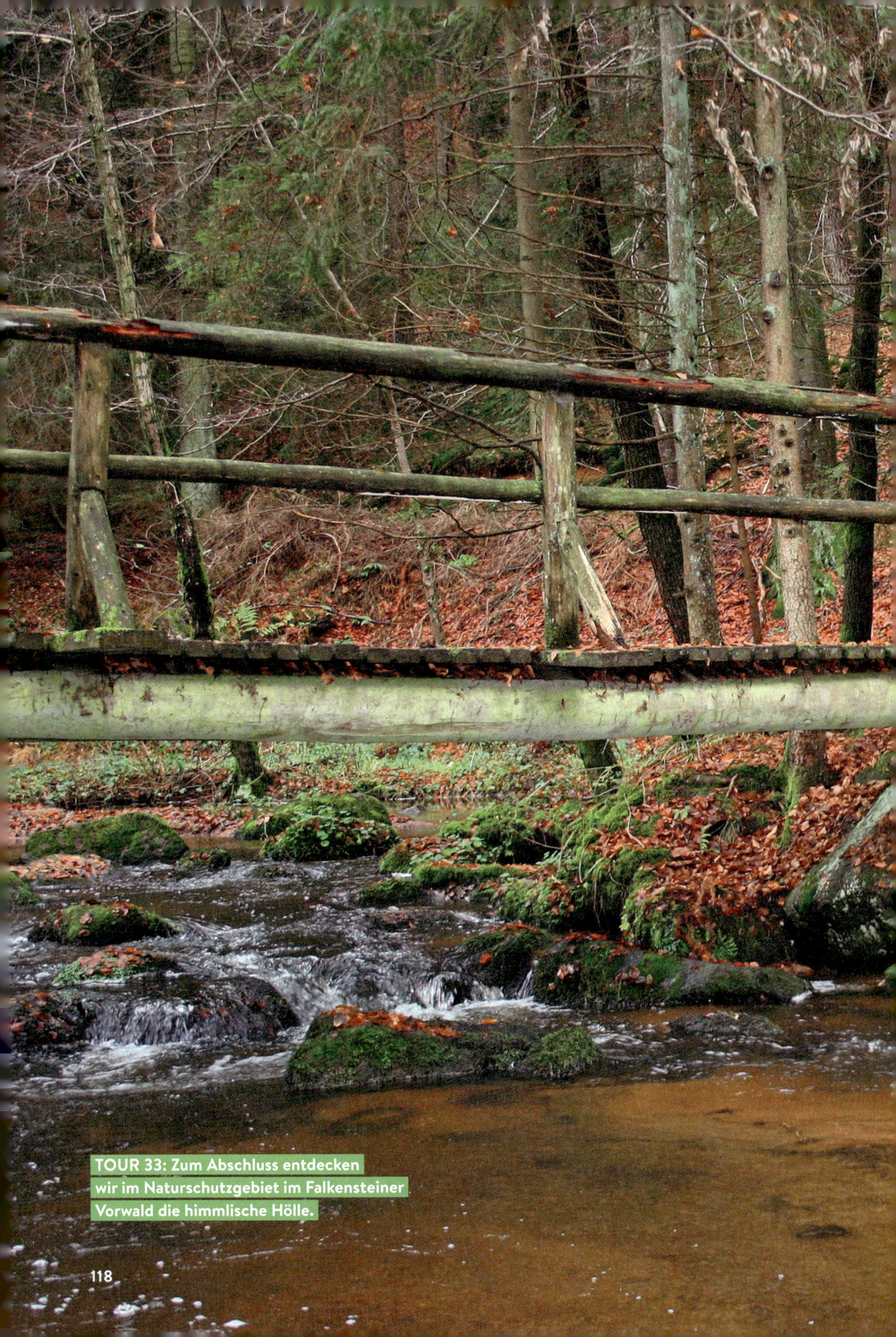

TOUR 33: Zum Abschluss entdecken wir im Naturschutzgebiet im Falkensteiner Vorwald die himmlische Hölle.

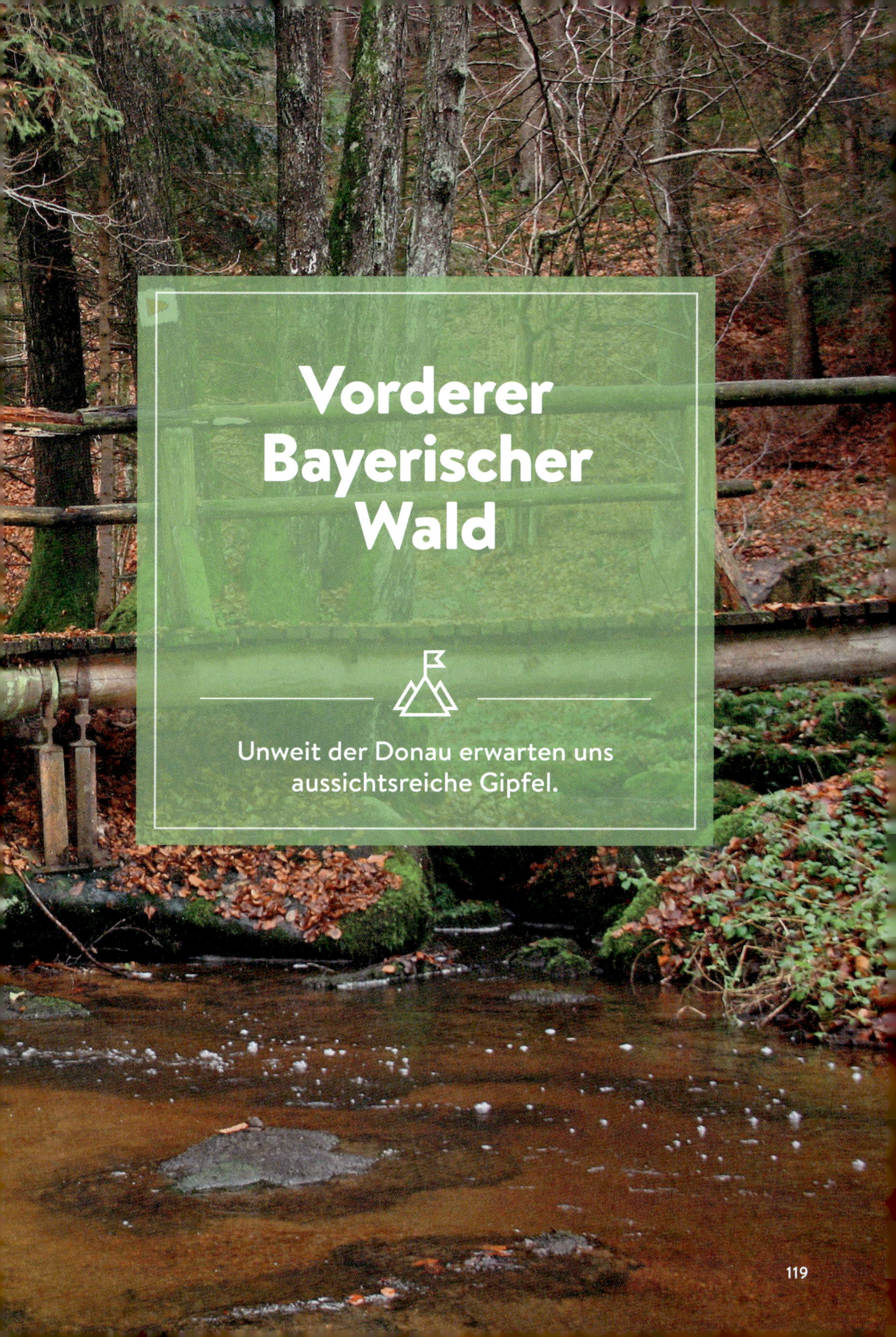

Vorderer Bayerischer Wald

Unweit der Donau erwarten uns aussichtsreiche Gipfel.

Wo der Pichelsteiner erstmals köchelte

Mit Erfolgsrezept übern Büchelstein

Herrscht anderswo Trubel, bleibt es am Büchelstein angenehm ruhig, außer am ersten August-Sonntag beim Berggottesdienst vor dem Gipfelkreuz. Geht es an der Kapelle Rastbuche vorbei zurück, wandeln wir meist mutterseelenallein im überraschend wilden Wald.

Ein wahres Kleinod: die Wallfahrtskapelle Rastbuche im Forst über Grattersdorf

25

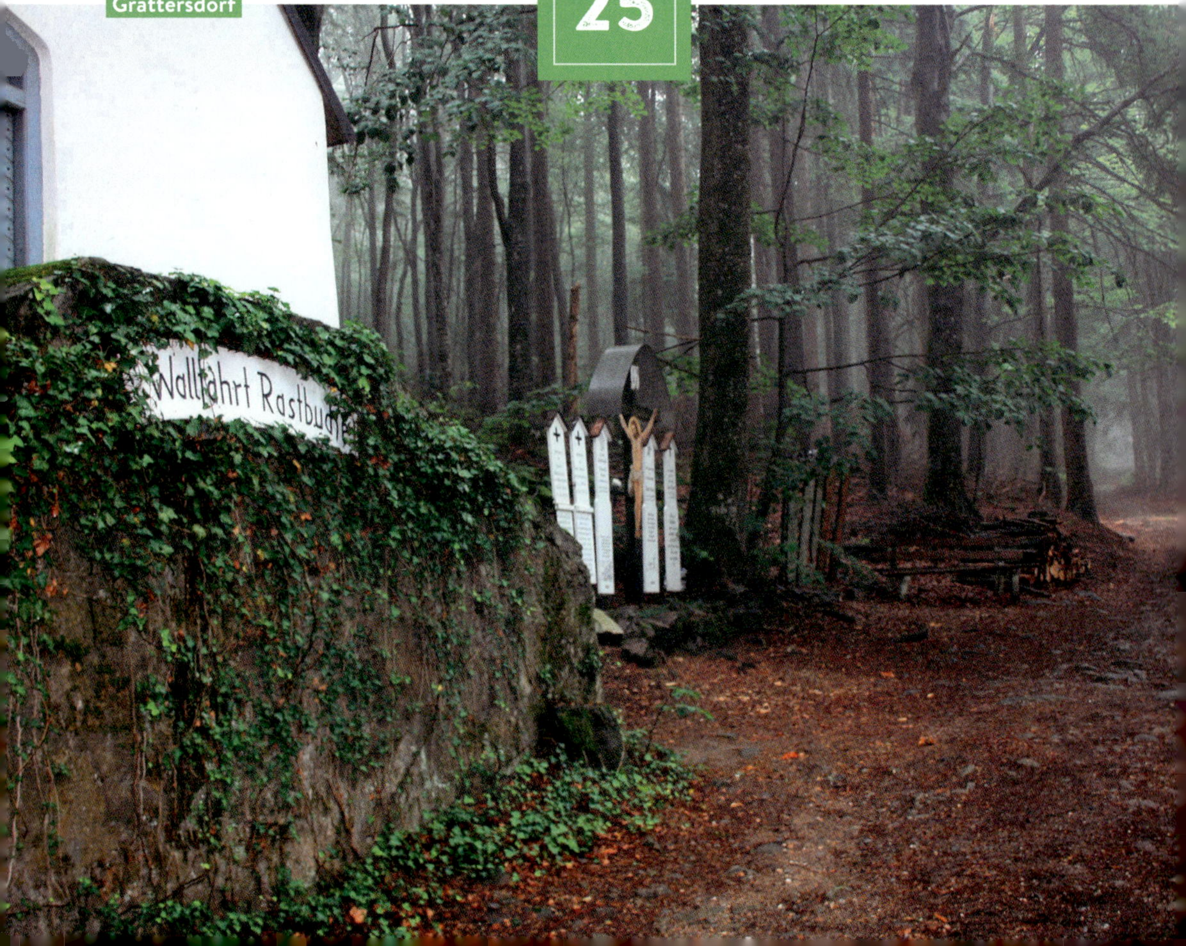

DAS ERFOLGSREZEPT Der Büchelstein verleiht einem beliebten Eintopfgericht seinen Namen: dem Pichelsteiner. Das Rezept kreierte Wirtin Auguste Winkler aus Grattersdorf vor bald 200 Jahren. Dreierlei Fleisch, Kartoffeln und Gemüse braucht es, damit der Gaumenschmaus gelingt. Leider wird das Schmorgericht nach dem August-Berggottesdienst nicht mehr feierlich in Kerschbaum im Gasthof zum Büchelstein serviert. An guten Festtagen gingen bei Wirtsfamilie Raith einst bis zu 800 Portionen über den Tisch. Doch nicht zuletzt aufgrund der Corona-Pandemie schloss die Traditionsgaststätte ihre Pforten. Alternativ genießen wir das pikante, aufwendig zubereitete Essen Ende Juli auf dem Pichelsteinerfest der Stadt Regen traditionell am Festmontag oder im Schutzhaus am Großen Falkenstein (Tour 12).

HIMMELWÄRTS Zunächst folgen wir Markierung Nr. 54 in Richtung Kleiner und Großer Büchelstein auf dem Forstweg flott in den urwüchsigen Wald hinein bergauf. Das zweite Anwesen lassen wir gemäß Pfeil »Kl. Büchelstein« links liegen, wechseln auf den wildromantischen, schattigen Waldsteig. Himmelwärts merken aufmerksame Wandersleut', dass bei der **1 Abzweigung** der Pfeil, der den Abstecher zum Aussichtspunkt weist, verkehrt herum angebracht ist. Auf alle Fälle blicken wir vom Felskopf samt Holzkreuz über Grattersdorf hinweg weit in Richtung Südwesten.

GROSSER BRUDER Zurück auf der Hauptstrecke, schlängelt sich unser Steig zwischen Buchen und Fichten an einem Wendehammer vorbei bergwärts. Unmittelbar bevor wir nahe der Kammlage auf eine Forststraße treffen, wenden wir uns nach rechts und laufen unterhalb dieser Trasse entlang. Sodann geht es halb rechts bergab bis zum lichten

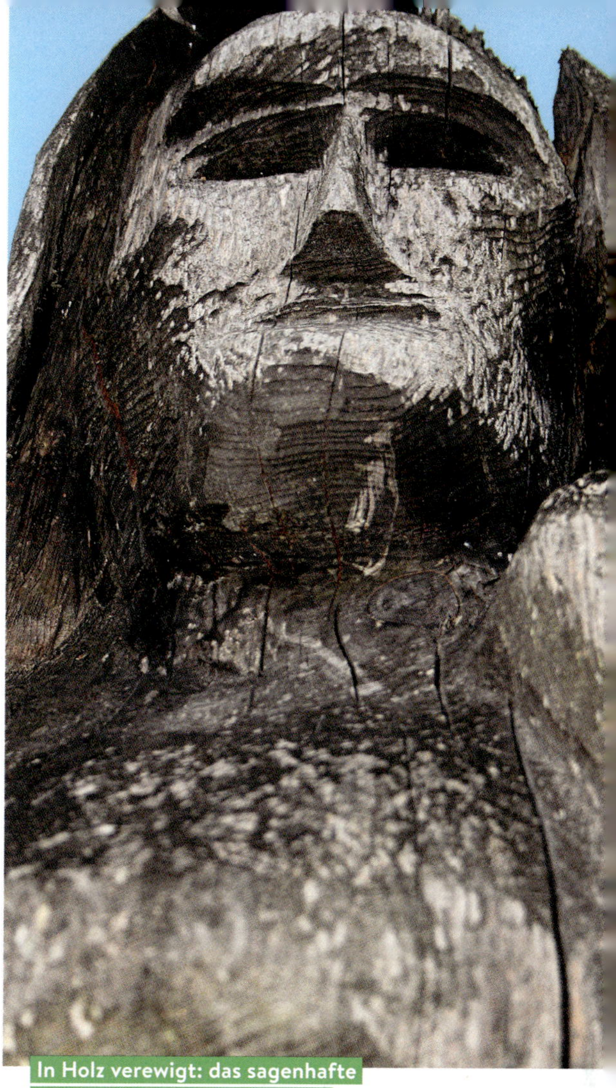

In Holz verewigt: das sagenhafte Burgfräulein vom Büchelstein

Tipp

DER BETENDE HEILAND

Aufmerksame entdecken in Rastbuche vor dem Gitter auf dem Boden einen Spurstein. Der Volksmund sagt, die zwei Abdrücke stammen von den Knien von Jesus Christus, der hier einst bei einer Rast gebetet haben soll. Und wenn es doch nicht so war, ist es wenigstens eine einprägsame Geschichte.

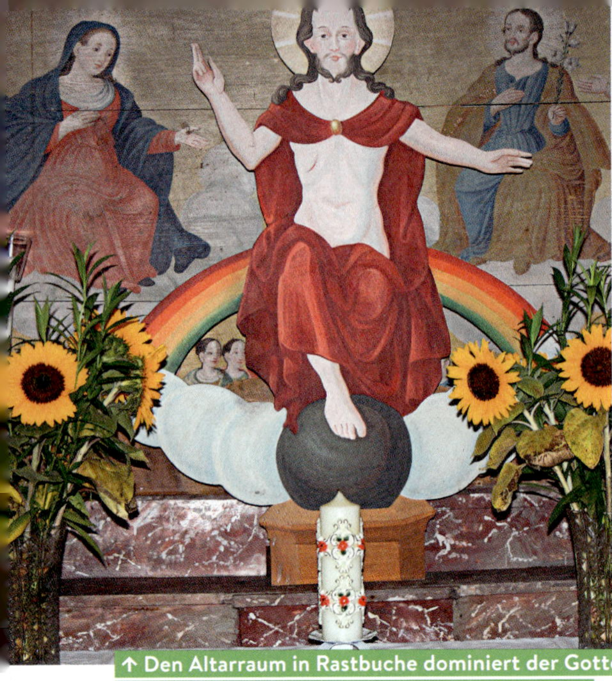

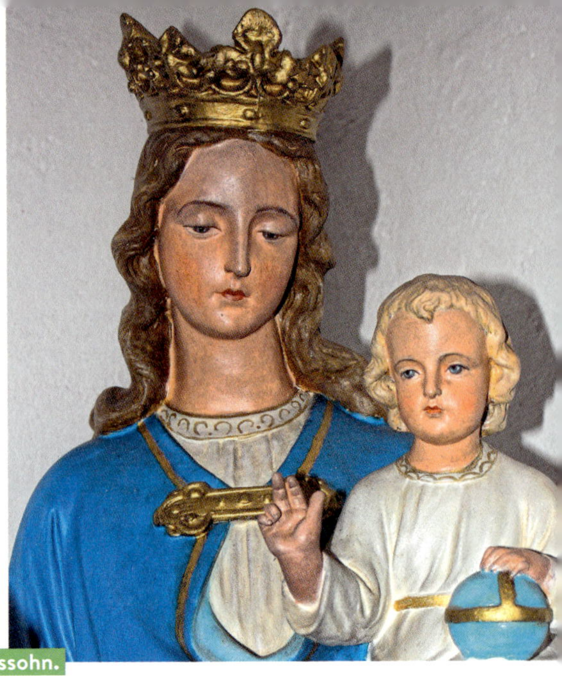

↑ Den Altarraum in Rastbuche dominiert der Gottessohn.
↗ Maria mit Jesuskind wird figürlich dargestellt.

Vorplatz sowie zum Aussichtspunkt am **2 Großen Büchelstein**. Neugierige entdecken ein mächtiges Kreuz sowie – mit der nötigen Vorsicht – eine Absprungrampe für Paraglider. Zudem soll hier an Fronleichnam eine verwunschene Schlossherrin kurz zum Leben erwachen und der Legende nach an ihrem goldenen Kamm zu erkennen sein. Auf alle Fälle reicht der Blick in Richtung Südosten über die Donau hinweg bei klarer Sicht bis in die Alpen. Übrigens: Beide Aussichtpunkte liegen unterhalb der bewaldeten Kammkuppe und wirken wie Seitengipfel.

WENDEPUNKT OHNE EINKEHR Auf dem weiteren Weg folgen wir Nr. 54 auf der Forststraße in Richtung Kerschbaum und landen flott auf Asphalt. Sodann entscheiden wir uns dafür, dem Pfeil »Kerschbaum (Waldweg)« zu folgen, verlassen also die Forststraße beim Wendeplatz/Holzlagerplatz, um geradlinig mitten im Forst bergab zu laufen. Achtung: Nach wenigen Minuten erreichen wir eine Lichtung und wenden uns dort nach links (keine Markierung), um sogleich einen Bach zu queren und sanft bergan auf die asphaltierte **3 Zufahrt nach Oberaign** zu treffen. Dort geht es nach rechts sowie hurtigen Schrittes an der **4 Kreuzung beim Ortsschild** hinab ins Dorf Kerschbaum (alternativer Einstieg). Dort bietet seit 2021 leider nur noch die Dorfkapelle eine Einkehr seelischer Natur.

SPURENSUCHE IN RASTBUCHE Von der kleinen Kapelle unterhalb des ehemaligen Gasthofs reicht der Blick hinüber zum Brotjacklriegel. Wir starten unseren Rückmarsch jedoch ein paar Schritte zurück bergauf, folgen zunächst Nr. 52 in Richtung Grattersdorf, dann bei der **4 Kreuzung beim Ortsschild** Nr. 54 in Richtung Rastbuche. Angenehmerweise geht es dauerhaft sanft bergab. Bis zum folgenden Anwesen verläuft die Route als Kiesweg und kurz asphaltiert, dahinter bis zur zauberhaft gelegenen **5 Kapelle Rastbuche** naturbelassen. Nach dem Besuch von Mutter und Sohn Gottes sowie den dazugehörigen Engeln landen wir weiter sanft bergab auf Asphalt bei unserem Ausgangspunkt über Grattersdorf.

INFO

TOURENCHARAKTER
Teils steinig, meist schattig, viel Waldwildnis

AUSGANGS-/ENDPUNKT
Parknischen kurz vor Asphaltende über Grattersdorf (GPS: 48.805808, 13.163037)

ANFAHRT
Nach Grattersdorf u. a. via B 533, beim Knick in Ortsmitte in Büchelsteiner Straße abbiegen und gut 1 km auf Asphalt bergwärts fahren (auch zu Fuß möglich)

GEHZEITEN
Parknischen Anhöhe (580 m) – Kleiner Büchelstein (704 m) – Großer Büchelstein 1 Std. (2 km); Gr. Büchelstein (832 m) – Kerschbaum 0.30 Std. (1,25 km); Kerschbaum (720 m) – Rastbuche (650 m) – Parknischen 0.45 Std. (2,25 km)

mittel	5,5 km	2.15 Std.	250 Hm

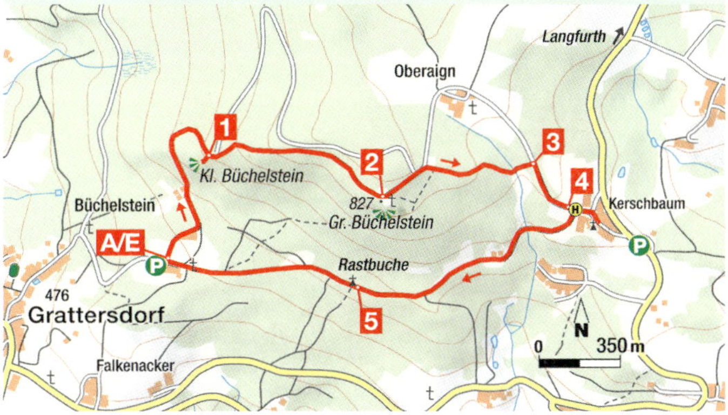

EINKEHR
keine unterwegs; Panorama-Landgasthof Ranzinger in Langfurth (Do Ruhetag)

KARTE
Kompass 196 Mittlerer Bayerischer Wald, 1:50 000

Zu Beginn der Runde geht es sportlich auf den Kleinen Büchelstein.

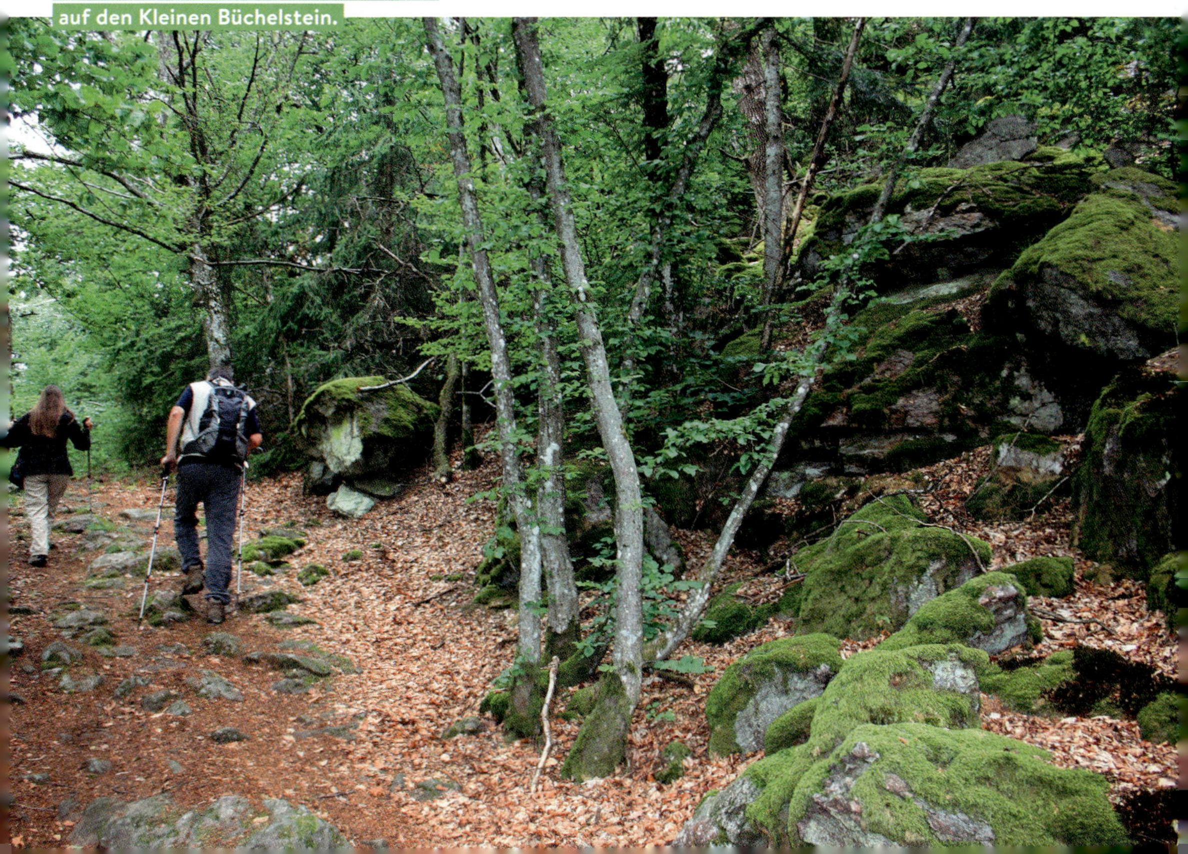

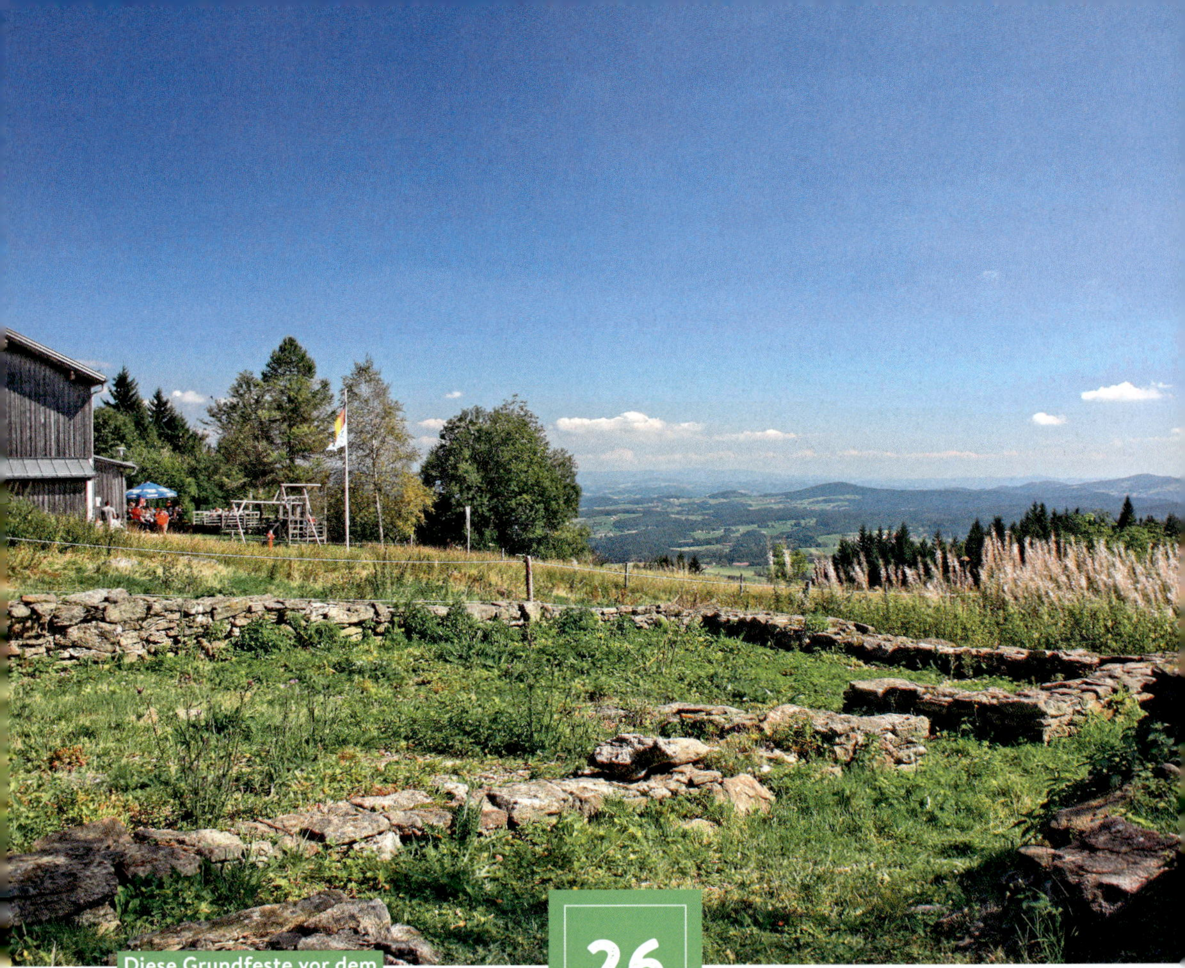

Diese Grundfeste vor dem Landshuter Haus erinnern an das ehemalige Dorf.

26

Einkehr in der Wüstung

Über den Breitenauriegel zum Landshuter Haus

Wer von der Rusel durch den Forst auf den Breitenauriegel wandert, erobert den zweithöchsten Gipfel im Vorderen Bayerischen Wald. Nach der Einkehr im Landshuter Haus auf der Hochebene im verlassenen Bergbauerndorf Oberbreitenau wird auf dem Rückmarsch ein Hochmoor gestreift.

AUF DER RUSEL Vom Parkplatz folgen wir neben dem Häuschen dem Fernwanderweg (grünes Dreieck) in Richtung Hölzerne Hand. Hinter der ersten sanften Kuppe erreichen wir rasch eine Forststraße. Dieser folgen wir halb links nur wenige Schritte, bis die zurückversetzte grüne Markierung rechter Hand den Einstieg in einen breiten Wanderpfad weist. Leicht bergan gehen wir auf den vorwiegend von Fichten gesäumten Weg durch den Deggendorfer Vorwald. Vielerorts blinzelt die Sonne durchs Nadeldach. Schließlich erreichen wir an der querenden Forststraße die markante 1 **Josefsbuche** mit Bildstock.

FINGERZEIG Geradewegs weiter erleben wir lichte Passagen. Über eine unscheinbare Kuppe hinweg erreichen Aktive einen Wanderstern. Auf der rechten Seite erwartet uns ein pilzartiger Rastplatz. Links zurückversetzt erkennen Findige, was dem Ort seinen Namen gibt: die 2 **Hölzerne Hand.** Einer Legende nach half einst eine geheimnisvolle Frau einem Mann, der sich gnadenlos verirrt hatte. Die Hand erinnert an den richtungsweisenden Fingerzeig hinaus aus dem Dickicht. Zum Glück wissen wir, wo es langgeht und folgen dem grünen Pfeil in Richtung Breitenauriegel. Erst marschieren wir über Stock und Stein leicht bergan. Dann verengt sich die Strecke teils zum Hohlweg. Der Anteil der Laubbäume steigt. Linker Hand führt ein Stichweg zu einem Gedenkstein samt Kreuz.

GIPFELSTURM Auf unserem Hauptweg passieren wir die unbewirtschaftete Bergwacht-Diensthütte. Von dort wandern wir auf dem geschotterten Waldweg wenige Minuten weiter. Dann weist Nr. 3 zunächst nach rechts, sogleich geht es nach links in Richtung Gipfel. Bergan erreichen wir schließlich den 3 **Breitenauriegel**. Der Gneiskegel liegt links zurückversetzt und wird im Vorderen Bayerwald nur vom Einödriegel um 3 Meter überragt. Wer zum Kreuz kraxelt, beachtet bitte, dass die Formation nach Südwesten hin steil abfällt. Der Blick in diese Richtung reicht zwischen dem nahen Dreitannenriegel und dem Geißriegel geradeaus über die verdeckte Donau hinweg ins flach wirkende niederbayerische Hügelland.

HOCHEBENE Vom Breitenauriegel-Fuß führt uns ein verwurzelter Pfad sanft bergab. Stoßen wir auf einen markanten Forstweg, geht es nach rechts ins verlassene Bergdorf Oberbreitenau. Da in dieser Höhenlage die Landwirtschaft ein allzu hartes Brot ist, ver-

Tipp

WIE SEBASTIAN KNEIPP

Wer seine müden Beine richtig erfrischen will, schreitet am Wanderparkplatz Oberfrohnreut durch die Kneippanlage. Je kühler das Wasser, desto mehr prickelt es. Garantiert!

Die Einkehr in Oberbreitenau steht bei Wanderfans hoch im Kurs.

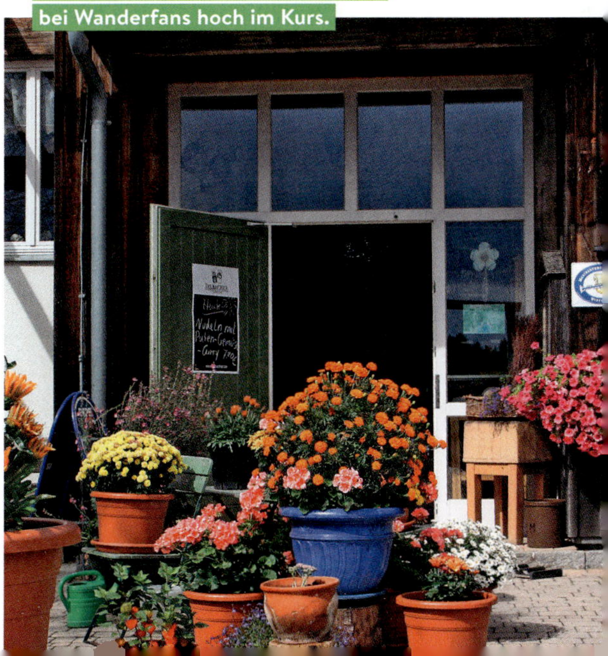

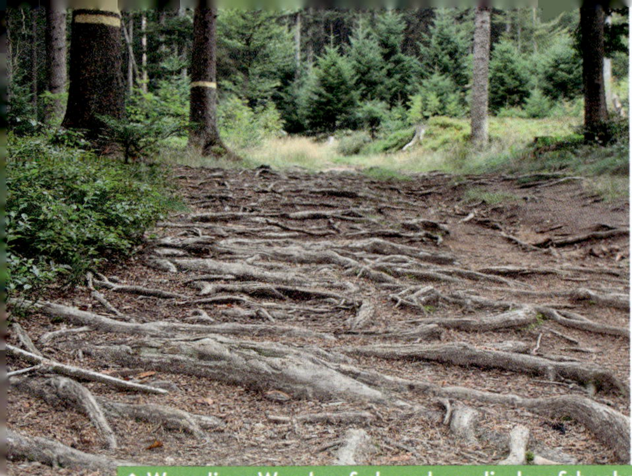 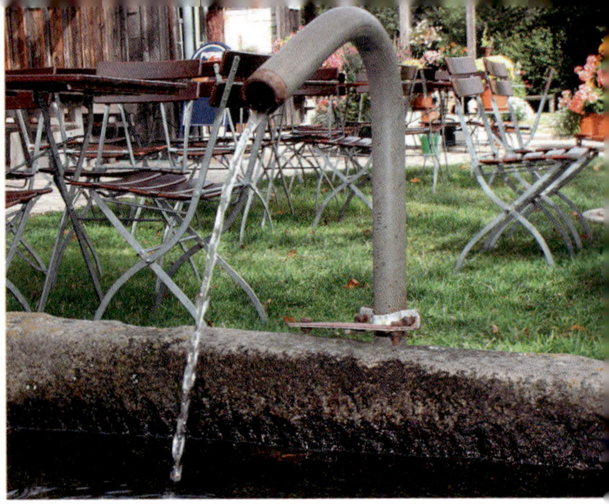

↑ Wurzeliger Wanderpfad rund um die Josefsbuche
↗ Sonnenterrasse vor dem beliebten Landshuter Haus

ließen die letzten Bauern in den 1950er-Jahren die über 1000 Meter hoch gelegene Streusiedlung. Ruinen am Wegesrand zeugen vom Niedergang der heutigen Wüstung. Bewirtschaftet zeigt sich der Nachfolgebau des einstigen Greil-Hofes, das beliebte **4 Landshuter Haus.**

EINKEHR Im Landshuter Haus finden Hungrige und Durstige in zwei Stuben Platz, davor auf der großen Sonnenterrasse. Draußen blicken wir halb rechts zurück auf den von uns eroberten Breitenauriegel sowie halb links zum ferneren Brotjacklriegel mit seinem schlanken Sendemast. Wer sich an der Theke erfrischende Getränke holt, kann dort auch Essen bestellen. Die fertigen Speisen werden an den Tisch serviert. Über der Tür von der Theke zur Küche hängt ein Bild des mächtigen wie urigen Vorgängerbaus, welcher vor rund 50 Jahren einem Brand zum Opfer fiel. Das Bild neben dem Eingang zur Stube zeigt, was nach dem Feuer übrig blieb. Den erweiterten Neubau hielt der Bayerische Wald-Verein im Jahr 1999 eher im sachlichen Stil, wodurch sich das heutige Aussehen der Einkehrstation erklärt.

FEUCHTE ANGELEGENHEIT Gestärkt setzen wir ein kleines Stück auf bekannter Strecke an den Ruinen vorbei zurück. Dann folgen wir Nr. 2 sowie dem gelben Goldsteig-S nach links. Der von uns gewählte Rückweg führt über einen geschotterten Pfad am Rand des Hochmoors entlang (früher ging es auf Bohlen mittendurch). Neben einer Reihe von Krüppelbirken mit typisch weißlicher Rinde tauchen Moortümpel auf, über die Libellen schwirren. Einst vom Austrocknen bedroht, wird das Hochmoor nun behutsam renaturiert. Ob das sehr seltene Karlszepter, welches bezeichnenderweise auch Moorkönig genannt wird, hier immer noch gedeiht – darüber streiten die Experten. Zweifelsohne sprießen im Frühjahr die gelben Blüten der Sumpfdotterblume sowie Wollgras.

SCHLEIFE VOLLENDEN Hinter dem Moor folgen ein Links- und ein Rechtsknick. Ein Stück schreiten wir sanft bergab. Der Pfad geht in einen geschotterten Waldweg über und durch ein Wasserschutzgebiet weiträumig um den Breitenauriegel herum. Schließlich landen wir erneut bei der **2 Hölzernen Hand**. Dort folgen wir Nr. 2 in Richtung Oberfrohnreut. Einen Katzensprung entfernt empfängt uns auf der Lichtung die Hochwaldhütte des Alpenvereins, Sektion Deggendorf. Die diensthabenden DAV-Mitglieder servieren am Wochenende bei halbwegs passablem Wetter Kaffee, Kuchen und Getränke. Draußen erspähen wir über den Ulrichsberg und die Donau hinweg den Straubinger Gäuboden. Direkt vor unserer Nase beherbergt die Hochwaldkapelle eine geschnitzte Muttergottes mit Jesuskind.

ZURÜCK ZUR RUSEL Nach dem Stopp bei den Alpinisten folgen wir Nr. 2 auf breitem Weg weiter durch den Greisinger Hochwald, fädeln auf eine Forststraße ein und landen am **5 Wanderparkplatz Oberfrohnreut**. An der Kreuzung biegen wir nach links ab und marschieren auf dem breiten Böhmweg (schwarzes Rad) weiter, bis wir ein Stück hinter der querenden Forststraße die vom Hinmarsch bekannte **1 Josefsbuche** erreichen. Nun biegen wir nach rechts ab, um auf dem bekannten Fernwanderweg zurückzugelangen. Hören wir die Motoren der vorbeikurvenden Fahrzeuge, steht schon unser Endspurt an.

INFO

TOURENCHARAKTER

Sanftes Auf und Ab in Schleifenform, bunte, teils wurzelige Pfade durch dichten wie lichten Mischwald, kurze Passagen auf geschotterten Wegen

AUSGANGS-/ENDPUNKT

Nordseite Parkplatz Ruselabsatz/Passhöhe (GPS: 48.876153, 13.065493)

ANFAHRT

Staatsstraße Deggendorf – Regen über Rusel; Bus: Nr. 4116 Deggendorf–Bischofsmais

GEHZEITEN

Ruselabsatz (855 m) – Josefsbuche (910 m) – Hölzerne Hand 1 Std. (3 km); Hölzerne Hand (975 m) – Breitenauriegel (1118 m) – Landshuter Haus 1.15 Std. (3 km); Landshuter Haus (1018 m) – Hochmoor – Hölzerne Hand 1 Std. (3,25 km); Hölzerne Hand – AV-Hütte (953 m) – Oberfrohnreut (880 m) – Josefsbuche – Rusel gut 1 Std. (3,5 km)

EINKEHR

Landshuter Haus (bislang Mo Ruhetag), AV-Hochwaldhütte (nur Sa–So)

KARTE

Kompass 185 Westlicher Bayerischer Wald, 1:50 000

mittel	12,75 km	4.15 Std.	400 Hm

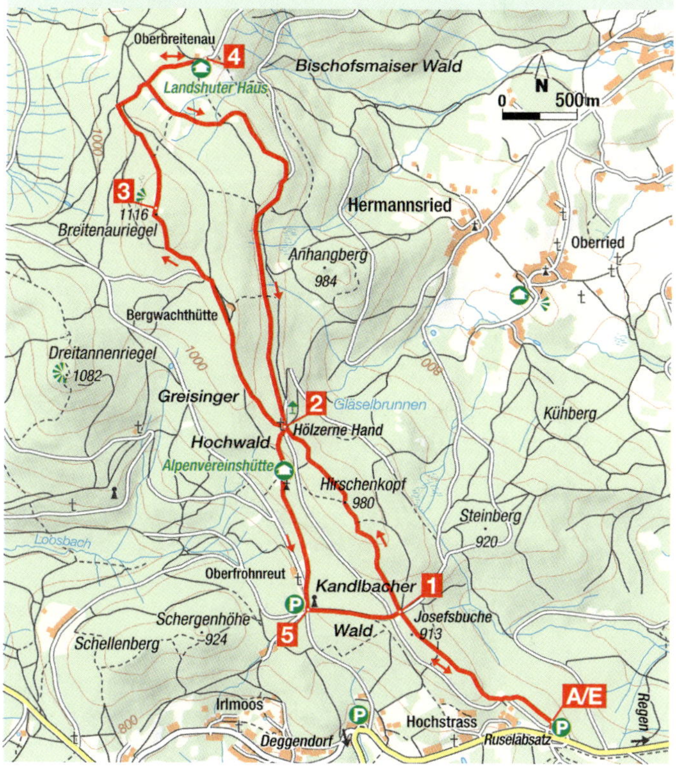

Hochheiliger Gipfelsturm

Von St. Hermann via Degenhardkapelle zum Geißkopf

Den Geißkopf markieren zahlreiche MTB-Trassen und Forststraßen. Unser »Achter« von St. Hermann bei Bischofsmais zur Gipfelhütte verläuft hingegen auf Waldwegen und Wanderpfaden, wobei Aufmerksame vielerorts Zeichen christlichen Glaubens entdecken. Eine Einkehr im Landshuter Haus begeistert zusätzlich.

Neben dem Parkplatz in St. Hermann erinnern diese Totenbretter an liebe Verstorbene.

27

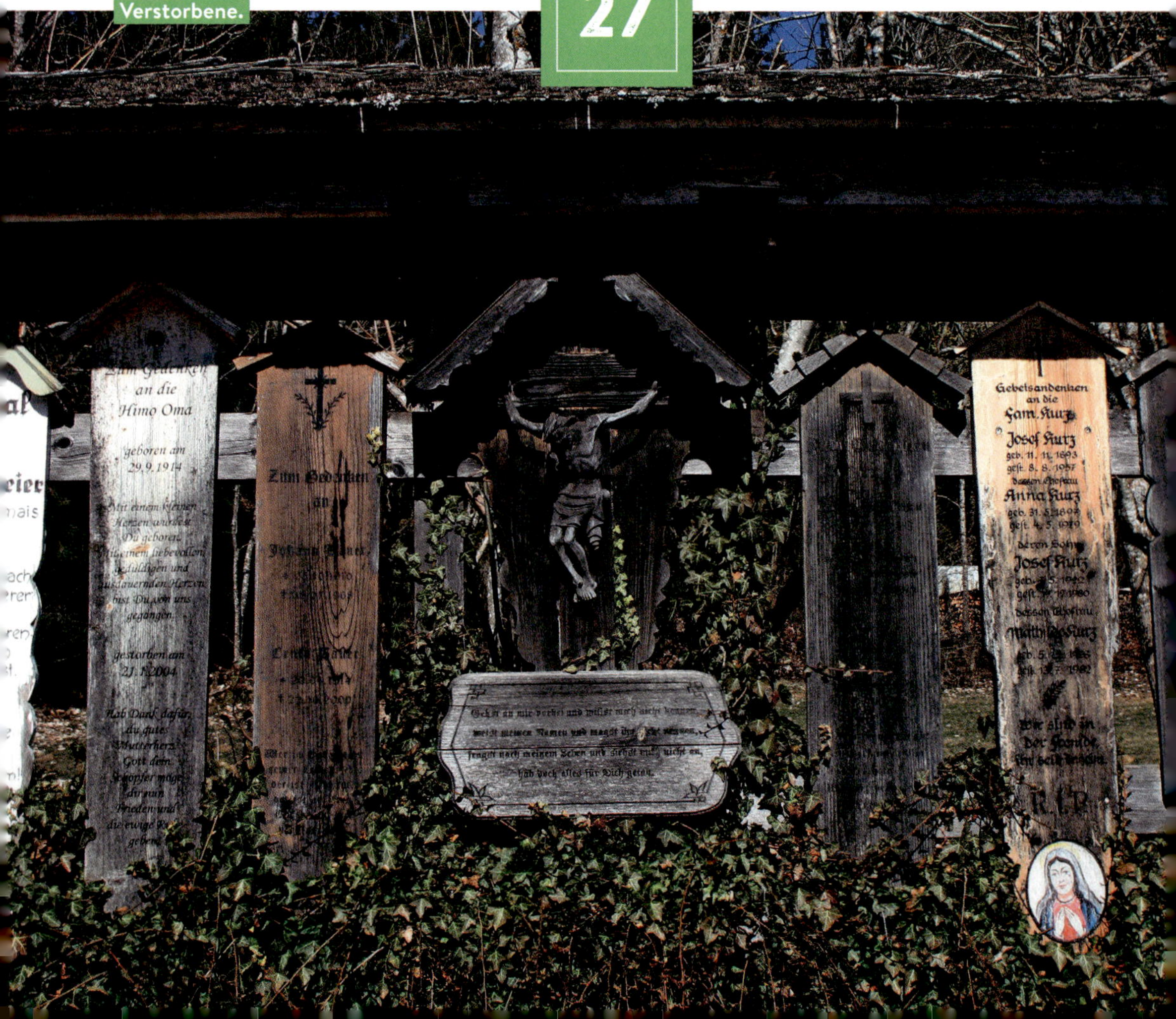

GLAUBENSBEKENNTNISSE Kaum anderswo spüren Wanderer mehr Wegekreuze, Gedenksteine und der Tradition nachempfundene Totenbretter auf als auf dieser Tour. Passenderweise legen wir an einer Einsiedelei los und kommen himmelwärts an einer weiteren Klause vorbei. Bereits im 14. Jahrhundert, also im Spätmittelalter, besiedelte der Selige Hermann unseren Startpunkt. Wie viele, die damals in den Bayerwald vordrangen, entsandte das donaunahe Kloster Niederaltaich den Laienmönch. Am heutigen Wallfahrtsort erwartet uns die als heilsam geltende Hermannsquelle. In der alten Einsiedelei, der Hermannszelle, drücken Gläubige mit Votivtafeln ihre tief empfundene Dankbarkeit aus. Aus dem 17. Jahrhundert stammen die runde Brunnenkapelle sowie die Wallfahrtskirche St. Bartholomäus und runden das spirituelle Ensemble ab.

ZUR ZELLWIESE Starten wir neben der Wallfahrtskirche ortsauswärts, endet der Asphalt. Ein kleines Stück weiter verlassen wir den Böhmweg und marschieren halb rechts in den Wald hinein in Pfeilrichtung Oberbreitenau. Bei der nächsten Gabelung verrät Nr. 13 erneut, wo es halb rechts langgeht. Unmittelbar nachdem wir auf eine Forststraße einfädeln, erreichen wir eine **1 Wanderkreuzung mit Schutzhütte**. Dort biegen wir nach links ab und streben nun mit Nr. 12 im von Fichten dominierten Mischwald bergwärts. Angesichts kreuzender Trampelpfade gilt es, die Markierungen stets im Auge zu behalten. Unseren Aufstieg lockert in Höhe einer Querstraße der Abstecher zur links neben unserer Trasse versteckt gelegenen Zellwiese mit der **2 Degenhardkapelle** auf. Diese Einsiedelei wurde etwa zur selben Zeit wie St. Hermann errichtet, und zwar ebenso von einem Bruder aus Niederaltaich. Das heutige Gotteshaus stammt aus dem Jahr 1999.

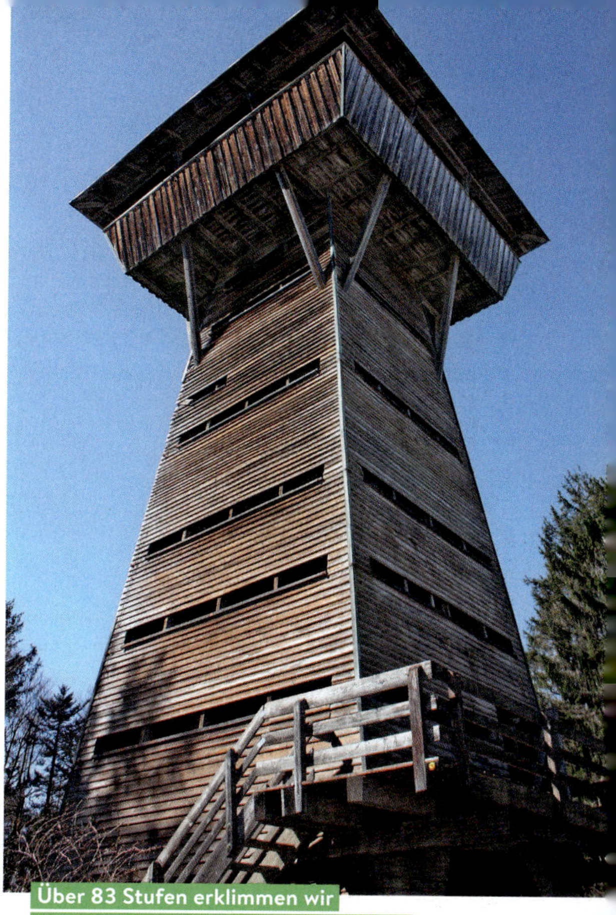

Über 83 Stufen erklimmen wir den Aussichtsturm auf dem Geißkopf.

IM MTB-REVIER Zurück auf Steig Nr. 12 streben wir weiter himmelwärts. Aufgepasst: Wo gut 300 Meter weiter linker Hand eine Markierung am Baumstamm hängt, wechseln wir scharf rechts auf einen **3 unmarkierten Trampelpfad**, der nur 20 Meter weiter auf eine Forststraße trifft. Ihrer breiten Trasse folgen wir durch die Rechtskehre bergwärts. Wo wir mit Bedacht den MTB-Bikepark kreuzen, weisen grüne Pfeile die breite Passage hinauf zum Geißkopf.

GIPFELERLEBNISSE Hinter der Trasse zum 2020 eingeweihten Sessellift suchen Einkehrwillige die Hütte samt Panorama-Sonnenterrasse auf. Einen Steinwurf entfernt wird über 83 Stufen der **4 Aussichtsturm** erklommen.

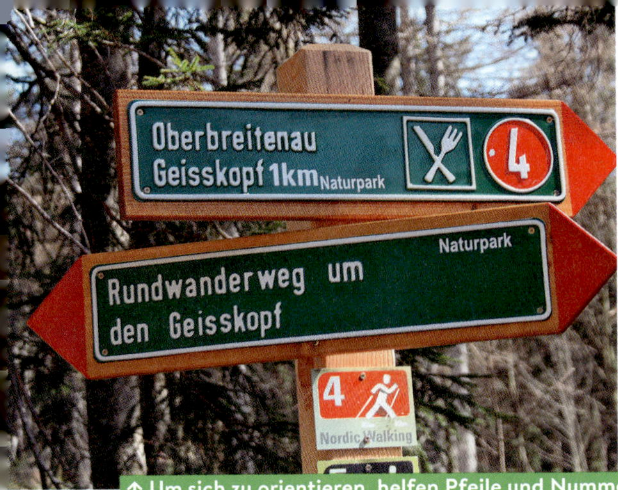

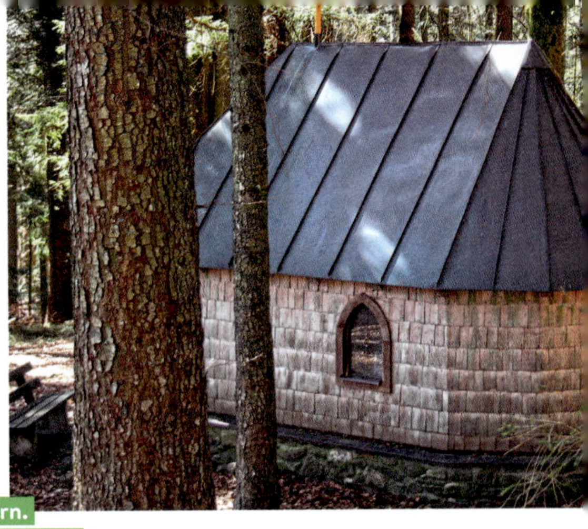

↑ Um sich zu orientieren, helfen Pfeile und Nummern.
↗ Die Degenhardkapelle liegt auf halber Strecke versteckt.

Der fantastische Rundblick reicht vom Kaitersberg im Norden über den Großen Arber bis zum Nationalpark samt Rachel-Doppelgipfel im Osten. Dem fernen Sendemast auf dem Brotjacklriegel im Südosten steht im Nordwesten ein Pendant auf dem benachbarten Einödriegel gegenüber. Dessen Gipfel repräsentiert mit 1121 Metern die höchste Erhebung im Vorderen Bayerwald.

NACH OBERBREITENAU Wenn wir vor dem Turm zur Geißkopfhütte blicken, geht unsere Tour halb links hinter dem Schlepplift weiter. Am dortigen Waldrand folgen wir dem Pfeil in Richtung Oberbreitenau und Landshuter Haus. Im Bergwald werden zwei Wegekreuze rechts liegengelassen. An der **5 Forststraße** angekommen, biegen wir nach links ab. Wo deren breite Trasse eine Rechtskurve macht, marschieren wir geradewegs weiter und stoßen auf eine T-Kreuzung. Erst dort geht es nach rechts am Zauberwald mit seinen Holzfiguren vorbei ins lichte Oberbreitenau mit dem **6 Landshuter Haus** (Infos zur Einkehr und zur Wüstung siehe Tour 26).

UM DEN HERMANNSCHOPF Vom Landshuter Haus in Richtung Nordosten beginnen wir den Rückmarsch auf der Forststraße in Richtung Wastlsäge. Nur 500 Meter weiter zweigt unsere Nr. 12 halb rechts auf einen Waldweg ab. Geradlinig lassen wir auf bekannter Strecke den **3 unmarkierten Trampelpfad** links sowie die **2 Degenhardkapelle** rechts liegen. An der **1 Wanderkreuzung mit Schutzhütte** bleiben wir der Markierung Nr. 12 treu und streben geradewegs talwärts. Keine 15 Gehminuten später erreichen wir eine **7 Querung**. Dort verlassen wir Nr. 12 und folgen halb rechts dem schwarz-weißen Schild der Loipe 4. Dergestalt laufen wir um den Hermannschopf herum. Aufgepasst: Vom Asphalt unterhalb des ersten Anwesens schwenken wir halb rechts auf den unmarkierten Waldweg ein und kehren nach St. Hermann zurück.

Tipp

AUF ZWEI RÄDERN HINAB

Wer per Moutainbike »downhill« will, pilgert zum Bikepark Geißkopf mit Startpunkt in Unterbreitenau zwischen Bischofsmais und Habischried. Im Angebot stehen Trails für Einsteiger (auch Bike-Verleih), Geübte und Vollprofis, wobei das eigene Können richtig eingeschätzt werden muss (Infos: www.geisskopf.de).

INFO

TOURENCHARAKTER
Weitgehend schattige Runde auf Waldwegen sowie verwurzelten, steinigen Pfaden, Zwischenstücke Forststraße

AUSGANGS-/ENDPUNKT
St. Hermann bei Bischofsmais (GPS: 48.916933, 13.070362)

ANFAHRT
Aus Nordwesten via Habischried, sonst via Ruselbergstrecke nach Bischofsmais, in der Ortsmitte nach Hermannsried bzw. St. Hermann abbiegen; Bus: Nr. 116 (Mo–Sa) od. 6201 (Mo–Fr) bis Bischofsmais Rathaus (1 km Fußweg)

GEHZEITEN
St. Hermann (700 m) – Degenhardkapelle gut 1 Std. (2,25 km); Kapelle (940 m) – Aussichtsturm Geißkopf 0.45 Std. (1,25 km); Geißkopf (1097 m) – Landshuter Haus 0.30 Std. (knapp 1,5 km); Landshuter Haus (1018 m) – St. Hermann 1.30 Std. (3,25 km)

mittel | 8,25 km | 3.45 Std. | 440 Hm

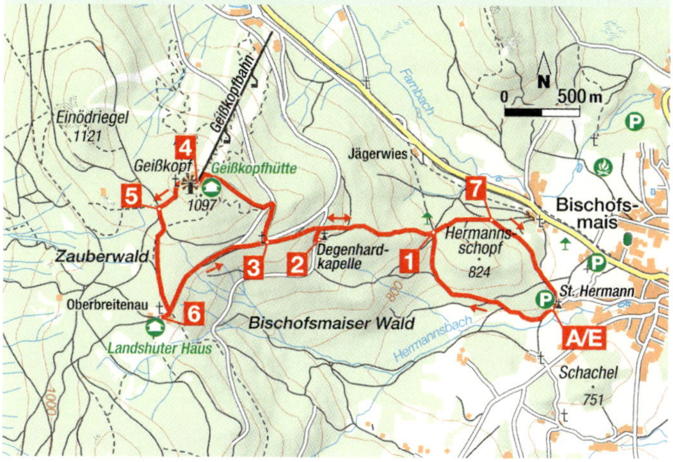

EINKEHR
Geißkopfhütte, Landshuter Haus (2022 Pächterwechsel)

KARTE
Kompass 185 Westlicher Bayerischer Wald, 1:50 000

Anfang und Ende: das Ensemble in St. Hermann samt Einsiedelei (rechts)

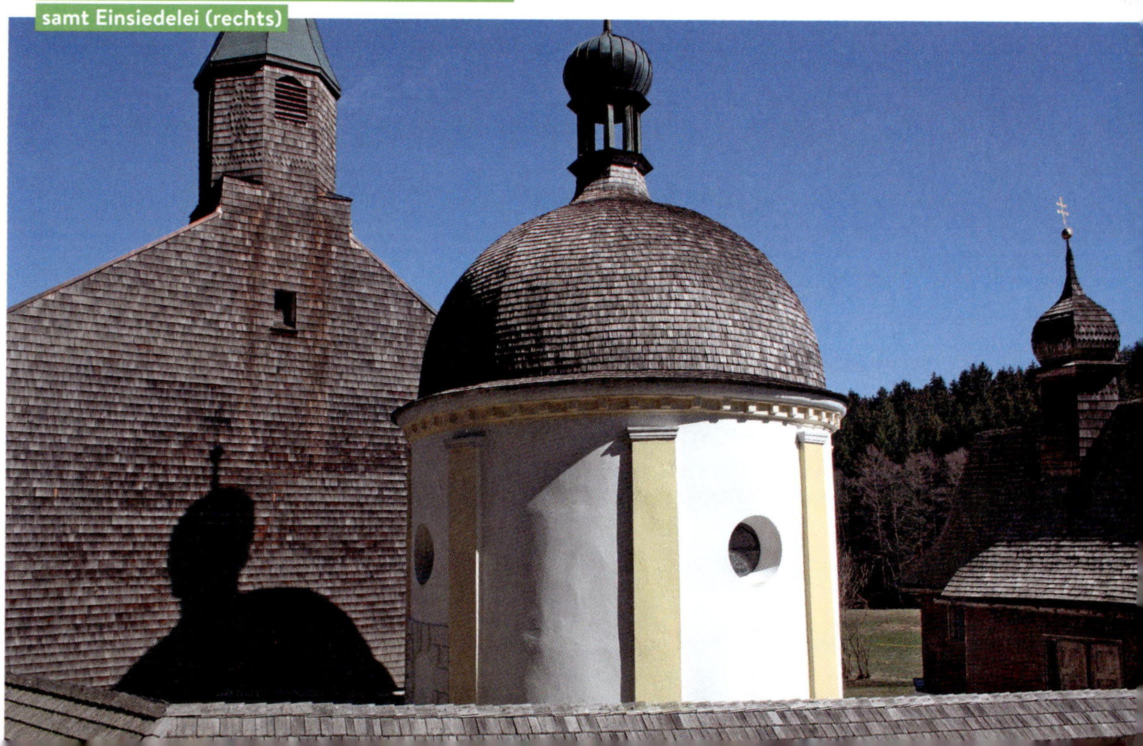

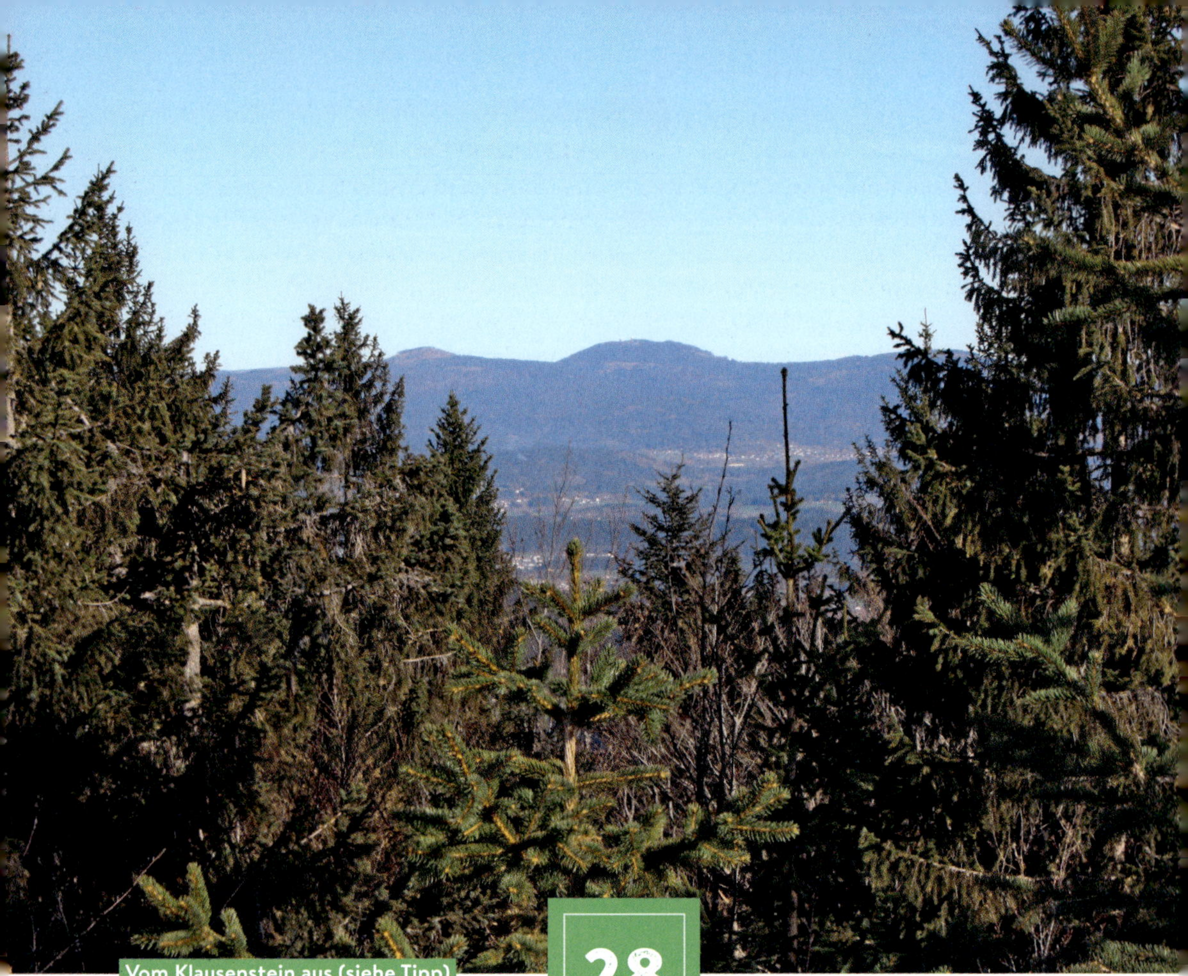

Vom Klausenstein aus (siehe Tipp) lässt sich der Große Arber erstmals sichten.

28

Aussicht vom Buchenhain am Hirschenstein

Über den Rauhen Kulm zum Steinturm

Diese bunte Runde führt uns über den Rauhen Kulm und am Klausenstein vorbei auf den Hirschenstein. Die Aussicht vom dortigen Steinturm sucht im Vorderen Bayerwald seinesgleichen. Während im Sommer das frische Laub Schatten spendet, schimmert im Herbst die Sonne durch die blattlosen Äste.

EINSTIMMUNG Nördlich des Wildberghofs Buchet im Landkreis Deggendorf liegt der Kaltecker Sattel bereits im benachbarten Landkreis Regen. Solange das dortige Berghotel geschlossen bleibt (Plänen zufolge soll hier das Gsund-Aktiv-Hotel Kalteck entstehen), können wir dessen Parkplatz als Startpunkt für unsere Tour auf den Hirschenstein nutzen. Alternativ gibt es zwei beschilderte Parkplätze an der Kreisstraße. In diesem Fall folgen wir eingangs vom Sattel aus Radweg Nr. 25/50. So oder so lassen wir das Berghotel links liegen und erreichen nach wenigen Metern eine Gabelung. Wir folgen halb rechts dem Fernwanderweg (grüner Pfeil, auch Goldsteig-S). Aufgepasst: Nur 200 Meter bergwärts verlassen wir den zerrissenen Asphalt, wo unsere Markierungen nach links weisen.

RAUHER KULM Stetig steigen wir in einem weiten Rechtsbogen bergwärts. Nachdem wir den Skilift passiert haben, geht es geradliniger voran. Wiederholt lichtet sich der Mischwald. Den **1 Wegestern**, den wir nach gut einer halben Stunde Gehzeit erreichen, meistern wir mittels Links-rechts-links-Kombination. Zehn Minuten später gelangen wir auf dem Fernwanderweg/Goldsteig zum Kamm, auf dem es gemütlich weitergeht. Nun befinden wir uns im Naturwaldreservat, in dem sich der Wald – ähnlich wie im Nationalpark – bewusst selbst überlassen bleibt. Ein Pfeil weist den **2 Einstieg zum Abstecher** zur »Aussicht Rauher Kulm«. Vom Vermessungspunkt reicht die Sicht über Plattling hinweg ins flach wirkende Hügelland. Beim Blick in die Ferne bitte den Abhang im Auge behalten.

MÜHLGRABEN QUEREN Vom Stichweg zurück erreichen wir in der folgenden Senke einen Felsblock samt Unterstand. Halb links versteckt sich der Klausenstein hinter den Bäumen (Abstecher siehe Tipp). Wer die Formation links liegen lassen will, marschiert einfach auf dem Pfad in Richtung Hirschenstein weiter. Sodann kreuzt unser Fernwanderweg/gelber Goldsteig in der nächsten Senke den Mühlgrabenweg. Ein Stück weiter wechseln wir gemäß Markierung halb links auf den Forstweg. Bergwärts queren wir in steinigem Gelände zwei Forststraßen. Zu guter Letzt nähern wir uns auf verwurzeltem Pfad im dichten Laubwald dem Gipfel, den wir nach einem abschließenden Linksschwenk erreichen und zugleich in den Landkreis Straubing-Bogen wechseln.

HIRSCHENSTEIN Auf dem Gipfel empfängt uns kein Kreuz, sondern nahe der steil abfallenden Kante ein 100 Jahre alter, 7 Meter hoher **3 Aussichtsturm**. Zur Plattform öffnet sich ein 270-Grad-Blick, der im Nordosten vom Großen Arber bis hinunter zum Dreisessel reicht und im Nordwesten erneut im Bayerwald am Gallner endet. Glücklich darf sich preisen, wer einen der rund zwanzig

Auf dem Hirschenstein erklimmen wir ganz nach Wunsch den Aussichtsturm.

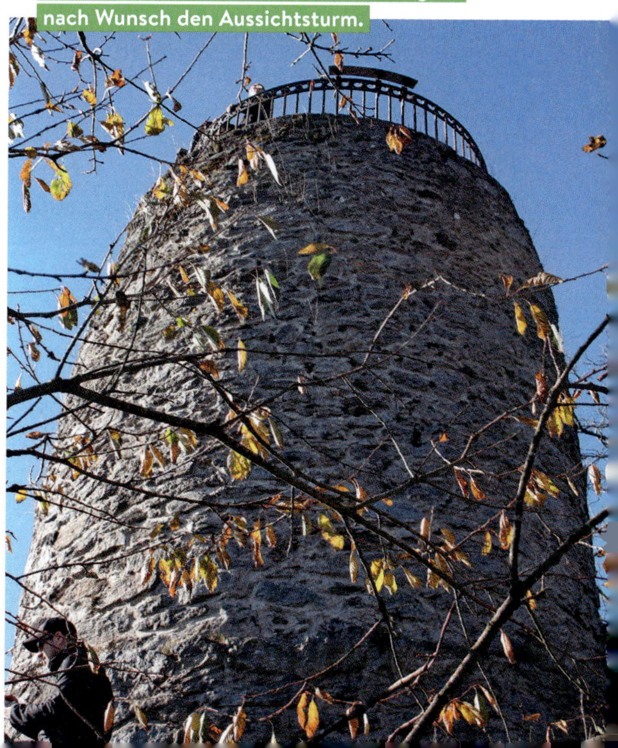

Tipp

KLAUSENSTEIN AUFSPÜREN

Es empfiehlt sich, vom Unterstand in der Senke nicht direkt zum Klausenstein zu laufen, da der direkte Weg eine kleine Kletterpartie nötig macht. Vielmehr gehen wir besser 150 Meter auf dem regulären Pfad weiter und biegen dann im 90-Grad-Winkel nach links in den Wald ab. Sogleich marschieren wir um den benachbarten Felsen rechts herum, um dahinter nach links auf dem Trampelpfad den Klausenstein aus nördlicher Richtung zu erklimmen. Die Formation selbst ähnelt dem Rauhen Kulm. Zusätzlich erspähen wir von dort den Großen Arber mit seinen zwei Radarkugeln im Nordosten sowie den Steinernen Turm auf dem Hirschenstein im Nordwesten. Auf bekannter Strecke setzen wir zurück zum Fernwanderweg/Goldsteig (Abstecher 0.15 Std, 400 m, 15 Hm; graue Linie auf Karte beachten).

Tage pro Jahr erwischt, an denen ganz im Süden die mächtigen Alpen erscheinen. Immerhin liegt der Watzmann am Königsee 150 Kilometer Luftlinie entfernt. Gegebenenfalls genießen wir diese Aussicht auch am Rauhen Kulm und Klausenstein. Nur am Steinturm helfen Panoramatafeln, alle Gipfel richtig auszumachen.

FLUCHTORT Aufmerksame merken, dass der Aussichtsturm gar nicht den höchsten Punkt markiert, sondern ein von Buchen umrahmter Gneisblock. Der Sage nach sprang einst ein Geweihträger von dort hinab, um einem Jäger zu entkommen. Dergestalt gab er dem Hirschenstein seinen Namen. Mit Fantasie lässt sich die versteinerte Kerbe des Hufabdrucks vom Absprung des fliehenden Tieres ausfindig machen. Wo der Hirsch einst unter den Buchenblättern verschwunden sein soll, laden heute eine Bank und eine Schutzhütte zur Rast mit der mitgebrachten Brotzeit ein.

MÜHLGRABEN ABWÄRTS Vom Gipfel marschieren wir auf bekannter Strecke bis zur oberen Forststraße hinab. Auf dieser Schotterpiste geht es mit Nr. 4 in Richtung Lindenau/Achslach nach links, keine 100 Meter weiter (Pfeile zurückversetzt am Baumstamm angebracht) rechts erneut geradlinig hinab. Unmittelbar bevor wir auf die untere Forststraße stoßen, befindet sich rechts unser **4 Einstieg in den Mühlgrabenweg** in Richtung Schuhfleck (Pfeil aus unserer Sicht verkehrt herum angebracht). Dem alten Steig folgend, queren wir die Forststraße diagonal. Noch einmal so weit, verlassen wir den mit zwei Wellen markierten Mühlgrabenweg und wechseln nach links auf den nur mit der weiß-blauen Nr. 7 gekennzeichneten Waldweg.

ZURÜCK ZUM KALTECK Geradlinig bringt uns Nr. 7 talwärts. Die Zapfen auf dem Boden zeigen, dass der Fichtenbestand zunimmt und dauerhaft für Schatten sorgt. Eine naturnahe Madonna erinnert an den inständigen Dank eines gläubigen Holzhauers. Schließlich fädelt der mitunter steinige Waldweg halb rechts in eine Forststraße ein. Darauf queren wir rund 30 Gehminuten später die Lifttrasse, landen auf dem vom Hinweg bekannten zerrissenen Asphalt sowie einen Katzensprung weiter beim Berghotel Kalteck. Tipp für Findige: Wer nach nur 100 Metern die Forststraße halb links auf unmarkierter Strecke verlässt, wandert in etwa parallel dazu auf einem hübschen, etwas verwachsenen Waldweg weiter. Wo dieser schließlich als Nr. 5 markiert nach links in Richtung Lindenau abbiegt, orientieren wir uns halb rechts zurück zur Forststraße (siehe gestrichelte Linie auf der Karte).

WILDPARK BUCHET Da wir unterwegs an keiner Einkehrstation vorbeikommen, können wir zum Abschluss gut und gerne den Wildberghof Buchet ansteuern, der in Fahrtrichtung Deggendorf rechter Hand liegt (3 km). Bei Familie Gstettenbauer erwarten uns eine Sonnenterrasse sowie zwei rustikale Gastzimmer. Zum Angebot zählt frisches Fleisch vom angeschlossenen Hirschpark, wobei der Junghirsch seinen Preis hat. Der Hofladen führt nicht nur Hirschsalami.

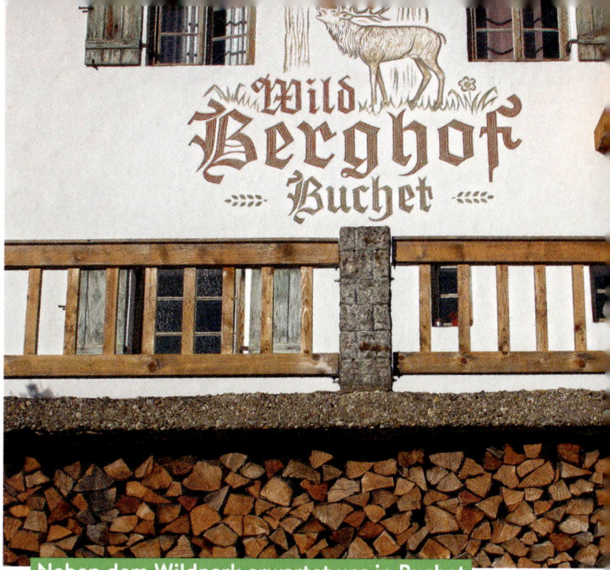

Neben dem Wildpark erwartet uns in Buchet ein gut geführtes Wirtshaus.

INFO

TOURENCHARAKTER

Typische Vorwaldtour durch teils dichten Bergwald auf Pfaden, Wegen und etwas Forststraße

AUSGANGS-/ ENDPUNKT

Kalteck vor oder hinter Berghotel (solange nicht in Betrieb; GPS: 48.940136, 12.919916), alternativ Wanderparkplatz auf Sattelhöhe

ANFAHRT

Aus gesamter nördlicher Richtung via Achslach; aus Süden ab Deggendorf in Pfeilrichtung Bernried bis Egg, danach Kalteck; aus Westen an Bernried vorbei

GEHZEITEN

Kalteck (750 m) – Rauher Kulm 1.15 Std. (2,75 km); Rauher Kulm (1050 m) – Hirschenstein 1.15 Std. (3 km); Hirschenstein (1095 m) – Mühlgrabenweg – Kalteck 1.30 Std. (4,75 km)

EINKEHR

Keine unterwegs, Wildpark Buchet (Mo–Di Ruhetag) 3 km in Richtung Deggendorf

mittel | 10,5 km | 4 Std. | 450 Hm

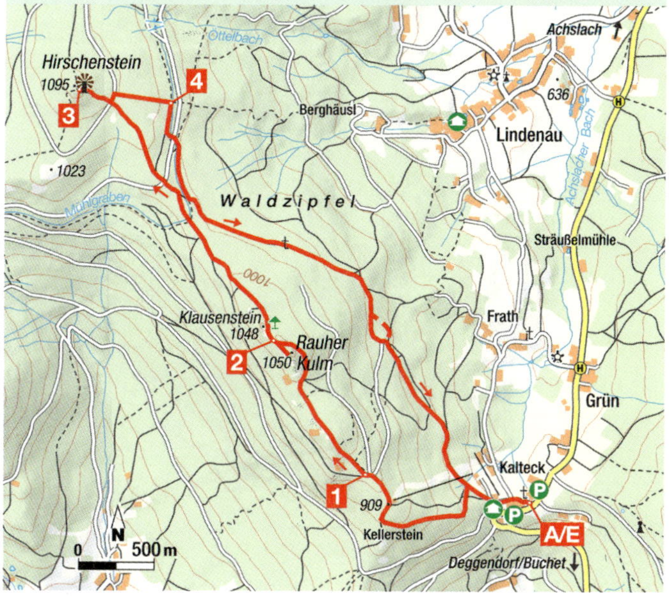

KARTE

Kompass 185 Westlicher Bayerischer Wald, 1:50 000

Meditativer Mühlgraben

Von Kloster Kostenz rund um den Hirschenstein

Während Tour 28 am Hirschenstein gipfelt, umkreist diese Runde die Vorwaldhöhe auf dem bezaubernden Mühlgrabenweg. Ein kurzer, knackiger Anstieg geht dem wasserreichen Erlebnis voraus. Von Ödwies erfolgt der Rückweg zum Kloster durch den verschlafenen Weiler Rettenbach.

ANMARSCH Den Klosterparkplatz hoch, marschieren wir auf der Zufahrtsstraße nur wenige Meter nach rechts, ehe hinter der Marienfigur halb links Pfad Nr. 9 am Wald-

In der Ruhe liegt die Kraft: Über den Mühlgraben hinweg landen wir am Grimmeisenweiher.

29

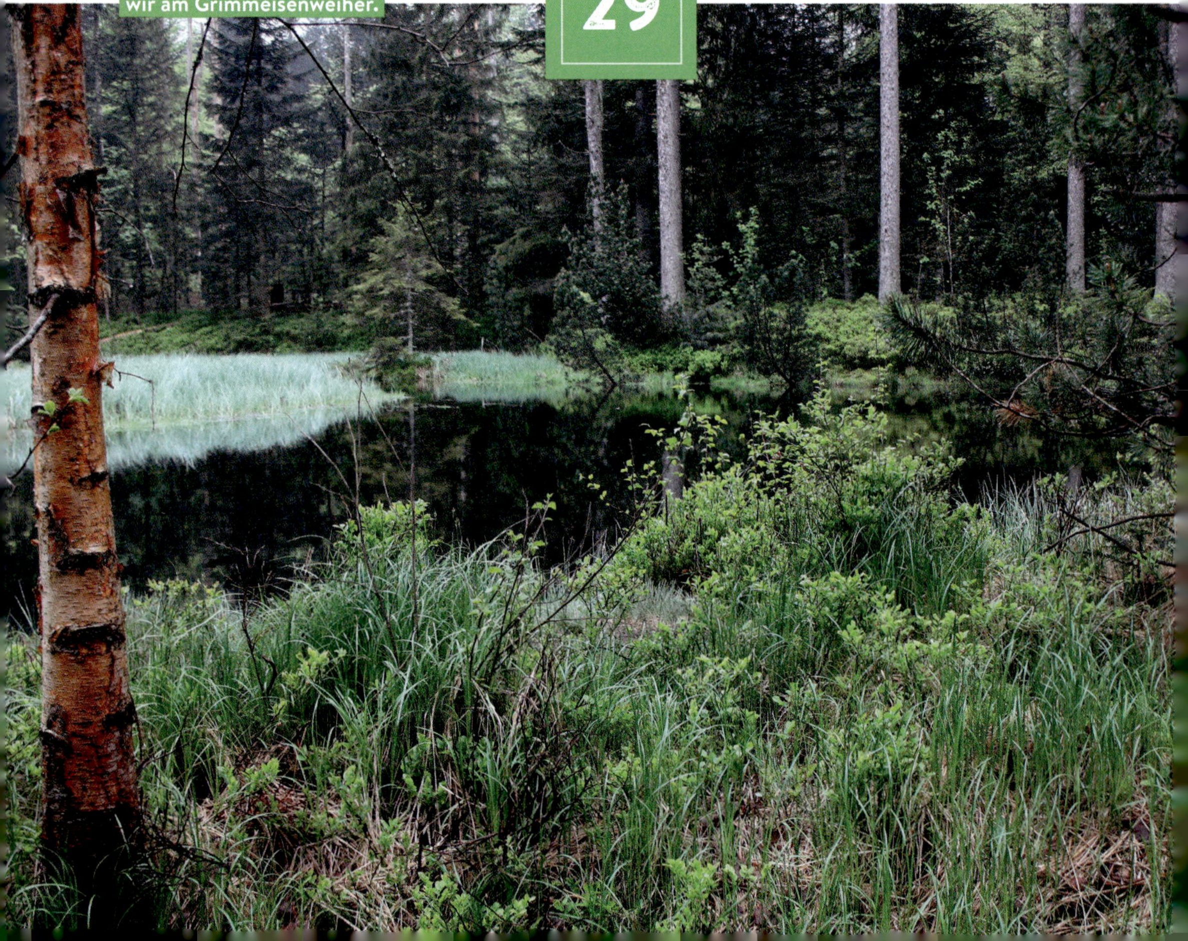

rand himmelwärts führt. Nach zehn Gehminuten folgen wir der Forststraße einen Katzensprung entspannt nach rechts, bis Nr. 9 durchs Wasserschutzgebiet erneut deutlich bergwärts lotst. Nach dem Rechtsbogen wird im Jungwald flaches Terrain durchschritten. Abermals unter alten Bäumen weist Nr. 9 nach links über eine Forststraße hinweg. Bergan erreichen wir sogleich unseren **1 Einstieg in den Mühlgrabenweg**, wenden uns nach links und verlassen Nr. 9.

AM MÜHLGRABEN Da wir stromaufwärts wandern, kommt uns das Wasser frisch und munter entgegen. Der angenehme Streckenverlauf beruhigt unseren Puls ebenso wie das stete Plätschern. Nach einem Kilometer macht der Pfad hinter der Rastbank einen Linksknick. Sogleich entdecken wir auf dem ausgeschilderten Abstecher nach rechts den romantisch gelegenen **2 Grimmeisenweiher** mit Rastplatz (hin und zurück 250 m). Zurück auf dem Mühlgrabenweg geht es über eine Forststraße hinweg zum Wanderstern namens **3 Schuhfleck**. Hinter dem Knotenpunkt bleiben wir unserem lieb gewonnenen Gewässer treu, wechseln allerdings das Ufer.

ZUR ERINNERUNG Direkt an der in Marschrichtung rechten Kanalseite geht es voran. Ein Gedenkstein erinnert an den Ursprung des Mühlgrabens vor über 300 Jahren und an dessen Wiedergeburt vor bald einem halben Jahrhundert. Im Vergleich zu vielen Kanälen im Hinteren Bayerwald diente der Mühlgraben nicht zur Holztrift. Vielmehr versorgte das fließende Nass die kurfürstliche Malzmühle von Max Emanuel im hübschen Talort Schwarzach. Dabei ließ es den Adeligen kalt, dass er den umliegenden Mühlen das Wasser abgrub. Heute versiegt das Nass dort, wo es ein Stück länger bergauf geht. Oben angekommen queren wir als Erstes den gelben Goldsteig.

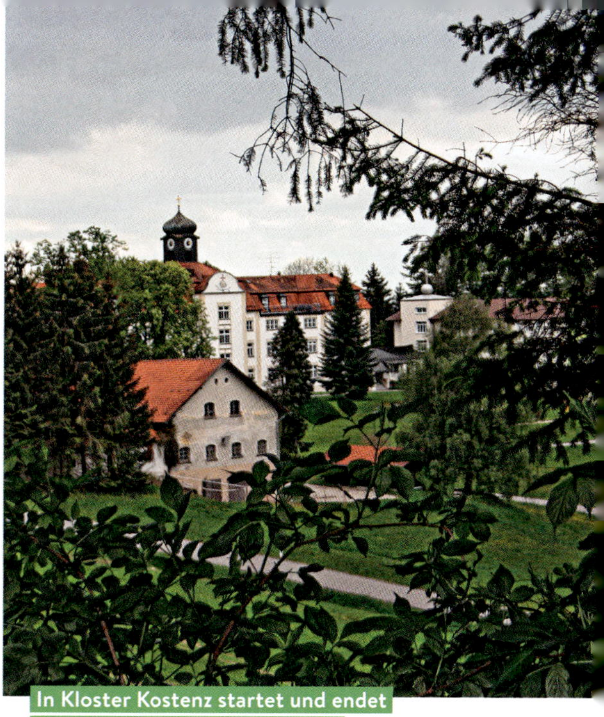

In Kloster Kostenz startet und endet die wasserreiche Wanderrunde.

NACH ÖDWIES Im folgenden Abschnitt erinnert der Mühlgraben an ein Stehgewässer. Nachdem wir eine Forststraße diagonal kreuzen, wechseln wir ans andere, linke Ufer. Ein gutes Stück weiter geht es beim nächsten Überqueren in ähnlicher Weise auf

Tipp

FLEISSAUFGABE HIRSCHENSTEIN

Wer auf dieser Runde nicht ohne Gipfelglück bleiben will, folgt dem gelben Goldsteig – anstatt ihn zu queren – nach links hinauf zum Gipfel. Beim Abstieg können wir dieselbe Variante wählen wie bei Tour 28 sowie am Mühlgraben angekommen nach links einschwenken; alternativ von Ödwies geradewegs auf dem Kamm weiter zum Hirschenstein, anschließend bis zur Abzweigung nach Rettenbach zurücksetzen.

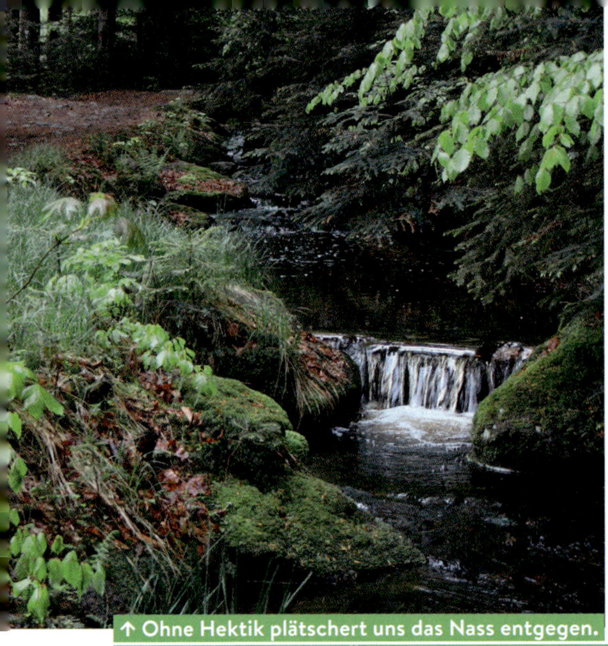

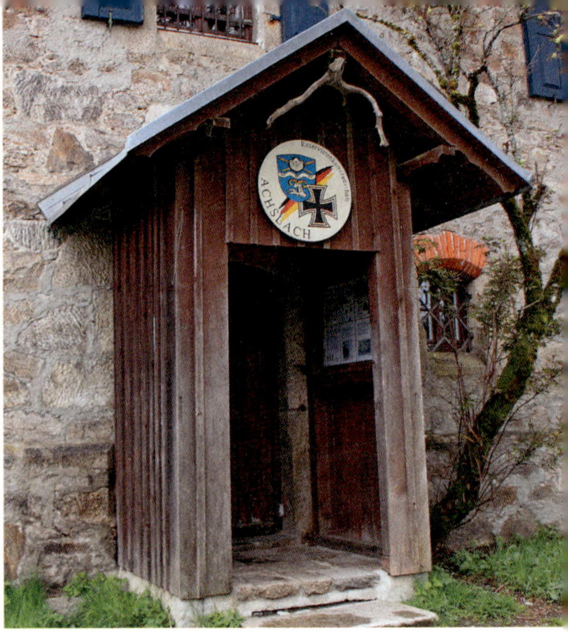

↑ Ohne Hektik plätschert uns das Nass entgegen.
↗ Das alte Forsthaus in Ödwies bleibt heute den Reservisten vorbehalten.

die andere Seite zurück. Kurz nach dem überraschenden Abschied vom Gewässer weist das Mühlgrabenweg-Schild nach links bergan. Auf der folgenden, gewaltigen Lichtung erreichen wir durch eine kleine Allee das gottverlassen wirkende Ödwies. Im 4 **Forsthaus** von 1846 residieren heute die Reservisten von Achslach. Daneben erinnert die Kapelle an den gegeißelten Heiland.

RUNTER NACH RETTENBACH Hinter dem Forsthaus folgen wir nur 250 Meter der Forststraße in Richtung Hirschenstein. Dann geht es mit Nr. 8 nach rechts sowie einen Steinwurf entfernt halb links weiter.

Tipp

RUHE IN FRIEDEN

Wer vor dem Kloster nach links das Pflaster in Richtung Wolfsschlucht beschreitet, erreicht einen besonderen Ort der Stille: den stimmungsvollen Waldfriedhof.

Weitgehend geradlinig und teils holprig steigen wir durch den Bergwald hinab. Ein Stück geht es direkt am Breithausbach entlang. In Rettenbach landen wir direkt neben dem gepflegten 5 **Gut Schmelmerhof**. An der Straße angekommen, wenden wir uns gemäß Nr. 8 nach links. Nur wenige Meter weiter, also zwischen den zwei Gotteshäusern, verabschieden wir uns auf GS 1 vom Asphalt nach rechts.

FINALE Bei der folgenden Gabelung beim Kreuz am Waldrand wählen wir den mittleren der drei Wege. In einem weiten Linksbogen wird nahe der folgenden Senke erneut Asphalt erreicht. Nach rechts queren wir die einen Steinwurf entfernte Brücke über den Mühlbach. Noch einmal soweit läutet Pfeil Nr. 9 halb links den Endspurt nach Kostenz ein. Nachdem wir den Forst durchquert haben, grüßt uns zu guter Letzt das majestätisch wirkende Kloster samt Biergarten. Bei Druck des Buches war leider unklar, ob dort durchgehend auch Gäste bewirtet werden – laut Chefin einfach im Speisesaal nachfragen.

INFO

TOURENCHARAKTER
Sportlicher Einstieg, entspannter Pfad am Graben entlang, teils steiniger Abstieg bis Rettenbach, zum Abschluss Waldweg

AUSGANGS-/ENDPUNKT
Kloster Kostenz (GPS: 48.966026, 12.836837)

ANFAHRT
Zwischen Sankt Englmar (in Fahrtrichtung Deggendorf) und Schwarzach gemäß Pfeil nach Kostenz abbiegen; Bus: Nr. 15 bis Abzweigung Kostenz (1 km Anmarsch) od. Kostenz

GEHZEITEN
Klosterparkplatz (670 m) – Einstieg Mühlgrabenweg (835 m) – Grimmeisenweiher 1 Std. (2,75 km); Weiher (765 m) – Schuhfleck (892 m) – Ödwies 1.45 Std. (gut 5 km); Ödwies (1030 m) – Rettenbach (725 m) – Kostenz 1.30 Std. (4,75 km)

EINKEHR
Gut Schmelmerhof (Öffnungszeiten bei Druck des Buches unklar), Kloster Kostenz (auf Nachfrage)

mittel | 12,5 km | 4.15 Std. | 425 Hm

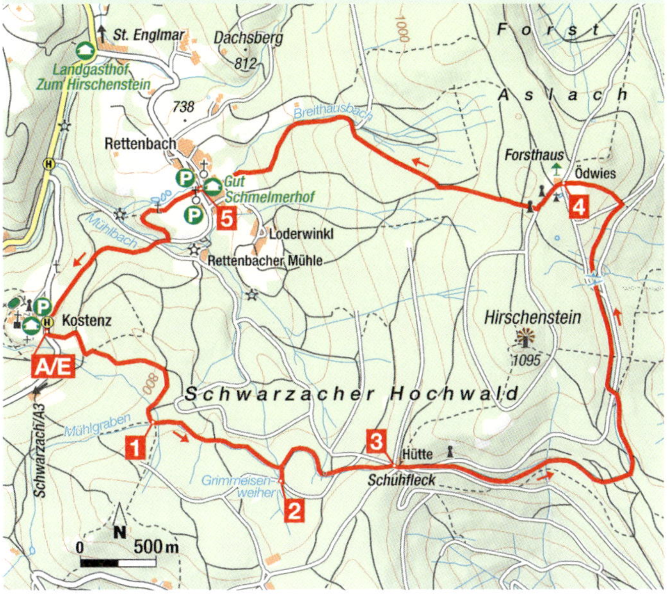

KARTE
Kompass 185 Westlicher Bayerischer Wald, 1:50 000

Hinter Kloster Kostenz liegt der einsame Waldfriedhof verborgen.

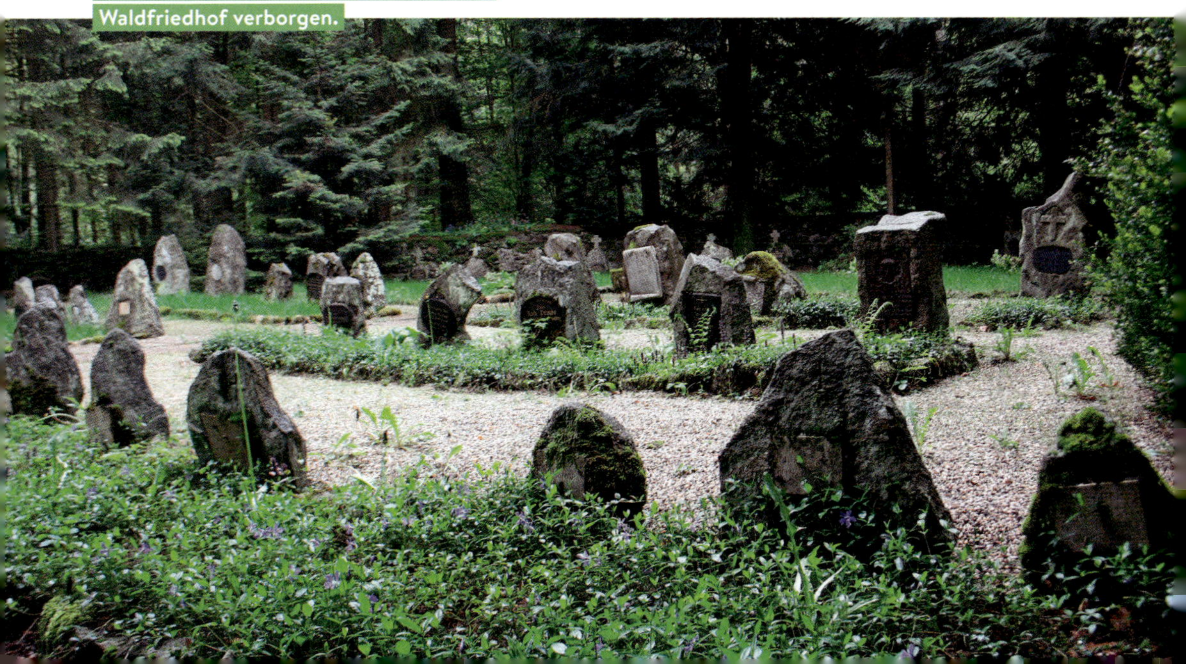

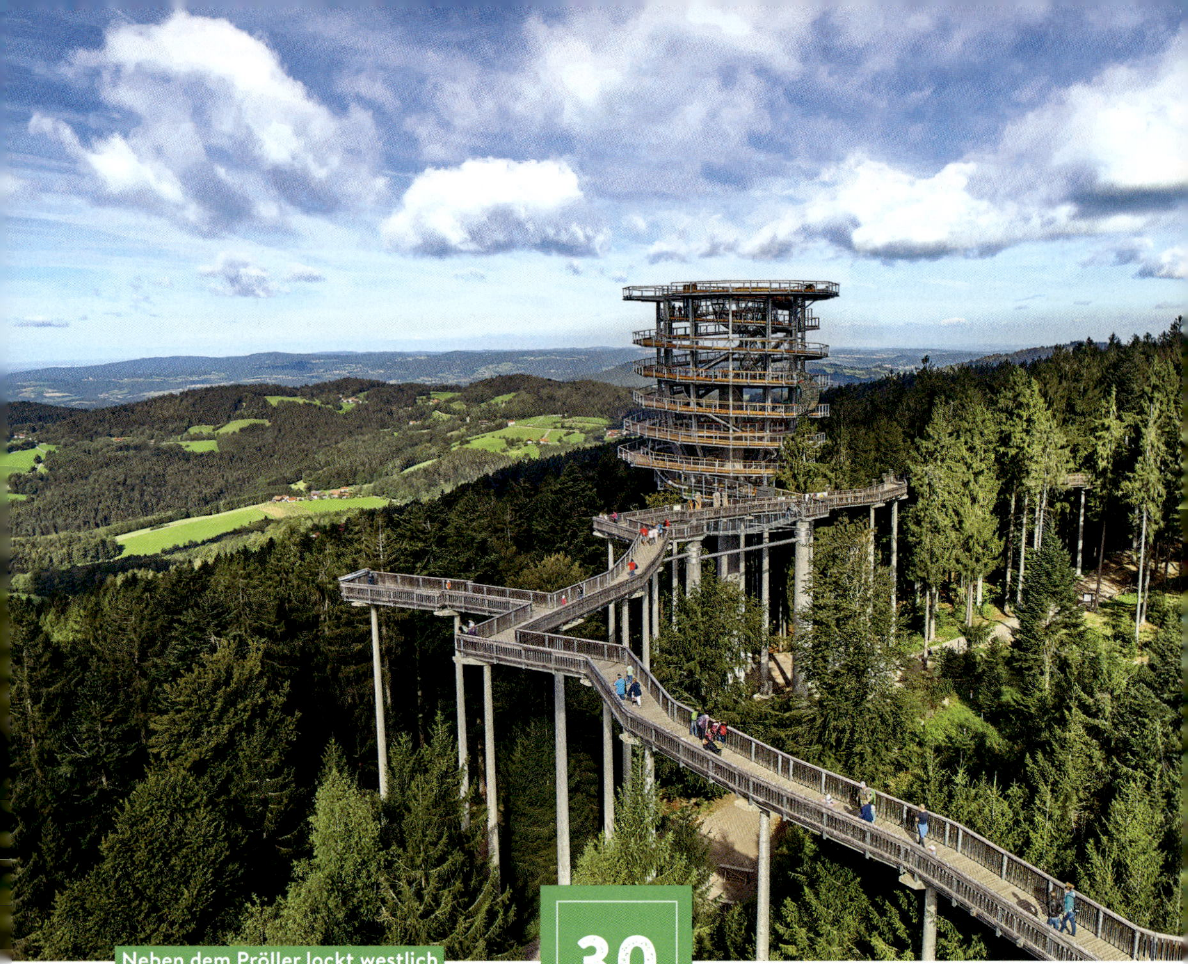

Neben dem Pröller lockt westlich von St. Englmar der Waldwipfelweg (Tipp S. 142).

30

Prächtiger Pröller

Kreuz und quer über den Hausberg von St. Englmar

Sich ergänzende Ausblicke in alle Himmelsrichtungen überraschen bei dieser Pröller-Überquerung. Darüber hinaus entdecken Wanderfans am Hausberg von Sankt Englmar vielerorts Wasserräder, Wegekreuze oder Tafeln mit Sinnsprüchen, durch die sich »der Wanninger Hans« verewigte.

EINSTIEG Vom Parkplatz queren wir umsichtig die belebte Straße, von wo aus drei Varianten in Richtung Norden führen. Wählen wir den goldenen Mittelweg, geht es zunächst die Böschung hoch und auf der anderen Straßenseite ohne Markierung 150 Meter der Baumreihe entlang. Dann peilen wir mit Nr. 4 und dem blauen Goldsteig nach rechts die in Sichtweite gelegene Siedlung Hügelhof an. Dort folgen wir dem Pfeil »Apart-Hotel« halb rechts in den Wald hinein (also nicht dem Pröller-Pfeil). Gut 30 Gehminuten verläuft unser Weg mit mehr oder weniger Abstand zur nahen Straße durch den Forst. Auf Höhe des Predigtstuhl-Ressorts (vom Wanderweg aus nicht zu sehen) landen wir an einer **1 T-Kreuzung** mit zwei Schilderpfählen. Von dort wandern wir auf dem Saustein-Rundweg Nr. 7 nach links bergauf.

SAUSTEIN Nach kurzem Anstieg weist ein Pfeil nach links zum Seitengipfel. Auch wenn der Abstecher zum Saustein unspektakulär wirkt. Nach vorne tut sich unter den riesigen Granitblöcken ein schwindelerregender Abgrund auf! Mit Bedacht genießen wir den Blick in Richtung Donau, ehe wir zurücksetzen und uns ein letztes Mal an Nr. 7 orientieren. In der folgenden Senke verlassen wir den Saustein-Rundweg und vertrauen nun den grünen Pfeilen zum Pröllergipfel. Zusätzlich wird in weiten Bogen auf den gelben Goldsteig eingeschwenkt. Im teils dunklen, von Fichten dominierten Märchenwald tut sich linker Hand eine Gesteinsformation auf, eigentlich als Froschmaulfelsen bekannt. Verbindet Lokalmatador Hans Wanninger die verschüttete Höhle mit dem Räuber Heigl, irrt der gute Mann. Dessen Versteck verbirgt sich alleine unterm Kreuzfelsen über Bad Kötzting.

QUELLE UND GIPFEL Bevor wir dem lichten Pröller aufs Dach steigen, können wir die einen Steinwurf links der Strecke plätschernde, höchstgelegene Quelle im Vorderen Bayerwald in den Aufstieg einbauen. Vom rasch folgenden **2 Gipfelkreuz** fällt der

Kurz vor dem Gipfel liegt linksseitig zurückversetzt diese Quelle.

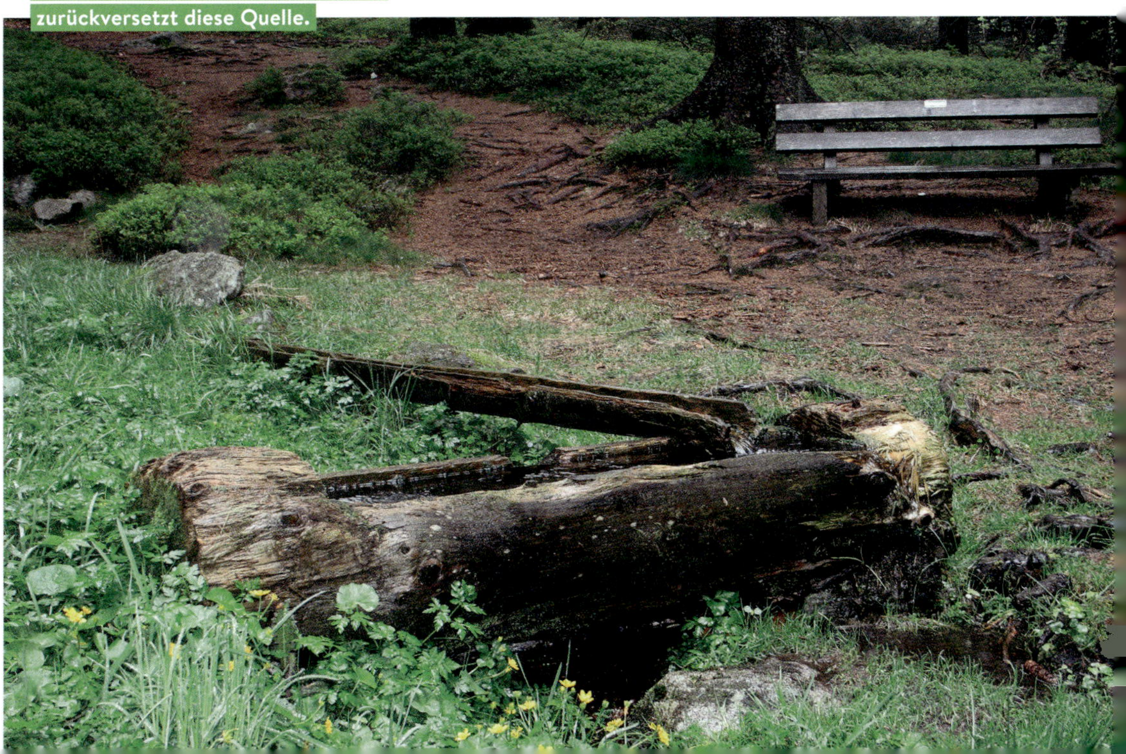

Tipp

FINDIGER URLAUBSORT

Das hübsch gelegene St. Englmar bietet seinen Gästen einiges. So vermittelt das Bayerwald Xperium im renovierten Pfarrhof Natur und Technik interaktiv. Actionfans pilgern zum Kletterwald am Predigtstuhl oder ins fetzige Rodelparadies am Egidibuckel in Grün (Fahrtrichtung Straubing), dahinter lockt in Maibrunn der atemberaubende Waldwipfelweg mit Turm und Haus am Kopf (Infos: www.bayerwald-xperium.de, www.kletterwald-englmar.de, www.sommerrodeln.de, www.waldwipfelweg.de).

Blick in den Hinteren Bayerwald, vom Mühlriegel beim Ecker Sattel über die Arberregion bis in den Nationalpark. Wer den Hausberg von St. Englmar weiter auf dem Goldsteig überschreitet, erreicht die Bergstation zweier Schlepplifte. Durch die Schneisen sehen wir in Richtung Osten den Hadriwa sowie in unsere Gehrichtung geradeaus an der benachbarten Käsplatte vorbei in Richtung Oberpfalz. Am Pistenrand talwärts geht es an privaten Herbergen wie der Viechtacher Skihütte vorbei.

AHORNWIES Wer jetzt einkehren will, schreitet die Piste ganz hinab bis zum Berggasthof Hinterwies (gestrichelte Linie auf der Karte). Ansonsten führt der Goldsteig halb links zum **3 Parkplatz Hinterwies** (wo wir ggf. von der Gasthof-Zufahrt aus einfädeln können). Auf alle Fälle wenden wir uns am Parkplatz scharf nach links. Sogleich beginnt uns Nr. 4 zurück nach St. Englmar zu lotsen. Nach der anfänglichen Rechts-Links-Kombination geht es in etwa der Höhenlinie entlang quer über die Pisten- und Liftschneisen.

EINKEHR MIT AUSSICHT Noch einmal so weit marschieren wir am **4 Prellerhaus** vorbei, das einen Steinwurf unterhalb unserer Wanderstrecke liegt. Gegebenenfalls marschieren wir nach der Rast nicht auf der Zufahrt weiter, sondern steigen ein paar Meter hoch zurück, um die Wanderung fortzuset-

Hinter den Granittreppen landen wir auf dem mächtigen Saustein.

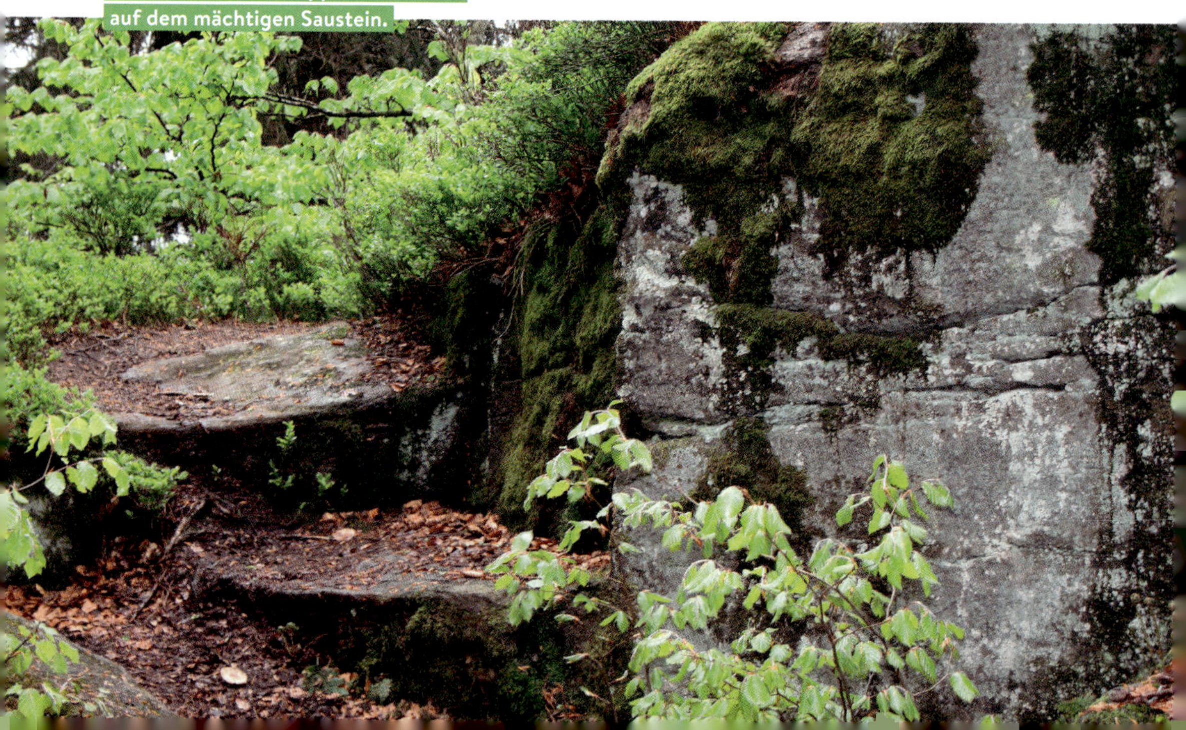

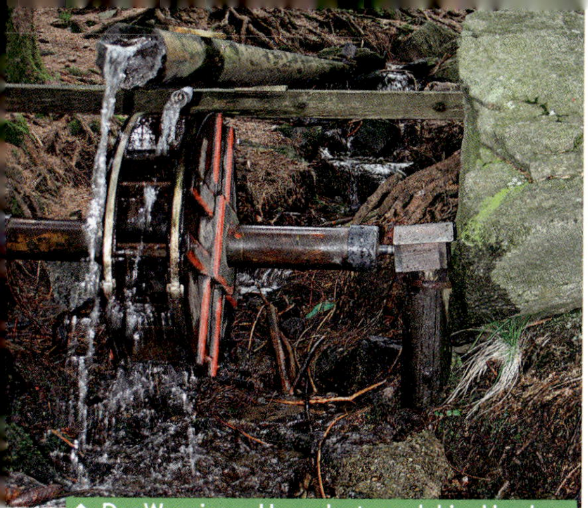

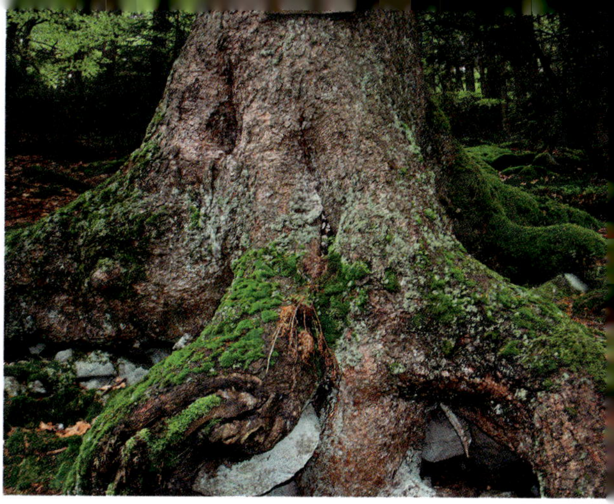

↑»Der Wanninger Hans« legte auch hier Hand an.
↗ Unsere Runde führt durch märchenhaften Mischwald.

zen. Wo unser schöner Waldweg in die Zufahrt zum Prellerhaus mündet, geht es nach links zum Parkplatz. Diesen erreichen wir, kurz nachdem wir die Straße queren und uns beim parallel verlaufenden Weg erneut nach links in Blickrichtung St. Englmar wenden.

INFO

TOURENCHARAKTER

Vorwaldgifel-Überschreitung auf herrlichen Wegen, lichte Aussichtspunkte im schattigen Bergwald

AUSGANGS-/ENDPUNKT

Parkplatz Ahorn in St. Englmar an der Kreuzung in/aus Richtung Straubing/Grün–Viechtach–Deggendorf (GPS: 49.006376, 12.818592)

ANFAHRT

Aus Norden und Osten via Viechtach, aus Süden über die A 3, aus Westen über Elisabethszell; Bus: Nr. 15 bis St. Englmar Dorf (350 m Anmarsch) od. Abzweigung Sonnenhügel od. Predigtstuhl (jeweils seitlicher Einstieg)

GEHZEITEN

Parkplatz Ahorn (855 m) – Saustein 0.45 Std. (2,25 km); Saustein (955 m) – Pröllergipfel (1048 m) – Parkplatz Hinterwies knapp 1.15 Std. (3 km); Hinterwies (935 m) – Prellerhaus (870 m) – Parkplatz Ahorn 1 Std. (3,25 km)

EINKEHR

Berggasthof Hinterwies (Mo Ruhetag); Prellerhaus (nur Sa ab 13 und So ab 11 Uhr)

KARTE

Kompass 185 Westlicher Bayerischer Wald, 1:50 000

mittel	8,5 km	3 Std.	250 Hm

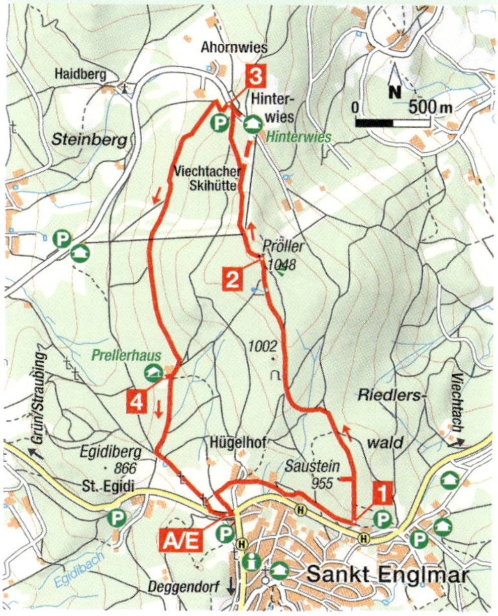

Im steinreichen Bergwald

Vom Kreuzhaus via Hanslhütte zum Hadriwa Höhenweg

Nach dem sanften Auftakt verläuft die Passage über den bewaldeten Hadriwa wie ein Marsch über den breiten Kamm eines schlafenden Drachens. Darüber hinaus lockt inmitten der Elisabethszeller Berge auf drei Lichtungen je eine Einkehrstation mit Panoramaterrasse.

31

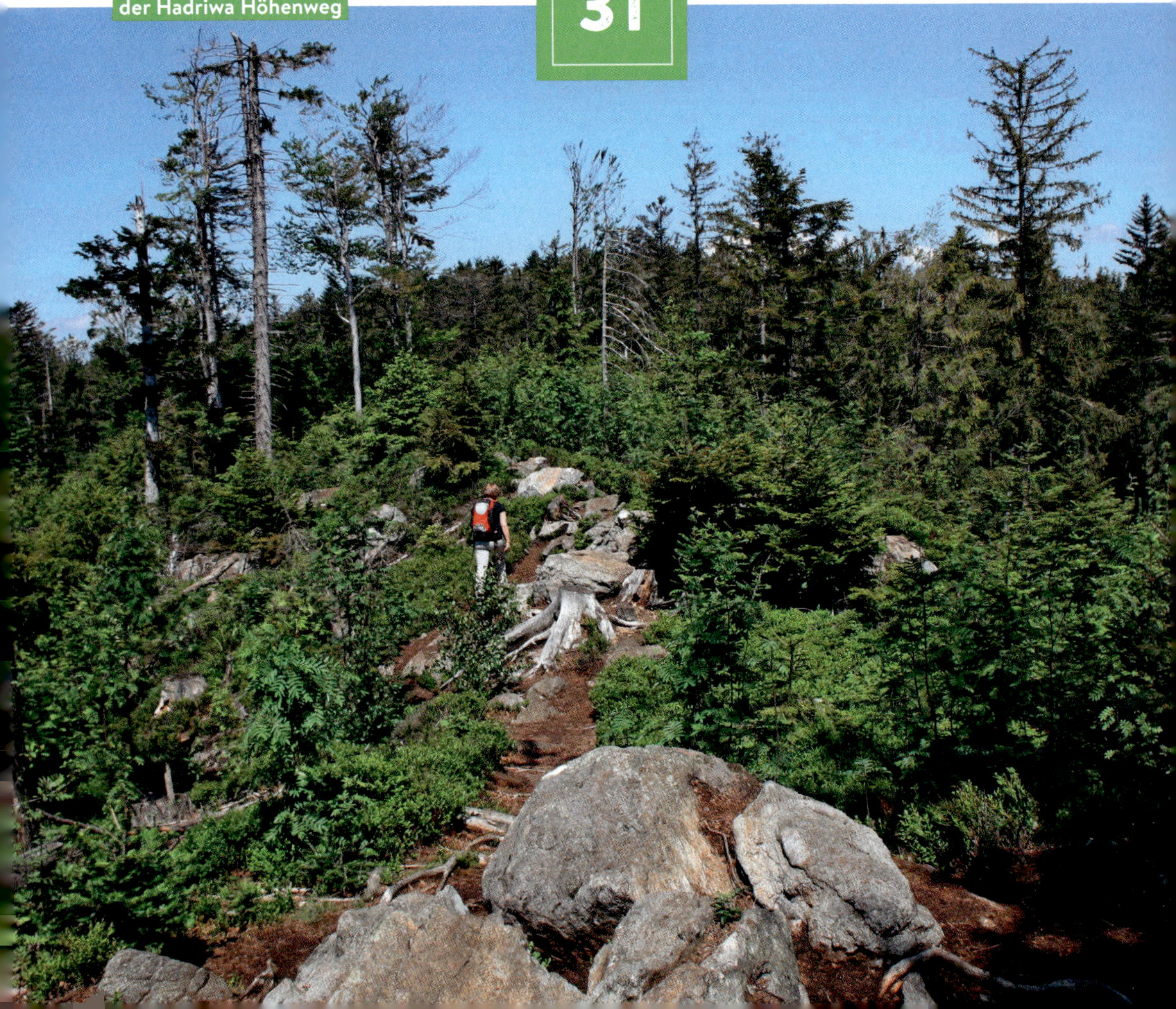

Eine der schönsten Wanderstrecken im Vorderen Bayerischen Wald: der Hadriwa Höhenweg

ZUR EINSTIMMUNG Bis heute bleibt im Verborgenen, was der Name Hadriwa bedeutet. Als gesichert gilt, dass es im Gelände bis vor gut 100 Jahren eine gleichnamige Einöde gab. Wir folgen am oberen Parkplatzende dem Goldsteig sowie Nr. 11. Einen Steinwurf hinter dem Funkmast geht es halb rechts weiter. Sanft Auf und Ab schlängeln wir uns durch den vitalen Bergwald. Hinter dem breiten Felsdurchschlupf (es geht mittendurch oder rechts daran vorbei) landen wir rasch vor der urigen **1 Hanslhütte**. Die gute Nachricht: Wir passieren auf dem Rückweg die einladende Einkehrstation noch einmal …

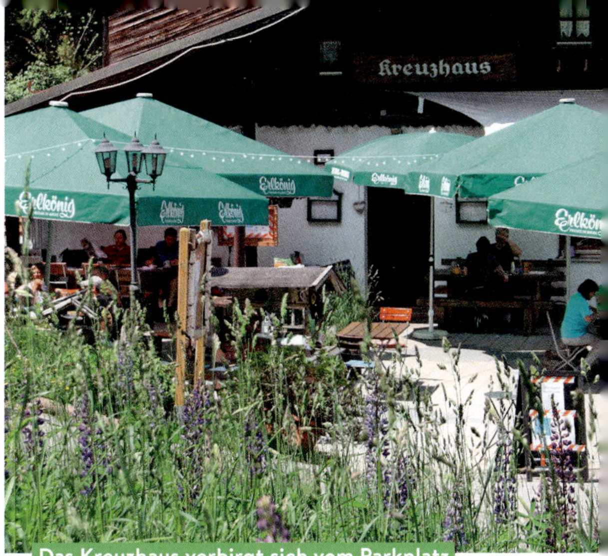

Das Kreuzhaus verbirgt sich vom Parkplatz aus hinter der Kuppe.

AM CAFÉ VORBEI Rechts um die Hanslhütte herum folgen wir den Pfeilen in Richtung Elisabethszell mitten in den Wald. Der Weg führt zunächst bergab zu einer T-Kreuzung, an der wir uns nach links wenden. Aufgepasst: An der folgenden Gabelung wandern wir nicht mehr in Richtung Elisabethszell, sondern geradeaus weiter zum Terrassen-Café, und zwar gemäß Nr. 9, später auch Nr. 5. Wo es licht wird, lassen wir ein Anwesen rechts liegen, danach den Erlebnishof Schötz. Nicht nur hier reicht die Aussicht über den Straubinger Gäuboden hinweg ins flach wirkende Hügelland jenseits der Donau. An der folgenden **2 Abzweigung** beginnt der mögliche Abstecher steil hinab zum Terrassen-Café Schuhchristleger (hin und zurück 300 m, 0.15 Std, 25 Hm; siehe auch Tippkasten). Allein Nr. 5 führt uns von der Abzweigung geradewegs weiter. Erneut schreiten wir sanft auf und ab durch den Vorderwald. Nach insgesamt mehr als einer Stunde Gehzeit erreichen wir im dunklen Fichtenhain unseren **3 Wendepunkt** (300 m weiter liegt der alternative Wanderparkplatz Riedern).

RÜCKSEITENANGRIFF Nun verlassen wir Markierung 5, wenden uns scharf nach links und folgen zunächst dem grünen Dreieck (Fernwanderweg) sanft bergan. Zwei weitere Male halten wir uns links, um auf den Hadriwa Höhenweg einzuschwenken. Nicht der Aufstieg fordert, sondern der schmale, äußerst steinige Pfad, was den Hinweis »Nur

Tipp

SÜSSER, LEICHTER, KÜRZER

Wer sich im Terrassen-Café Schuhchristleger zum richtigen Zeitpunkt mit einer hausgemachten Sahnetorte belohnen möchte, kann nach vollbrachter Runde auch mit dem Auto dorthin kurven. Alternativ starten wir unsere Tour am Wanderparkplatz Riedern über den Hadriwahinweg zur Hanslhütte. Den reizvollen, aber fordernden »Höhenweg« umgeht, wer vor dem Kamm auf den Fernwanderweg (grünes Dreieck/E8) wechselt und den Gipfel links liegen lässt (siehe gestrichelte Linie auf der Karte). So wandelt sich die schwierige in eine bestens zu gehende Tour (ganze Runde mit/ohne Höhenweg und ohne Abstecher zum Kreuzhaus 5 km, ca. 2 Std., 140 Hm).

für Geübte« erklärt. Schritt für Schritt erreichen wir hintereinander fünf Felsformationen. Dergestalt wirkt der wildromantische Bergrücken wie ein rauer Drachenkamm, über den wir behutsam wandeln. Während das mystische Wesen gleichermaßen Reptil, Vogel und Raubtier verkörpert, streifen wir auf dessen vermeintlichen Rücken an Heidelbeeren, Ebereschen und Fichten jeder Größe vorbei. Lange Zeit reicht der Blick nach Südwesten, also aus dem Bayerwald hinaus. Zum eigentlichen Gipfel, den ein Kreuz auf einem Abhang markiert, grüßt dann aus entgegengesetzter Richtung der Hintere Bayerwald mit dem Hohenbogen.

ZURÜCK ZUR HÜTTE Direkt vorm Gipfelkreuz stehend, steigen wir nach links (Nordwesten) über Wurzelstufen hinab. Ein kurzes Stück wird auf dem Kamm weitermarschiert. Dann orientieren wir uns halb rechts talwärts. Vereint mit dem Fernwanderweg, erreichen wir die Siedlung Riedelswald. Auf Asphalt angekommen, gehen wir 100 Meter nach links bergauf und landen bei der uns bekannten **2 Hanslhütte**. Pächterin Christiane Anleitner serviert Brotzeiten, warme Würstl und süße Sachen. Beim Blick von der Terrasse lässt sich die Schneise am Pröller-Südhang gut ausmachen.

VERSTECKTES KREUZHAUS Zu guter Letzt lotst uns der vom Anmarsch bekannte Goldsteig samt Nr. 11 zurück zum Parkplatz. Hinter der dortigen Kuppe liegt der Berggasthof Kreuzhaus versteckt. Bis zum Pächterwechsel 2021 war die Einkehr für ihre durchgängig warme Küche mit großzügig bemessenen Portionen bei allen beliebt, die einen Bärenhunger verspüren (seine fränkischen Spezialitäten offeriert der alte Wirt nun im Berggasthof Markbuchen in St. Englmar). Womöglich geht es so weiter. Stets gefällt der Blick von der Sonnenterrasse nach Norden über das Regental hinweg.

↓ Der Schilderwald im Forst verrät, wo es langgeht.
↘ Den überschaubaren Hadriwagipfel markiert ein Kreuz.

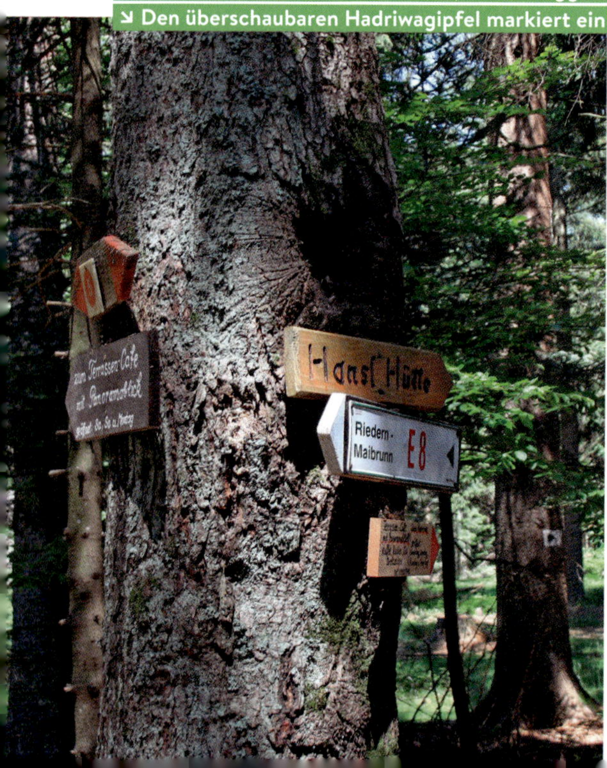

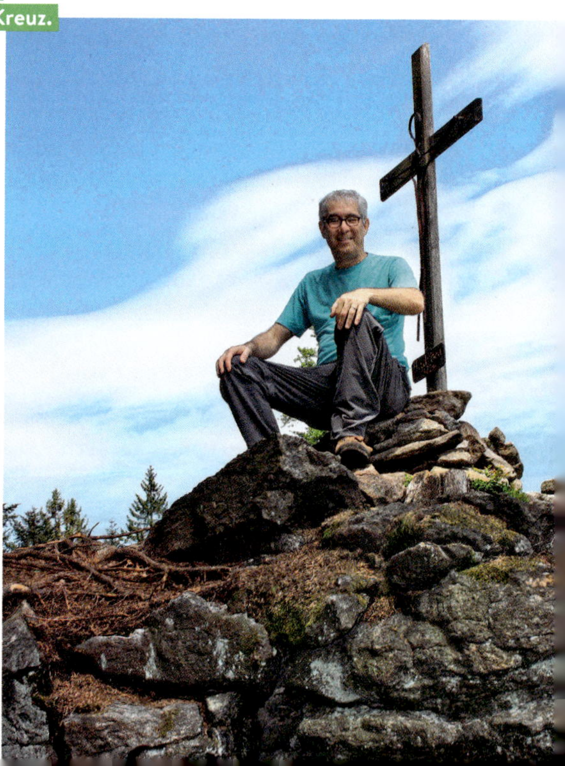

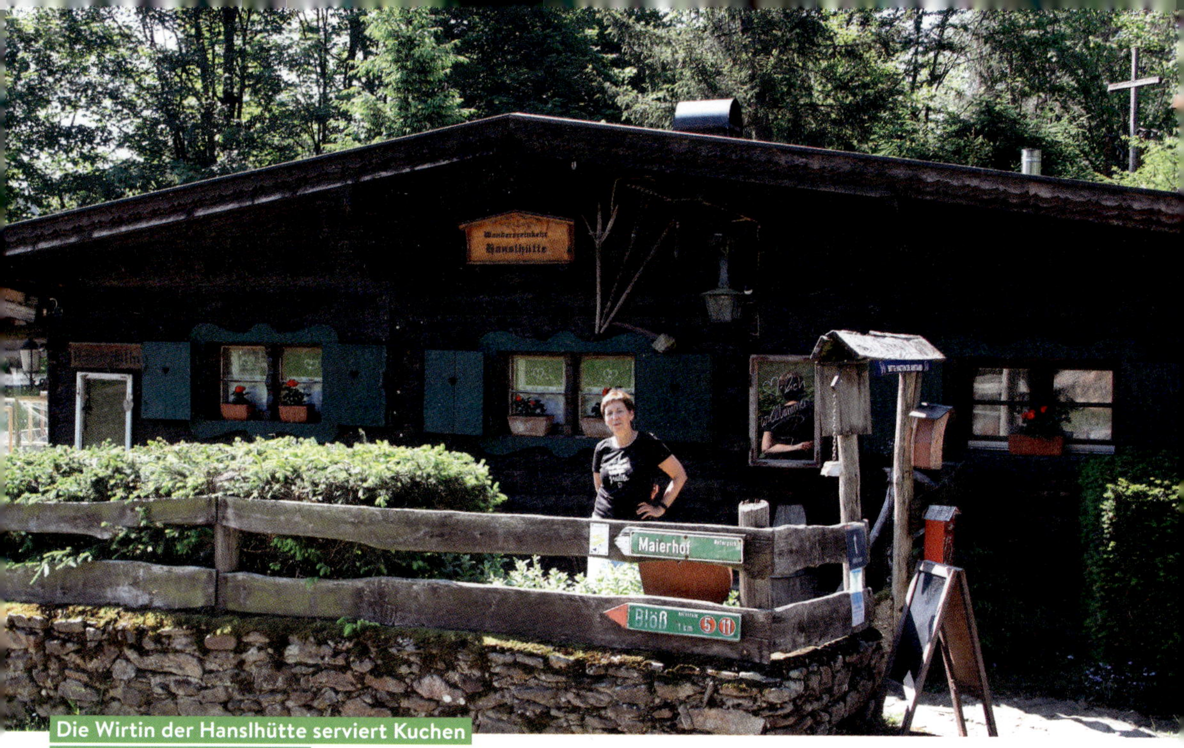

Die Wirtin der Hanslhütte serviert Kuchen und herzhafte Brotzeiten.

INFO

TOURENCHARAKTER

Reizende Pfade und gemütliche Waldwege mit lichten Passagen, trotz überschaubarer Steigung eine fordernde Höhenwegpassage

AUSGANGS-/ENDPUNKT

Parkplatz Berggasthof Kreuzhaus (GPS: 49.045751, 12.754386)

ANFAHRT

Aus östlicher Richtung westlich St. Englmar in Grün Richtung Elisabethszell abbiegen, nach 6 km den Pfeil Kreuzhaus beachten, aus Norden/Westen/Süden direkt über Elisabethszell, am Ortseingang 2 km Richtung Maibrunn/St. Englmar; Bus: Nr. 13 bis Schuhchristleger (Mo–Sa)

GEHZEITEN

Parkplatz Kreuzhaus (875 m) – Hanslhütte (875 m) – Wendepunkt knapp 1.15 Std. (3 km); Wendepunkt (870 m) – Hadriwa (922 m) – Hanslhütte 1.15 Std. (2 km); Hanslhütte – Kreuzhaus (860 m) gut 0.15 Std. (1 km)

EINKEHR

Berggasthof Kreuzhaus (Mo Ruhetag), Hanslhütte (Fr–So), Terrassen-Café (Sa–Mo)

schwer | 6 km | 2.45 Std | 160 Hm

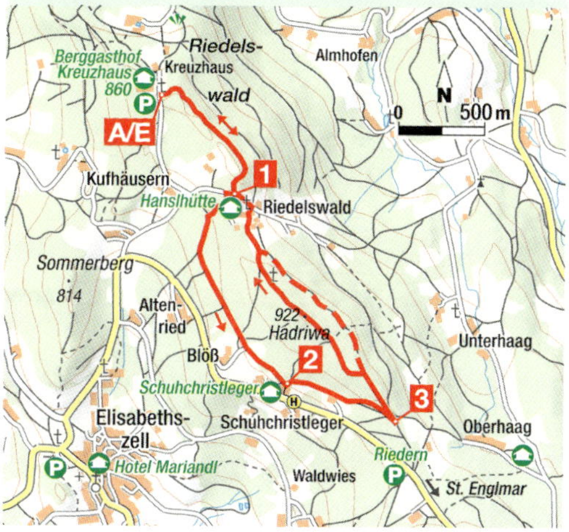

KARTE

Kompass 185 Westlicher Bayerischer Wald, 1:50 000

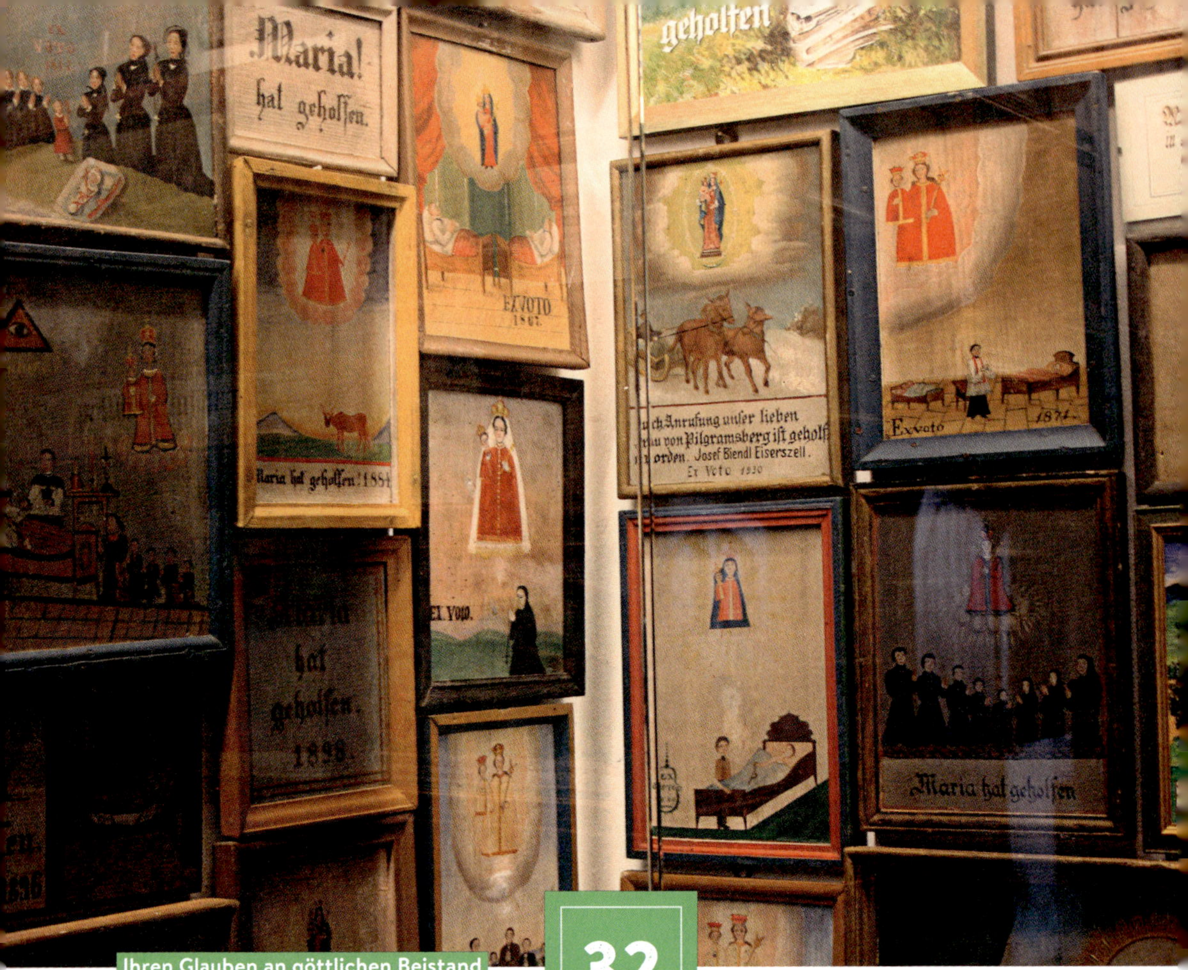

Ihren Glauben an göttlichen Beistand bezeugen Katholiken mit derartigen Votivtafeln.

32

Kreuzweg zum Kleinod

Wallfahrt auf den aussichtsreichen Pilgramsberg

Mit einer kleinen Schleife rund um den Pilgramsberg erleben wir das ländliche Bayern von seiner schönsten Seite. Auf der angepeilten Anhöhe empfangen die Wallfahrtskirche St. Ursula und der Gasthof mit dem frohlockenden Namen »Zur schönen Aussicht«.

KIRCHGANG Vom Parkplatz marschieren wir nach links zum **1 Dorfanger**. Beim Apfelbaum weisen Schilder zur Wallfahrtskirche. Über die Wiese hinweg pilgern wir 14 Stationen himmelwärts. Hinter dem Blätterdach gerät der Gasthof »Zur schönen Aussicht« ins Blickfeld. Wer gegen Ende der Runde eine Einkehr plant, lässt die Terrasse zunächst links liegen und strebt dem Gotteshaus entgegen. Am Missionskreuz vorbei geht es zur barockisierten **2 Wallfahrtskirche St. Ursula** mit Schwarzer Madonna. Die Votivtafeln drücken aus: »Maria hat geholfen.«

NATURERLEBNISPFAD Zusammen mit dem Goldsteig machen wir einen Bogen um die Friedhofsmauer. Am Waldrand geht es nach rechts hinab, bis wir bei der **3 Infotafel Hecke** links auf den Naturerlebnispfad einschwenken. Am folgenden Waldweg wenden wir uns kurz hinter der Tafel zur Vogelkunde an der **4 T-Kreuzung** nach links. Hinter der Kuppe, am Ende des Linksbogens, orientieren wir uns mit der weiß-grünen Nr. 3 nach links. Ein Pfad führt bergwärts und vereint sich mit dem Goldsteig. An der Munitionskammer beim ehemaligen Steinbruch vorbei erreichen wir eine Kuppe. Dort biegen wir mit dem Goldsteig nach links ab und landen auf Asphalt.

EINKEHR MIT FERNBLICK Bei der anstehenden Gabelung halten wir uns halb rechts (halb links geht es direkt zur Kirche) und erreichen den Gasthof. Wer draußen Platz nimmt, genießt den Blick in den Straubinger Gäuboden. Um unsere Schleife zu vollenden, steigen wir ein zweites Mal empor sowie an **2 St. Ursula** vorbei hinunter zur **3 Infotafel Hecke**. Dort folgen wir diesmal Nr. 3 nach rechts und erreichen nach den Neubauten den Tennisplatz.

INFO

TOURENCHARAKTER
Zubringer und kurzes Mittelstück Asphalt, sonnig-stufiger Kreuzweg, viel angenehmer Waldweg, ideal fürs Wochenende

AUSGANGS-/ENDPUNKT
SV-Tennisplatz (GPS: 49.031492, 12.615952)

ANFAHRT
Von Norden und Süden ab B 20 Pfeil nach Pilgramsberg, dort am Dorfanger in die Haukenzeller Straße abbiegen

GEHZEITEN
Tennisplatz (520 m) – Dorfanger (530 m) – St. Ursula 0.25 Std. (1 km); St. Ursula (620 m) – Naturerlebnisweg – Gasthaus 1 Std. (2,75 km); Gasthaus (600 m) – St. Ursula – Tennisplatz 0.20 Std. (1 km)

EINKEHR
Gasthaus Zur schönen Aussicht (Fr abends und Sa/So)

KARTE
Kompass 185 Westlicher Bayerischer Wald, 1:50 000

leicht	4,75 km	1.45 Std.	210 Hm

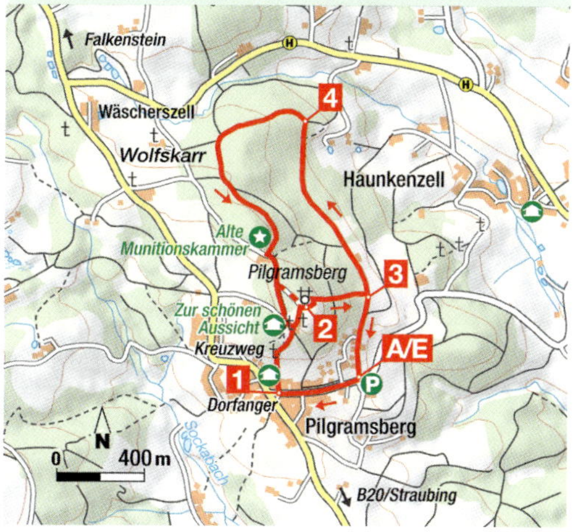

Himmlische Hölle

Zum Naturschutzgebiet im Falkensteiner Vorwald

Diese allseits beliebte Runde führt vom Weiler Postfelden zum Höllbach. Beim zauberhaften Marsch gegen den Strom durch das Naturschutzgebiet beißen wir ringsherum auf Granit. Die alternative, ruhige Variante ab Röhrenhof verlängert die Tour. In jedem Fall heißt es augenzwinkernd: »Fahr' zur Hölle!«

Ab Variante Röhrenhof begegnen wir am Höllbach kaum einer Menschenseele.

33

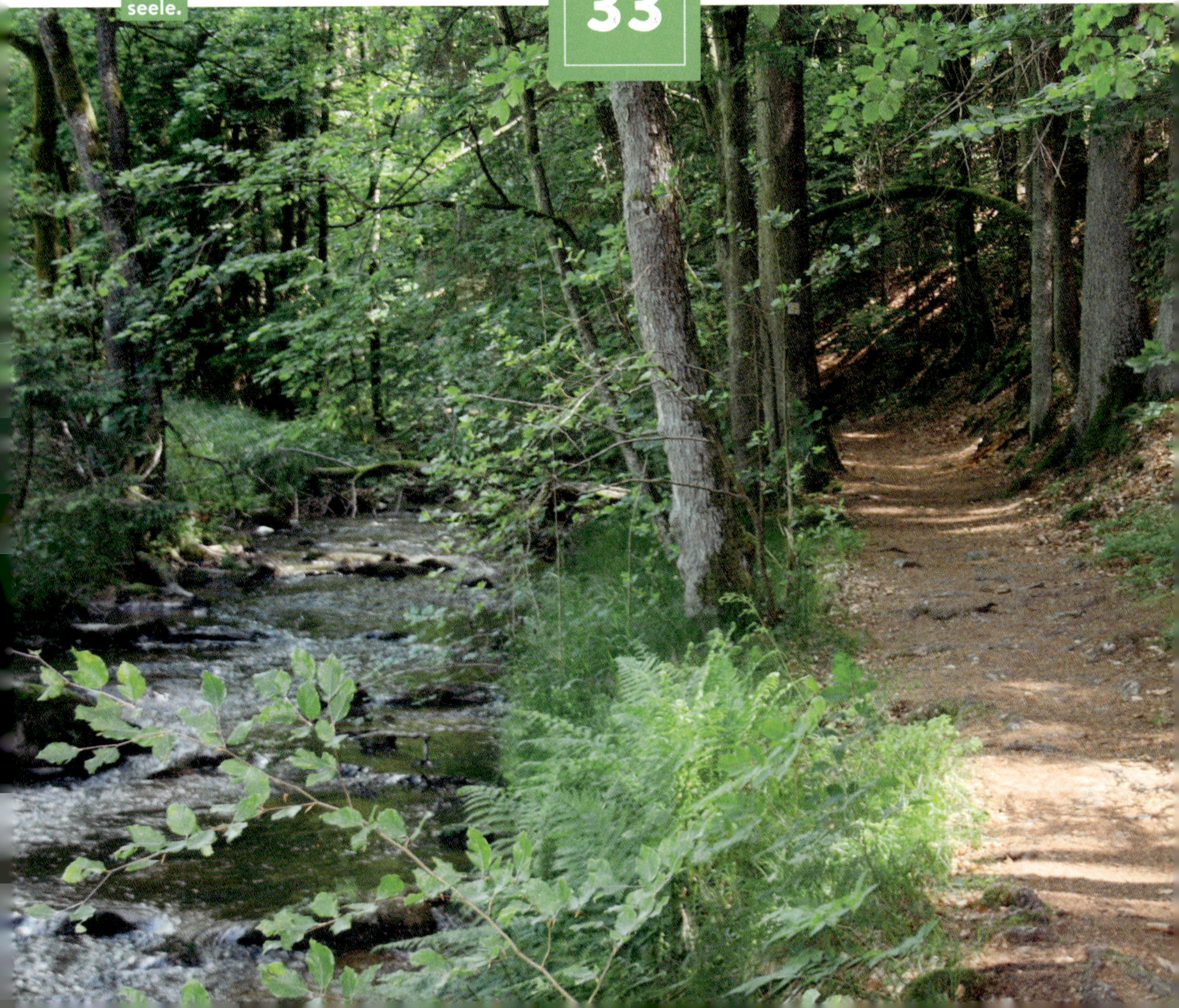

KLASSISCHE RUNDE Auf der asphaltierten Nebenstraße begeben wir uns in Richtung Dosmühle. Die **1 Abzweigung zum Höllbachhof** lassen wir rechts liegen, absolvieren also den »Rundweg Hölle« (auch 149/Rb 3) im Uhrzeigersinn. Aus der Ferne grüßt der Turm der Burgruine Brennberg, der kostenfrei erklommen werden kann. Auf Höhe **2 Anwesen mit Firstgockel** zweigen wir links in den Feldweg ab. Diese geht im Forst in einen herrlichen Waldweg über. Unten am Höllbach angekommen, wandern wir mit mehr oder weniger Abstand am rechten Ufer stromaufwärts (stromabwärts Anschluss Röhrenhof-Variante).

ÜBER DEN HÖLLBACH Vor der **3 Dosmühle** queren wir den Asphalt schräg auf einer Länge von 30 Metern. Vom harten Untergrund verabschiedet sich, wer vor der Brücke zum Anwesen den Pfeilen nach rechts folgt. Führt der Höllbach ordentlich Wasser, hören wir ihn rauschen. Wo der Pfad erhöht verläuft, bleibt das Wildwasser in Sicht. Kraft kostet den Höllbach, dass sein Nass an Staustufen im Oberlauf teils zum Erzeugen von regenerativer Energie abgezweigt wird. Auf alle Fälle wechseln wir über den **4 langen Holzsteg** ans andere Ufer. Schritt für Schritt wirkt das Höllbachtal wie eine kleine Klamm.

WILDES HERZSTÜCK Nachdem wir zwei Zuläufe auf je einem schmalen Steg gequert haben – zuletzt den Ruderszeller Bach –, landen wir erneut direkt am Höllbach. In der urwüchsigsten Passage durch die Schlucht sehen das moosbewachsene Blockmeer und die morschen Baumstämme aus wie von Riesen ins Bachbett geworfen. Teils verschwindet das höllische Nass unter den Felsen. Ein Stück weiter führt unser Pfad spektakulär zwischen zwei dicht nebeneinander aufragenden Felsen hindurch.

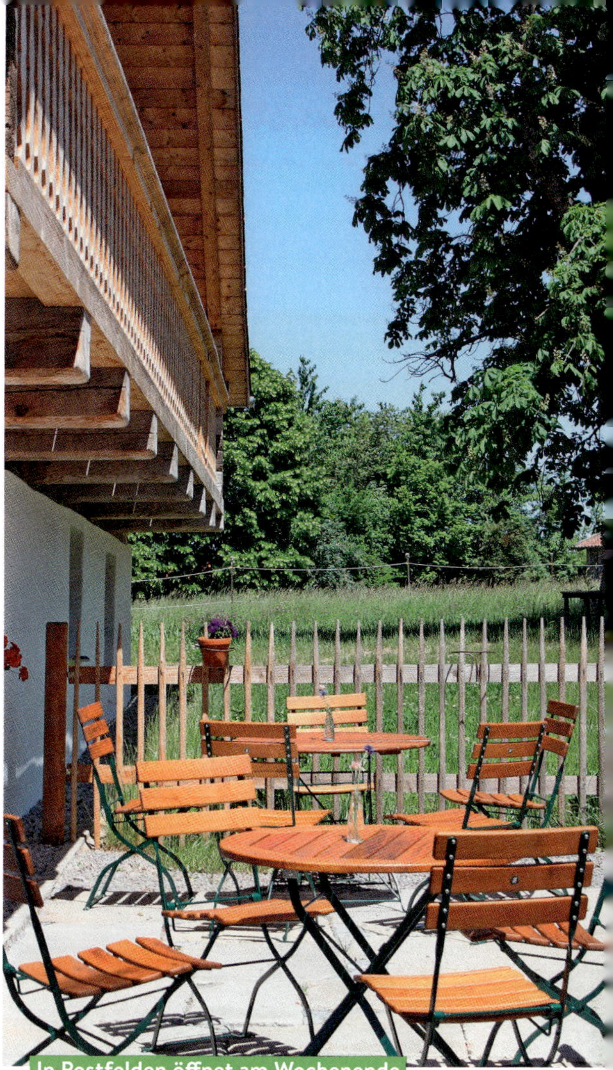

In Postfelden öffnet am Wochenende das Hofcafé »Zur Hölle«.

Tipp

NAMASTE – WIE IN FERNOST

Religiöse Erfahrungen jenseits des Christentums sammeln Gäste im buddhistischen Nepal-Himalaya-Pavillon nördlich von Wiesent (Anfahrt von Brennberg 7 km in Richtung A3; Sa–Mo ab 13 Uhr, Erw. 10 €, 6–16 Jahre 2 €, Hauptparkplatz 2 €, Waldparkplatz frei; www.nepal-himalaya-pavillon.de).

ABSCHIED NEHMEN Kurz nachdem wir den Höllbachhof am anderen Ufer entdecken, arbeiten wir uns aus dem schattigen Wald hinaus ins helle Freie. Dabei bleiben wir auch beim Rechtsknick des Gewässers eng an der linken Uferseite. Nur so erreichen wir nämlich über einen breiten Steg die Zufahrt zum Anwesen. Erst dort orientieren wir uns nach links und erreichen auf dem Feldweg bei der **1 Abzweigung zum Höllbachhof** Asphalt. Erneut nach links (bei der Variante geht es hier rechts weiter; siehe Röhrenhof-Rückmarsch) marschieren wir auf der vom Einstieg bekannten Nebenstraße zurück zum Parkplatz. Über die Straßenbrücke hinweg empfängt am anderen Ufer am Wochenende das Hofcafé »Zur Hölle«. In oder vor dem liebevoll renovierten Anwesen klingt die überschaubare Runde gemütlich bei kalten, hausgemachten Brotzeiten oder mit Kaffee und Kuchen aus.

VARIANTE RÖHRENHOF Drei Tage pro Woche serviert Familie Bornschlegel altbayerische Wirtshaus-Klassiker. Wanderfans, die den Hofstuben-Parkplatz an Ruhetagen nutzen, tolerieren die Röhrenhof-Eigner einer Absprache nach. Von der Straße weg starten wir hinter der Hofstube direkt an der oberen Gerätehalle entlang (siehe gestrichelte Linie auf der Karte). Am nahen Waldrand knickt der unmarkierte, mitunter verwachsene Pfad (beim Kompost) nach rechts in den Forst hinein. Talwärts, nahe am schräg gegenüber liegenden Waldrand, halten wir uns bei der Gabelung halb links. Es folgt ein langer Rechtsbogen. Schließlich mündet unser Forstweg auf gerader Strecke oberhalb des Ausgleichbeckens Fahnmühle nach gut 15 Gehminuten am Höllbach in den Goldsteig, den wir stromaufwärts beschreiten.

↓ Unser Pfad verläuft zwischen diesen Felsen hindurch.
↘ Auf dem Holzsteg wechseln wir trockenen Fußes das Ufer.

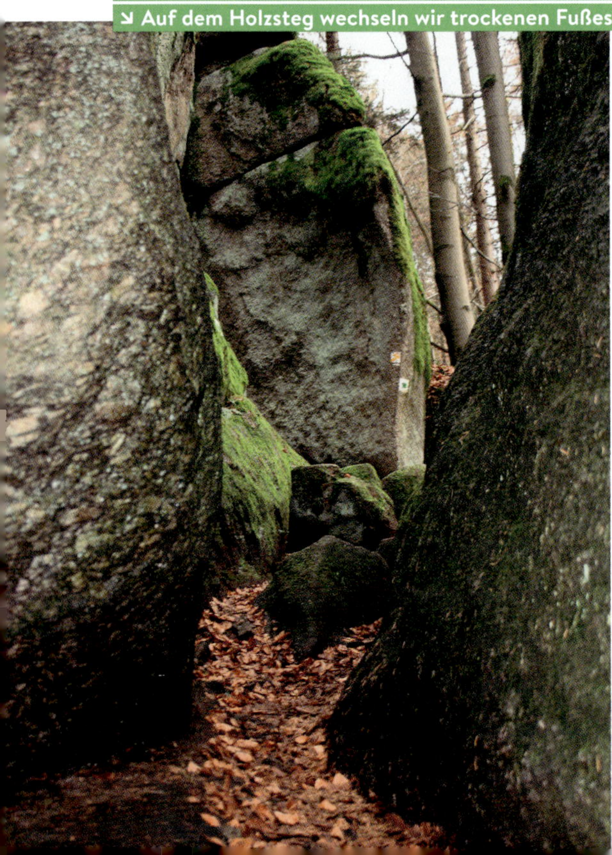

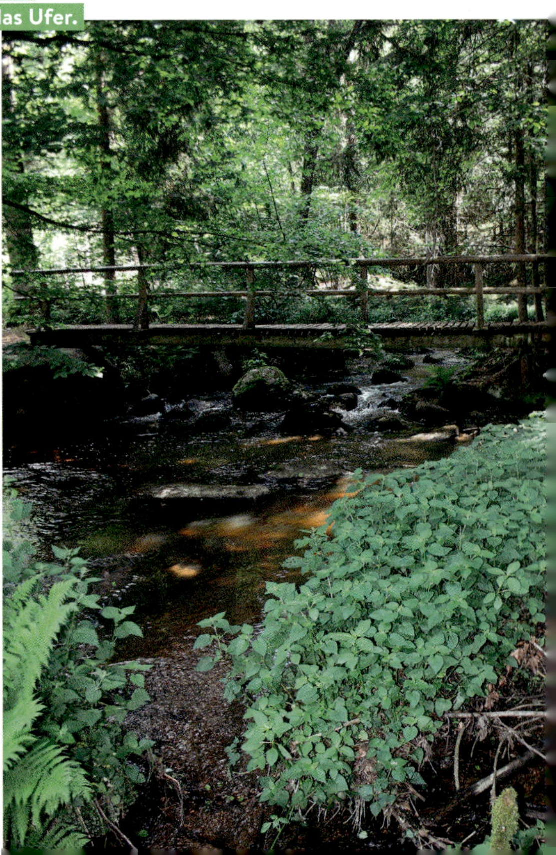

INFO

TOURENCHARAKTER

Wege und Pfade, in der Schlucht teils über Stock und Stein, Einstieg/Ausklang bei klassischer Runde Asphalt; Variante Röhrenhof zunächst schön ruhig, am Anfang/Ende unmarkiert (Spürnase gefragt)

AUSGANGS-/ENDPUNKT

Wanderparkplätze P1/P2 in Postfelden/Lösmühle bei Abzweigung zur Do(o)smühle (GPS: 49.078497, 12.436465); Variante Röhrenhof oberhalb Kapelle (GPS 49.067797, 12.431757)

ANFAHRT

Aus Nordosten via Falkenstein, aus Südosten via Wiesenfelden, aus Südwesten via Wörth (A 3) Richtung Falkenstein und/zum Röhrenhof; Ziel liegt zwischen Rettenbach und Brennberg

GEHZEITEN

Lösmühle (555 m) – Dosmühle (490 m) – langer Holzsteg 0.45 Std. (2,25 km); Steg (520 m) – Lösmühle knapp 0.45 Std. (1,75 km); Variante Röhrenhof (575 m) – Dosmühle – langer Holzsteg 1 Std. (2,75 km); Steg – Röhrenhof 1.30 Std. (3,75 km)

EINKEHR

Hofcafé »Zur Hölle« Postfelden (Sa–So), Hofstube Röhrenhof (Fr–So), Rettenbacher Hof (Mo Ruhetag)

leicht | 4/6,5 km | 1.30/2.30 Std. | 100/200 Hm

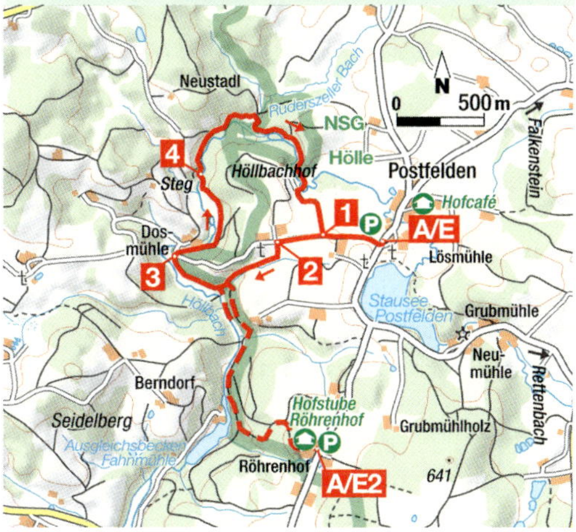

KARTE

Kompass 176 Regensburg und Umgebung, 1:50 000

ZUBRINGER HÖLLE Ganz zur Freude von Naturfans tut sich hier noch viel weniger als im angepeilten Herzstück der Hölle. Beim weiteren Marsch lassen wir den Holzsteg (Zubringer Brennberg) links liegen. Einen Steinwurf weiter queren wir den Höllbach-Zulauf und gehen erneut geradeaus weiter (die Markierungen verwirren hier etwas). Bei der folgenden Gabelung halten wir uns halb links, bleiben also nahe am Gewässer. Sodann fädeln wir auf den klassischen Rundweg Hölle ein und landen einen Katzensprung weiter vor der **3 Dosmühle** (nun Beschreibung S. 151, 2. Absatz folgen).

RÖHRENHOF-RÜCKMARSCH Bei der **1 Abzweigung** geht es nach rechts. Auf Höhe des Anwesens mit dem **2 Firstgockel** zweigen wir links in den Feldweg ab. Im Forst geht dieser in einen herrlichen Waldweg über. Noch bevor wir unten am Höllbach ankommen, biegen wir bei der Gabelung halb links in Pfeilrichtung Brennberg ab (siehe gestrichelte Linie auf der Karte). Seitlich von oben wird auf den vom Anmarsch bekannten Weg eingeschwenkt. Direkt am Höllbach entlang geht es erstmalig stromabwärts. Hinter dem Zulauf und dem Steg nach Brennberg sowie noch vor dem Ausgleichbecken Fahnmühle weist ein großes Schild nach links durch den Hangwald in Richtung Röhrenhof. Bergauf halten wir uns bei der ersten Gabelung halb rechts und erreichen nach einem langen Links- sowie einem Rechtsbogen den oberen Waldrand unweit der Hofstube. Die dortigen Portionen machen satt.

PS:

AUF 33 MEHR ODER WENIGER GEHEIMNISVOLLEN PFADEN konnten wir zusammen einiges entdecken. Bei alledem bleibt ein Rätsel im Bayerischen Wald weiter ungelöst. Das Mittelgebirge durchziehen nämlich sogenannte Erdställe. Diese bestehen aus uralten Gängen und Kammern, die enge Schlupfe miteinander verbinden. Die Höhlensysteme sind niedrig, weswegen die Einheimischen früher darin Zwerge vermuteten. Da ein Zwerg hierzulande Schrazl heißt, bürgerte sich sinnigerweise für derartige Passagen der Ausdruck Schrazlgänge ein. Zwar glauben viele Experten, es handle sich um Orte ritueller Reinigung. Was die Erbauer mit den Tunneln einst genau bezweckten, weiß aber bis heute niemand genau (zur Diskussion siehe www.erdstallforschung.de).

Viele dieser Unikate wurden leider zerstört, befinden sich in Privatbesitz oder sind nicht zugänglich. Tipp: Zu den Essenszeiten (Mi–So) können Gäste im Gasthof Klessinger zwischen Schönberg und Tittling westlich von Saldenburg in Hundsruck eines dieser rätselhaften Labyrinthe aufsuchen und sich selbst einen Reim auf das machen, was sie zu Gesicht bekommen (liegt 2 km südöstlich von Tour 23; Bild siehe S. 2). Vor Augen halten sollte sich jeder: Dieses Bodendenkmal ist rund 1000 Jahre alt! Sollte das Lösen des Rätsels weiter auf sich warten lassen, heißt es in gelassener Art und Weise auf gut Bairisch: »*Nix gwiß woas ma ned!*«

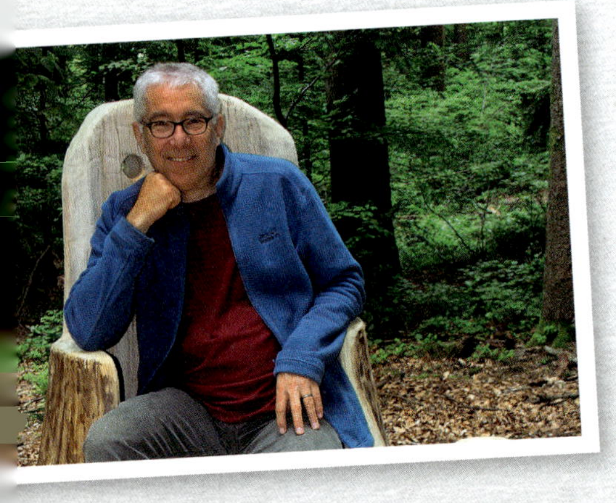

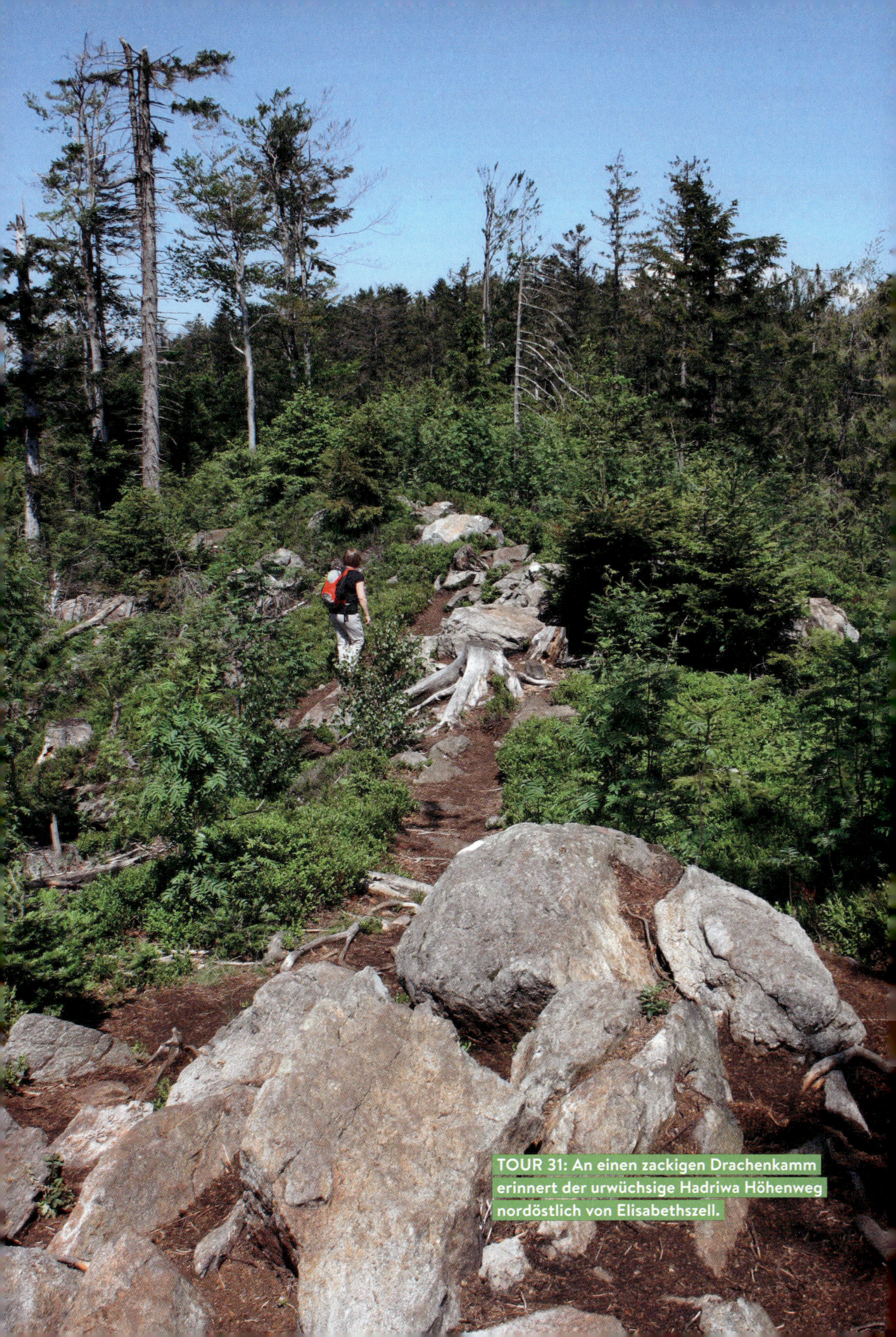

TOUR 31: An einen zackigen Drachenkamm erinnert der urwüchsige Hadriwa Höhenweg nordöstlich von Elisabethszell.

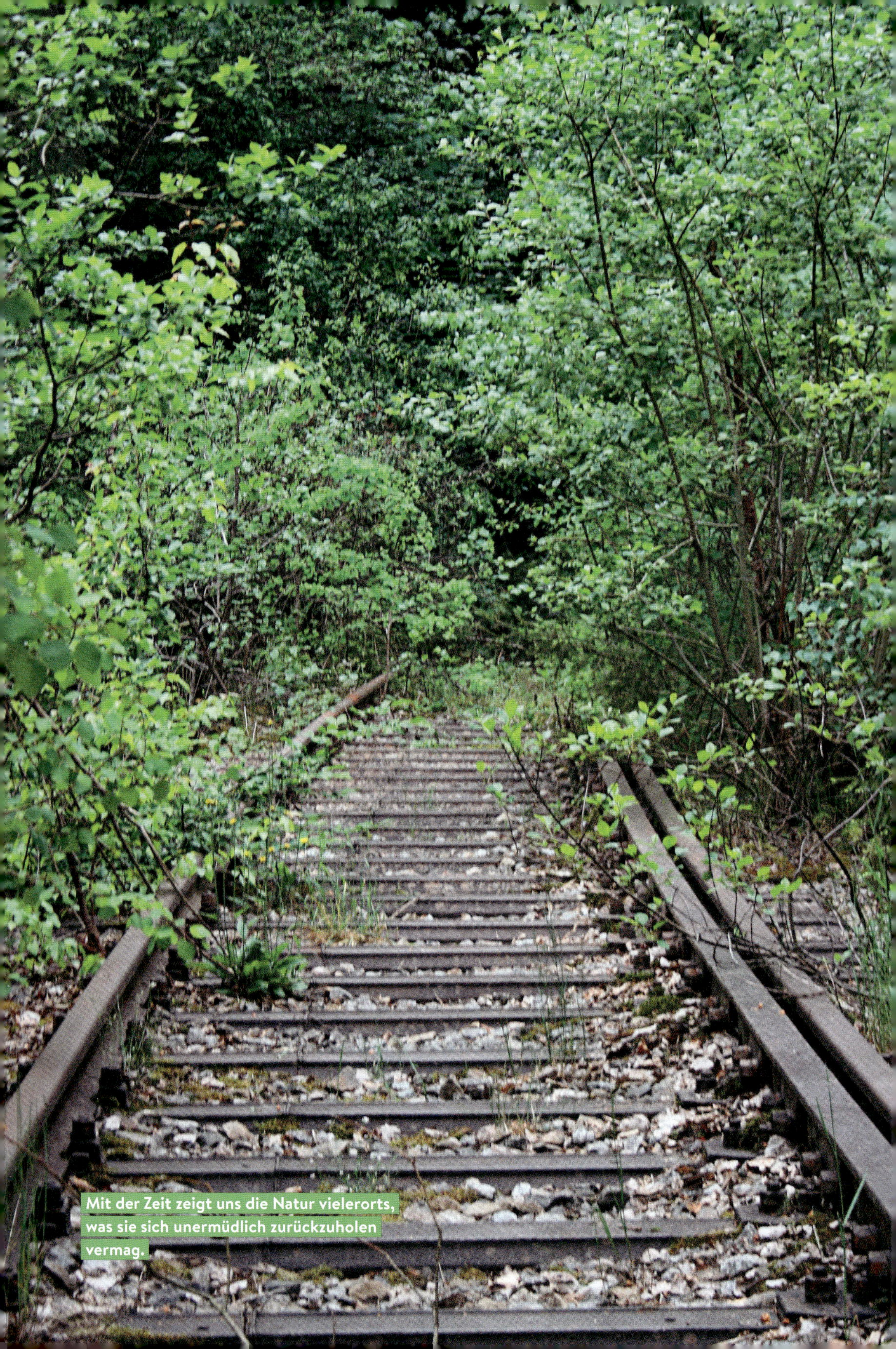

Mit der Zeit zeigt uns die Natur vielerorts, was sie sich unermüdlich zurückzuholen vermag.

REGISTER

A

Arberland 17, 45
Arberschutzhaus 58 f.
Arberseehaus 57 ff.

B

Baumwipfelpfad 95 f.
Bayerwald Xperium 142
Bayerwald-Ticket 17
Bayerwald-Tierpark Lohberg 37
Berggasthof Dreisessel 106 f.
Berggasthof Hinterwies 142 f.
Berggasthof Kreuzhaus 146 f.
Berghof Gibacht 27
Bikepark Geißkopf 130
Bischofsmais 11, 130
Bodenmais 11, 16 ff., 51, 54, 56, 58 f.
Breitenauriegel 124 ff.
Bretterschachten 56, 59
Brotjacklriegel 116 f., 126, 130
Büchelstein 120 ff.

D

Drachenkamm 46 ff.
Drachenstich 26
Dreiländereck 103 ff.
Dreisesselberg 104

E

Ecker Sattel 28 f., 31
Egidibuckel 142
Eidenberger Lusen 108 f.
Eisensteiner Hütte 58 f.
Erdställe 154

F

Falkensteinschutzhaus 71, 73
Freibad Viechtach 47
Furth im Wald 25 f.

G

Gasthaus Klessinger 115, 154
Gasthaus Zur schönen Aussicht 149
Geißkopf 11, 128 f.
Geißkopfhütte 130 f.
Gibacht 24 ff.
Glas 11, 19
Gläserne Scheune 48
Glasscherben Köck 82
Großer Falkenstein 71
Große Kanzel 100
Großer Osser 36, 38
Großer Rachel 71, 80
Gut Riedelsbach 105
Gut Schmelmerhof 137
Gutsgasthof Frath 53

H

Hadriwa 144 f.
Haller Alm 110 ff.
Hans-Eisenmann-Haus 96
Hanslhütte 144 ff.
Hans-Watzlik-Hain 66 f.
Hausbrennerei Penninger 112
Hennenkobel 60 ff.
Hinteröd 35
Hirschenstein 132 ff.
Hochfall 54 f.
Hochwaldhütte 127
Hofcafé »Zur Hölle«, Postfelden 153
Hofstube Röhrenhof 153
Hölle 150 f., 153

K

Kaitersberg-Arber-Hochtour 29
Kelten 20
Klausenstein 132 ff.
Kletterwald am Predigtstuhl 142
Kloster Kostenz 136, 139
Kneippanlage 125
Kneippweg 60 f., 63
Kreuzweg 148

L

Lam 32, 36 f.
Landhotel-Restaurant Moorhof 96 f.
Landshuter Haus 124, 126 ff., 130 f.
Langfurth 116 f.
Lusen 11, 19, 86 f., 90 f.
Lusenschutzhaus 93

M

Mauth 98, 101
Meier, Emerenz 112
Modehaus Garhammer 112
Mühlhiasl 49, 61
Mühlriegel 28 f.

N

Nationalpark Bayerischer Wald 10 f., 16, 19, 65, 82

Nationalpark Böhmerwald 11
Nationalparkzentrum Falkenstein 19
Nationalparkzentrum Lusen 96
Naturbad Zellertal 31
Naturbadesee Mauth 99
Naturkino 40, 43
Naturpark Bayerischer Wald 19
Naturpark Oberer Bayerischer Wald 23
Nepal-Himalaya-Pavillon 151
Nietzsche, Friedrich 79

O

Oberbreitenau 124 f., 129 f.
Ödriegel 28, 30
Osserbad Lam 34
Osserriese 36, 38
Osserschutzhaus 38 f.

P

Panoramabad Arnbruck 31
Passauer Land 103
Pichelsteiner 71, 120 f.
Pilgramsberg 148
Poschinger, Henriette von 62
Prellerhaus 142 f.
Pröller 140 f.

R

Racheldiensthütte 82 ff., 86, 88 f.
Rachelsee 82 ff.
Räuber Heigl 48
Rauher Kulm 132
Restaurant am See 111, 113
Rosenberger Gut 107
Rusel 124 f., 127

S

Saußbachklamm 111 f.
Schachten 20 f., 74
Scheuereck 74,
Schmid, Rudolf 48
Schrazlgänge 154
Schwellhäusl 66 ff.
Seepark Arrach 34
Skywalk 28, 30
St. Englmar 140
Stifter, Adalbert 9, 104 f., 107
Stormberger 61 f.

T

Terrassen-Café Schuhchristleger 145
Tourismusverband Ostbayern (TVO) 21
Turmstüberl Brotjacklriegel 117

V

Viechtach 46 f.
Vorderer Bayerischer Wald 119
Vorderöd 35

W

Wackelstein 114 ff.
Waldeck 35
Waldkirchen 110 ff.
Waldschmidthaus 79 ff.
Waldwipfelweg 142
Wenzel, Ralph 27
Wildpark Buchet 135
Wolfgangsriegel 50

Z

Zwercheck 40 ff.
Zwiesel 61 f.
Zwieslerwaldhaus 66 f., 70 ff.

benfalls erhältlich ...

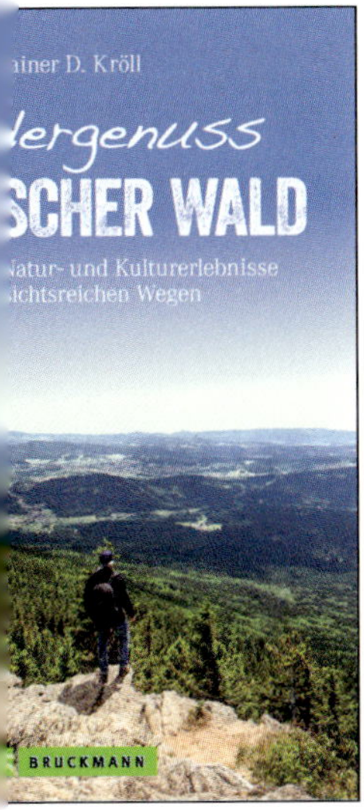

-1600-5

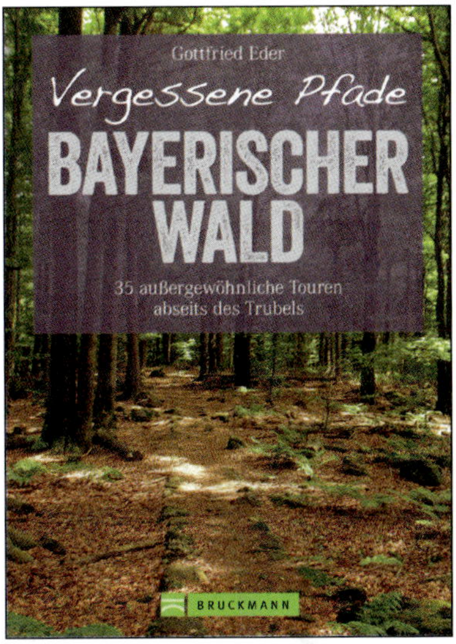

ISBN 978-3-7654-8391-2

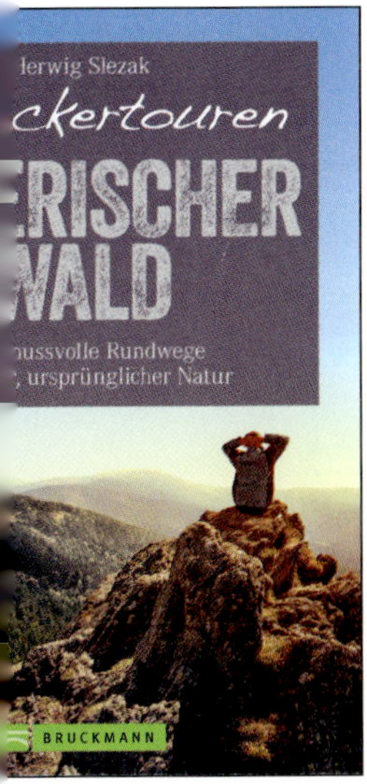

3-1591-6

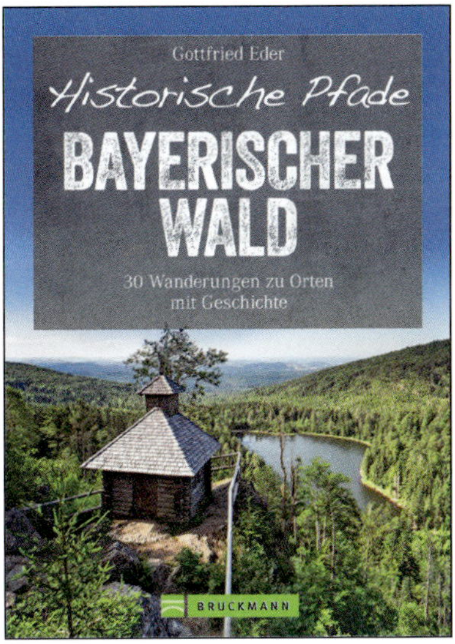

ISBN 978-3-7343-1820-7

BRUCKMANN

www.bruckmann.de

IMPRESSUM

Verantwortlich: Stefanie Krüger
Redaktion und Lektorat: Franka Virteburch
Satz: BUCHFLINK Rüdiger Wagner, Nördlingen
Korrektorat: Ralf J. Klumb | The Wordworms
Layout- und Reihengestaltung: Mathias Frisch
Covergestaltung: Rudi Stix
Repro: LUDWIG:media
Kartografie: Bruckmann Verlag GmbH, Heidi Schmalfuß
Herstellung: Alexander Knoll
Printed in Slovenia by Flojancic

Exklusiv für Sie a

MIT GPS-DATE ZUM DOWNLOA

unter: gps.bruckn

Sind Sie mit diesem Titel zufrieden? Dann würden wir uns über Ihre Weiterempfehlung f
Erzählen Sie es im Freundeskreis, berichten Sie Ihrem Buchhändler, oder bewerten Sie b
wenn Sie Kritik, Korrekturen, Aktualisierungen haben, freuen wir uns über Ihre Nachricht
Verlag, Postfach 40 02 09, D-80702 München oder per E-Mail an lektorat@verlagshaus

Unser komplettes Programm finden Sie unter www.bruckmann.de

Empfehlung der Redaktion Sie sind auf der Suche nach weiterführender Literatur? Dan
Ihnen den Titel »Mystische Pfade Bayerischer Wald« von Herwig Slezak. Oder Sie werfen
Zeitschrift BERGSTEIGER. Hier werden Sie bestimmt fündig.

Bildnachweis: Alle Bilder im Innenteil stammen vom Autor, mit Ausnahme von: S. 2 Gasth
S. 10 links unten: Irfan M Nur/shutterstock.com; S. 11 Mitte links: ActiveLines/shutterstoc
rechts: anitapol/stock.adobe.com, unten: 210484kate/stock.adobe.com; S. 11 Peter Karas
S. 51, 74, 146 rechts, 154 Bachmaier; S.140 Woidlife Marco Felgenhauer.
Umschlagvorderseite: Magischer bayerischer Märchenwald (B. Forenius/shutterstock.co
Umschlagrückseite: Das hübsche Zwercheck mit seinem kleinen Gipfelkreuz (Tour 5)

Die Deutsche Nationalbibliothek verzeichnet diese Publikation in der Deutschen Nationall
detaillierte bibliografische Daten sind im Internet über http://dnb.d-nb.de abrufbar.

ISBN: 978-3-7343-2009-5